사진으로 보는 최치원

고운 최치원 존영
경남 하동군 운암영당 소장(현존 가장 오래된 영정)
경상남도유형문화재 제187호(1978. 12. 29.)

사진으로 보는 최치원

하동 쌍계사 최치원 친작·친필의 〈진감선사대공령탑비〉 전경
(국보 제47호 1962. 12. 20.)

금석문 내용 일부   탁본 내용 일부

사진으로 보는 최치원

하동 쌍계사
〈쌍계雙磎〉 친필 각석문

〈석문石門〉 친필 각석문

창원시 마산합포구
〈월영대〉 친필 표지석

창원시 진해구 〈청룡대〉 친필 각석문

사진으로 보는 최치원

함양군수(천령군 태수) 재직시 홍수 방지를 위해 조성한 대관림(상림)의 근경

대관림(상림)의 원경(출처 : 함양신문)

합천 해인사 학사대에
최치원이 심은
〈수식노회목手植老檜木〉

孤雲 사진으로 보는 최치원

합천 가야산 홍류동 〈농산정〉
(최치원을 추모하기 위해 세운 정자)

둔세지 표지석

최치원이 근무하던 중국의 양조우시 당성唐城

중국 양조우 당성唐城에 건립한 최치원 기념관

최치원 주유도

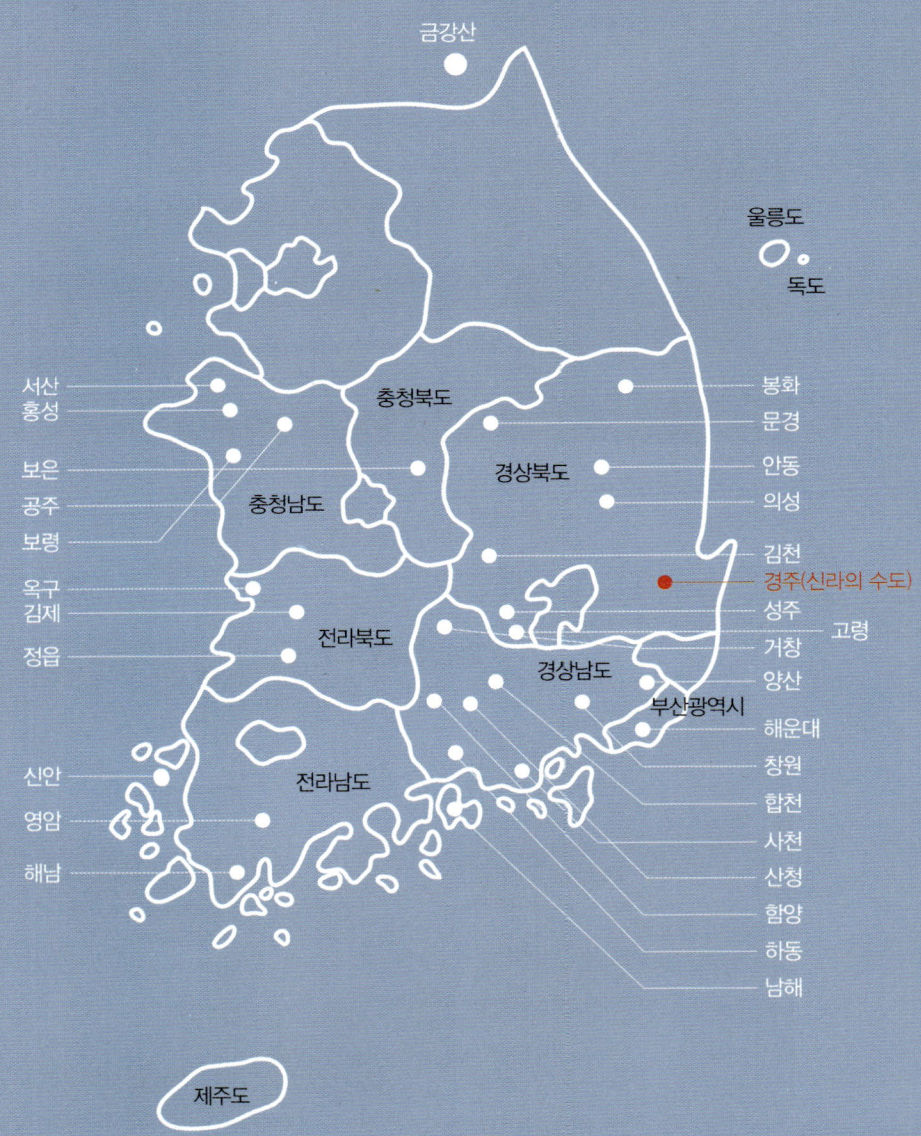

주요 소요지 범례

시도명	지역명	소요 명소
경상남도	창원	월영대, 고운대, 청룡대, 강선대, 돝섬
	양산	임경대, 치원대
	사천	남일대, 다솔사
	남해	금산동천
	하동	쌍계사(진감선사대공령탑비), 화개동천, 청학동, 세이암 삼신동, 환학대, 마족대, 천금천, 만수동, 옥천대 득신처, 완폭대, 불일폭포
	산청	단속사, 지리산 고운동·법계사·문창대(시궁대, 고운대)
	함양	태수(군수)로 재직, 대관림(상림), 학사루, 백운산 상련대 마천 금대
	거창	수식송, 고견사, 송풍대
	합천	해인사 학사대·수식노회·서암기각, 가야산 홍류동·무릉교·가야서당·제시석·광풍뢰·취적봉·칠성대·회선암·분옥폭포, 침석대·낙화암·제월담·완재암·청량사
부산광역시	해운대	해운대 동백섬, 수영 백산사, 남구 신선대
경상북도	경주	상서장, 독서당, 남산, 불국사, 대숭복사(초월산대숭복사비명), 포석정
	문경	희양산 봉암사(지증대사적조탑비), 야유암, 백운대
	안동, 봉화	청량산, 치원봉, 치원대, 총명수
	의성	등운산 고운사 가운루·이화루, 빙산
	김천	학사대
	고령	백송정
	성주	초전면 자산, 검단사
충청북도	보은	속리산 법주사, 문장대
충청남도	보령	성주산 성주사(낭혜화상백월보광탑비), 맥도
	서산	태수(군수)로 재직
	공주	공산성
	홍성	정곡면 쌍계계곡
전라북도	정읍	태수(군수)로 재직, 감운정, 유상대, 피향정, 연지
	김제	귀산사
	옥구	자천대
전라남도	신안	우이도 상산봉·고운정·바둑바위, 홍도 대풍리
	영암	상대포
	해남	서동사
북한	금강산	옥류동, 관란정

최치원崔致遠 연보

출생

857년   (신라 헌안왕 원년)에 사량부沙梁部(경주)에서 아버지 최견일崔肩逸의 아들로 태어났으며 자를 고운孤雲 혹은 해운海雲, 해부海夫라 함.

연보

중국

868년   (신라 경문왕 8년) 12세, 당나라 국자감에 유학.

874년   (신라 경문왕 14년) 18세, 당나라 과거 시험에 장원으로 합격.

876~877년   (신라 헌강왕 3년) 20세, 선주 율수현위에 임명되어 재직하다가 877년 승진 과거에 응시하기 위해 현위직 사직하고 입산 수학함.

879~880년   (신라 헌강왕 5~6년) 23~24세, 고변 회남절도사 관하 관역순관에 임명되어 근무하다가 880년에 사령부의 군서 담당 종사관으로 이동 발령받음.

881년~883년   (신라 헌강왕 7~9년) 25~27세, 881년 7월 8일에 〈격황소서〉로 명성을 떨침. 도통순관 겸 승무랑, 전중시어사, 내공봉으로 특진하고 비어대를 하사받음.

884년   (신라 헌강왕 10년) 28세, 황소가 토벌되고 황실의 귀국 승낙을 받아 〈회남입신라겸 송국신등사〉 자격으로 신라 귀국길에 오르나 풍랑으로 곡포에서 반년 동안 머묾.

신라

885년   (신라 헌강왕 11년) 29세, 중국 곡포에서 다시 배를 띄워 동년 3월 신라에 귀국하여 헌강왕으로부터 시독 겸 한림학사, 수병부시랑, 지서감에 제수됨.

886년	(신라 헌강왕 12년~정강왕 원년) 30세, 동년 1월에 《계원필경집》을 헌강왕께 바침. 6월에 헌강왕이 돌아가고 이어 정강왕이 즉위함.
887년	(신라 정강왕 1년~진성왕 원년) 31세, 정강왕이 승하하고 진성여왕이 즉위함. 헌강왕이 하명한 하동 쌍계사 〈진감선사대공령탑비〉를 세움.
890~894년	(진성여왕 4~8년) 34~38세, 지방직을 자청하여 태산군(태인) 태수, 천령(함양)군 태수를 역임하고. 부성(서산)군 태수로 재직하던 894년 2월에 국정 개혁안인 〈시무 10여조〉를 상소하여 아찬에 임명됨. 개혁안이 좌절되자 관직에서 은퇴함.
895~907년	(진성여왕 9년~효공왕 원년) 39~42세, 합천 해인사에 칩거하여 〈묘길상탑기〉 등 불교 관련 글들을 저술함. 898년 아찬에서 면직되고 전 가족을 데리고 합천 가야산 홍류동으로 이거·정착하고 은둔에 들어감. 가야산 해인사, 하동 쌍계사·화개동천, 창원 월영대, 양산 임경대 등 경남 일대를 순례하면서 후학을 교육하고 강학하며 지내다가 전국의 명산대천을 찾아 풍류 생활을 함.
908년	(효공왕 12년) 52세, 〈신라수창군(대구)호국성팔각등루기〉를 끝으로 작품이 보이지 않음. 합천 가야산에서 '갓과 신발만 숲속에 두고 신선이 되어 갔다'고 전해 옴.

주요 저술 목록

《계원필경집》 1부 20권, 《사시금체부》 5수 1권, 《오언칠언 금체시》 100수 1권, 《잡시부》 30수 1권, 《중산복궤집》 1부 5권, 《사산비명》, 〈난랑비서鸞郎碑序〉, 〈시무 10여조〉, 〈해인사묘길상탑기妙吉祥塔記〉, 《법장화상전法藏和尙傳》, 《석 순응전釋順應傳》, 《석 이정전釋利貞傳》, 《석 존부자전釋尊浮者傳》, 〈신라가야산해인사선안주원벽기〉, 〈견숙위학생수령등입조장〉, 〈주청숙위학생환번장〉, 〈신라수창군호국성팔각등루기〉 등.

일러두기

- 이 작품은 고운 최치원 선생이 은둔한 경남의 도 단위 활동 영역을 위주로 하였다.
- 《계원필경집》, 《고운 최치원 선생 문집》과 그 외 《삼국사기》, 《삼국유사》, 기타 역사 기록, 학계 연구 논문, 전설 등을 종합적으로 참고하고 인용하였다.
- 지역(시군)의 표기 순서는 유적 비중에 따라 정하였다.
- 역사 기록이 없는 일부 내용은 저자의 판단에서 나온 것도 있다.
- 같은 항목에 두 가지 이상 설이 충돌할 때는 '경주최씨중앙종친회' 발간 《문창후 최치원 선생 유적 답사》 자료를 기준으로 하였다.
- 고운 최치원 선생의 생존시 활동과 친필 친작 위주로 집필하려고 노력하였다.
- 이 작품의 성격상 경우에 따라서 중복되는 내용도 있다.
- 최치원 선생의 세부 작품과 유적에는 홀꺾쇠표(〈 〉), 그 외 저자의 작품은 낫표(「 」) 책 이름은 겹꺾쇠표(《 》)를 썼다.

최순용 편저

경남의 르네상스
최치원이 열다

| 추천사 |

고운 선생을
오늘에 입체적으로 되살린 책

농정農庭 최순용崔淳鏞 시인은 호에 들어 있는 '농農'과 이름에 들어 있는 '순淳'에서 예견되는 것처럼, 참으로 순박한 분이다. 나이가 나보다 서너 살 위인 농정을 처음 만난 것은 2018년 4월이었다. 경남 함양군 상림공원 인근에 새로 들어선 '최치원 기념관'에 고운 선생 영정 봉정식을 하던 행사장에서였다. 나는 고유문을 지은 경남대학교 고운학연구소 소장의 자격으로, 농정은 고운의 32세 후손의 자격으로 참석했다.

행사를 마치고 저녁 식사 자리에서 인사를 나눌 기회를 가졌다. 농정은 원래 말수가 적고 그나마 아끼는 편이었다. 경주 최씨 시조 할아버지인 고운과 관련된 책을 쓴다는 사실을 어렵게 털어놓았다. 망설이면서 이 말을 꺼내던 그때 그 표정을 잊을 수 없다. 이름도 이름이려니와 호도 참 잘 지었다는 생각을 그때 했던 것 같다.

《경남의 르네상스, 최치원이 열다》는 고운에 대한 '종합 안내서'이다. 최근 우리나라에서는 물론, 중국 등지에서 고운을 연구한 결과물들이 적지 않게 나오고 있다. 지금으로부터 1,100여 년 전에 이미 국제화를 실현한 분이어서 그럴까, 아니면 우리 사회가 정치·경제·사회·문화적으로 너무나 분열되어 있어 융합 내지 통합을 내세웠던 고운 선생의 정신이 그리워

서일까. 그러나 대부분의 논저들이 고운의 어느 한 부분을 대상으로 한 전문적인 것이어서, 일반인들이 접하기가 쉽지 않다는 아쉬움이 있었다.

고운의 학문과 사상을 평이하게 기술하면서도 전문가적인 식견도 가미한 그런 책이 나왔으면 참 좋겠다, 이런 생각을 갖고 있던 참이었다. 그런데 농정의 초고를 보니, 그것은 나의 이런 생각을 충족하기에 딱 알맞은 것이었다. 추천사를 부탁한다고 했을 때 약간 망설인 것은 사실이었다. 여러 모로 부족한 내가 그런 글을 쓰는 것이 도리에 맞지 않은 것 같아서였다. 그러나 그의 진심을 알고 나는 기꺼이 추천사를 쓰기로 마음먹었다.

이 책이 갖는 장점은 참으로 많다. 영정을 비롯하여, 각종 각석물, 유적지, 기념관 등 고운 관련 사진을 풍부하게 넣은 점이 가장 돋보이는 부분이다. 고운의 주유도周遊圖, 유적의 주요 소재지, 연표 등이 이렇게 일목요연하면서도 정확하게 표현된 자료도 나는 일찍 보지 못했다.

주제에 따라 이 책을 일곱 장으로 나눈 것도 눈여겨볼 대목이다. 같은 주제를 한 군데 모아놓으면 그 주제를 더 쉽게 이해하게 될 것이 아니겠는가. 이 책에는 같은 내용이 여기저기 섞여 나오기도 한다. 그것은 이 책이 이렇게 주제에 따라 편집된 데서 기인하는 어쩔 수 없는 일이라 하겠다.

많은 내용이 여러 사람들에 의해 검증된 것이어서 안심하고 읽을 수 있다는 점 또한 이 책이 갖는 미덕의 하나다. 그 많은 자료들을 어디에서 가져왔는지, 원고를 읽으며 감탄하기가 한두 번이 아니었다. 그러나 그렇다고 해서 이 책이 단순히 여러 사람들의 이야기를 집대성해 놓은 것만은 아니다. 곳곳에 저자의 번득이는 혜안도 담겨 있기 때문이다. 이를테면, 경남 사천에 있는 다솔사多率寺도 고운의 발길이 머문 곳인데, 이 사실은 지금까지 그 어디에서 언급된 적이 없다고 지적한 점, 쌍계사본의 두 번째 영정이 조성된 경위를 처음으로 소상히 밝힌 점, 또 이 영정의 정밀 감식과 관련된 일을 자세히 언급한 점 등등은 직접 발로 뛰거나 집안 어른들로부터 전해 들은 바가 없었다면 적기 어려운 것이라 하겠다.

세상 사람들이 고운을 곡해한 부분에 대한 농정의 비판도 눈길을 끈다. 이 책 곳곳에 있는 이런 내용은 읽는 이에게 청량감을 준다.

농정은 또 고운의 융합·통합 정신을 강조하면서, 우리나라에서뿐만 아니라 국제간에도 이런 정신이 요구되는 오늘날임을 여러 차례 짚어 주고 있다. 지극히 타당한 언급이다. 지금 우리 사회는 너무나 많은 갈등을 겪고 있다. 이러다 구한말 우리가 당했던 것과 같은 비극을 다시 당하는 것 아닌가 하고 고민하는 사람들도 적지 않다. 고운의 화합·융합 정신이 어느 때보다 필요한 요즘이다. 이 책은 이런 사실을 일깨워 주고 있다는 점에서도 의의가 있다.

그러나 이 책 전체를 일관되게 흐르고 있는 정조情操는, 고운이 '진정한 경남인'이고, 고운이 '경남의 르네상스'를 일으킨 분이라는 사실이다. 이것은 농정이 이 책을 쓰고자 했던 근본 이유이기도 하다. 고운이 하동 쌍계사 진감선사 비문을 지어 세우고, 함양군 태수로 선정을 베풀었으며, 생의 마지막 안식처로 합천 가야산을 택한 것은 그래서 농정에게 매우 의미 있는 사실로 받아들여질 수밖에 없었을 것이다. 독자들이 이 점을 놓치지 않았으면 한다. 고운이 한국 지성사의 가장 우두머리 위치를 차지한다는 점을 생각한다면, 경남의 르네상스는 곧 한국의 르네상스일 것이다.

이 책을 준비하는 데 10년이 걸렸다고 농정은 말한다. 이 책은 그만큼 그의 혼이 담긴 책이라 할 것이다. 이 책을 통해 으르는 오늘에 되살아난 고운을 만나게 된다. 나는 고운을 이렇게 입체적으로 오늘에 되살린 농정의 그 능력과 정성에 큰 박수를 보낸다. 그러기에 나는 이 시대를 살아가는 많은 분들께 이 책자를 한 번 읽어 보시라고 감히 권하는 것이다.

농정의 앞길에 문운이 가득하길 빈다.

2019년 6월   일
경남대학교 고운학연구소장·한국어문학과 명예교수 김정대

| 머리말 |

최치원
경남 르네상스의 문을 열다

　　　　　　　　　　　나는 공직에서 퇴직하면서부터 근 10여 년을 고운 최치원 선생을 가슴속에 품고 살아왔으며 그의 이름 석 자만 들어도 가슴이 두근거렸다. 그것은 우연히 찾았던, 1,150여 년 전 경남 하동 쌍계사에 세워진 〈진감선사대공령탑비명〉 속의 최치원崔致遠이란 이름 석 자 때문이었다. 그동안 그를 알기 위해《고운 최치원 문집》을 비롯하여《계원필경집》,《사산비명》, 기타 그가 남긴 숱한 저술서와 시편들을 모조리 찾아서 몇 번씩을 읽고, 인터넷을 뒤지면서 자료를 찾아 어떤 때는 밤을 지새우면서 탐독하기도 하였고, 선생이 관직 생활을 하였던 중국과 국내 각지의 유적을 찾아 나서기도 하였다. 이런 과정에서 나는 고운 선생에게서 두 가지의 위대한 가르침을 발견했다. 하나는 '인백기천人百己千'이요, 또 하나는 '접화군생接化群生'이다. 그 뜻을 헤아려 보면 첫 번째의 것은 '무한한 노력'을 의미하고, 두 번째의 것은 '뭇 생명이 서로 만나서 더불어 살아간다'는 뜻이다. 이것은 인간관계에만 머무르지 않고 우주 만물이 공생共生 공존共存 상호작용하는 삶에 그 목표를 두고 있는 것인데, 최치원 선생의 심오한 사상인 '융합 정신'이 그 바탕에 있음을 발견했다.

　　고운 선생은 열두 살 어린 나이에 중국 유학을 떠나서 국자감에서 공부한 지 6년 만에 과거에 장원 급제하여 20세에 중국 관리에 제수되어 〈격황소서〉를 써서 중국인을 감동시켰으며 관직에 재직하는 동안 1만여 편의 글을 저술한 국제적 관료이자 작가였다. 고운 선생은 29세에 조국 신라에 돌아와 중국에서 익힌 선진 문화를 조국을 위해 펼쳐 보려고 몸부림쳤던, 행동하는 진보 성향의 행정가이자 정치 지도자였다.

최치원의 경남과 오랜 인연의 시작은 하동 쌍계사 〈진감선사대공령탑비〉를 2년에 걸쳐서 비문을 짓고 세우는 일에서부터 시작하여, 함양군 태수(군수)로 3여 년 동안을 재직하면서 선정을 베풀었으며, 공직에 은퇴하고서는 합천 가야산 홍류동에 전 가족을 이주시켜 경남인이 되었기 때문이다. 그는 이곳에 살면서 합천 해인사를 비롯하여 창원, 양산, 사천, 하동, 함양, 산청, 거창, 남해 등 경남 일대를 두루 순례하며 지역 백성을 교화시키고 후학들과 강학하면서 많은 저술과 시를 남기고 풍류도風流道를 실천하다 경남에서 여생을 마친 '자랑스러운 경남인慶南人'이었다.

최치원은 '경남 선비 문화'를 펼쳤으며 '경남 문학'의 원류였고 '경남 불교문화'를 꽃피게 했으며 그가 머물렀던 경남의 '최치원 유적지'는 천년 문예 성지가 되었다. 고운 선생이 남긴 저서, 시, 글씨, 전설 등이 이곳에 가장 많이 남아 있다는 사실은 자랑거리이면서 귀중한 경상남도의 문화 유산이기도 하다.

2018년 5월 가장 최근에는 고운 선생이 관내 하동 쌍계사 불일폭포를 감상하면서 시를 짓고 노닐었다고 전해 내려오는 바위에 〈완폭대〉라는 일천 백여 년 전에 쓴 그의 친필 각석을 발굴하기도 하였다.

그러나 그동안 고운 선생에 대한 경상남도 차원의 인식과 위상은 기억 속에서 점점 멀어져 잊히고 있는 실정이다.

현재 경상남도 산하 18개 시군 중에 최치원의 유적과 행적, 전설이 뚜렷이 남아 있는 시군이 절반을 넘고 있으나 이것을 도 단위 문화로 승화시켜 내지 못하였다. 그 예로 경남을 대표하는 《경상남도지慶尙南道誌》에서조차 경남에 남긴 역사적 사실이나 시 작품 한 줄 소개되지 않고 있으며 도의

'문화 예술' 시책 업무에도 소외되고 있다는 것은 매우 안타까운 일이다.

고운 선생은 '경남 문화'의 뿌리를 내리게 한 역사 인물로서 제일 먼저 언급되어야 할 분이다. 그는 전설 속의 지나간 인물이 아니라 지금도 경남의 역사 속에 살아 숨 쉬고 있는 인물이다. 지역 문화란 그 지역의 역사와 전통을 이어주는 맥脈이며 미래를 여는 교두보이다.

필자는 이런 관점에서 시군에 각각으로 흩어져 있는 최치원의 얼이 하나의 도 단위道單位로 묶인 기록이 있어야 되겠다는 신념에서 용기를 내어 《경남의 르네상스, 최치원이 열다》란 제목의 책을 내게 되었다.

조금씩 조금씩 쓰다 보니 어언 10년이란 세월이 흘렀다. 내용들은 주로 경남이란 행정 단위 구역 내에서 일어났던 사실들을 유적 규모, 시대 순으로 맞추려고 노력하였다. 여러 가지로 부족한 사람이 고운 최치원 선생과 같은 대현의 글을 다루게 됨은 두렵기도 하고 망설여지는 일이기도 했지만 개인적으로는 고운 선생의 32대 후손으로 시조께 한 번 응석을 부리면서 용기를 내어본 것이다.

필자의 바람은 경남과 최치원의 인연을 알리고 그가 남긴 발자취를 재조명함으로써 지역민들의 문화적 긍지와 자부심을 높이는 조그마한 계기가 마련되기를 기대해 보는 것이다. 많은 고마운 얼굴들이 눈에 떠오른다. 무엇보다도 이 부족한 글을 끝까지 읽고 조언해 주셨을 뿐만 아니라, 추천사까지 써주신 경남대학교 고운학연구소 김정대 소장님(한국어문학과 명예교수)께 감사한다. 이 책이 경남문화예술진흥원으로부터 제작비 일부를 지원받을 수 있도록 도와주신 관계자분들께도 감사의 말씀을 드린다. 산만한 원고를 아담한 책자로 탄생할 수 있도록 도와주신 도서출판 경남의 고마움을 잊을 수 없다. 끝으로, 10년을 옆에서 지켜봐 준 아내와 미국 뉴저지주New Jersey에서 공부하고 있는 사랑하는 손녀 예원睿瑗과 손자 준準에게 이 책을 꼭 선물하고 싶다.

2019년 6월 일
마산 구암산방에서 농정農庭 최순용

 차례

사진으로 보는 최치원   1
최치원 연보   12
추천사 • 김정대 경남대학교 명예교수   16
머리말   18

part 1   경남과 최치원

최치원崔致遠은 경남인이다   28
경남과 첫 인연을 맺다   30
경남과 두 번째로 만나다   32
영원한 경남인이 되다   35

'경남 르네상스' 뿌리 찾기와 최치원
최치원을 기억하자   40
'경남 선비 문화'를 열다   42
'경남 문학'의 원류이다   45
'경남 불교 문화'를 꽃피우다   47
우리나라 최초의 조림가造林家 최치원   52
다성茶聖 최치원   54
최치원 천년 향기를 머금은 경남   57

경남의 최치원 유적지를 찾아서
하동과 최치원   62
합천과 최치원   80
창원과 최치원   95
함양과 최치원   109

양산과 최치원	117
산청과 최치원	120
거창과 최치원	123
사천과 최치원	124
남해와 최치원	126

최치원의 영정 이야기
경남 지역에서 발원되다	128
해인사본 영정	130
쌍계사본 영정	132
쌍계사본 두 번째 영정의 이동 경로와 정밀 감정	136
현존 영정의 전수 조사와 정밀 감정 필요성	139
동상을 세워 추모하다	140
최치원 영정과 동상의 다양한 모습들	142

part 2 | 최치원, 그는 누구인가

출생과 고향 150

가족 관계 154

유년기와 중국 유학
| 유년기 | 159 |
| 12살 어린이의 유학길 | 160 |

part 3 　중국과 최치원

국자감 유학 생활과 최치원의 각오　　164

인백기천의 노력과 장원 급제　　169

중국에서의 관직 생활
율수현위 임관과 사직　　174
회남절도사 종사관이 되다　　181
중국인을 감동시킨 〈격황소서檄黃巢書〉　　187
중국의 명사들과 교우하다　　193

신라 귀국을 결심하다
귀국 결심과 출국 준비　　195
최치원에 대한 고변 절도사의 배려　　198
최치원과의 이별을 아쉬워하다　　200
귀국선에 오르다　　202

part 4 　신라에 돌아온 최치원

금의환향과 관직 제수　　206
《계원필경》 문집을 왕께 올리다　　209
외직을 자청하여 지방의 태수가 되다　　214
〈시무 10여조〉 국정 개혁의 좌절과 관직 은퇴　　219
은둔의 세월과 은자의 길　　222
최치원은 신선이 되었는가　　227

part 5 | 최치원의 작품 세계

최치원의 작품 개요　　　　　　　　　234

중국에서의 작품 활동　　　　　　　　236
〈격황소서〉의 작품적 의의　　　　　　　238

국내에서의 작품 활동　　　　　　　　241
《계원필경집》을 편집하여 왕께 바치다　　242
국내 창작 작품들　　　　　　　　　　　244
《사산비명》의 찬술　　　　　　　　　　247
가야산 해인사에서의 저술 활동　　　　　251
그 외 창작 작품들　　　　　　　　　　　253
친필 각석과 서가書家로서의 최치원　　　255

주옥 같은 시詩를 남기다　　　　　　258
중국에서의 시 작품　　　　　　　　　　260
국내에서의 시 작품　　　　　　　　　　266

part 6 　최치원의 종교관

종교의 자유를 부르짖다　274
최치원의 유교 관념　276
최치원의 불교 관념　278
최치원의 도교 관념　282

최치원의 '종교 융합' 사상
유·불·도교의 융합　287
'종교 융합'의 현대적 의의　289

최치원의 풍류도 개창　292

part 7 　최치원의 재발견

최치원에 대한 새로운 평가　298
그는 부처에 아첨했는가　300
그는 사대모화의 화신인가　306
한·중·일을 아우르는 지성인　314

part 1

경남과 최치원

part 1

최치원崔致遠은 경남인이다

　고운 최치원 선생(이하 최치원으로 칭함)은 신라 말을 대표하는 대문호이자 최고의 석학, 최고의 지성인이면서 나말여초羅末麗初의 시대적 전환기의 문화·역사·정치·사상 등 제반 상황을 대변하는 산증인이기도 했다. 최치원은 12살 어린 나이에 동아시아를 호령하던 당唐나라(이하 '중국' 또는 '당'으로 혼용함)의 주변국 인재들이 앞다투어 모여들던 국자감으로 유학하여 18세에 장원 급제하고, 20세에 중국 관료로 시작하여 25세에 황소에게 보내는 〈격황소서檄黃巢書〉를 써서 60만 반란군 대장이던 황소가 그 격문을 읽다가 혼비백산 평상에 떨어졌다는 일화를 남긴 인물이다. 이 글로써 중국인들을 깜짝 놀라게 한 주인공은 웅비의 꿈을 지녔던 약관 25세의 신라 청년 최치원이었다. 그는 중국의 국가 관료로 재직하면서 1만여 수의 글을 저술한 감각이 아주 뛰어났던 행정 관료이자 국제적인 작가였다. 최치원은 17여 년의 중국 생활을 끝내고 29세에 고국으로 돌아와 중국에서 익힌 선진 문화를 조국을 위해 펼쳐 보려고 행동으로 노력했던 진보적인 지도자이기도 했다.

　최치원과 경남과의 인연은 깊다. 하동 쌍계사 〈진감선사대공령탑비〉를 친작 친필로 세우고, 함양군 태수(군수)를 역임하면서 선정을 베풀었으며, 공직을 은퇴하고서는 합천 가야산 홍류동에 가족 전체가 정착하여 '경남인'으로 여생을 보냈으며 그의 후손들이 대를 이어 이곳에 살았다. 최치원은 여생을 경남 지역에 터를 잡고 살면서 합천을 비롯하여 창원, 양산, 하동, 함양 등 경남 일대를 두루 순례하며 백성을 교화하고 후학들에게 학문을 전수시키며 많은 저술과 시 작품을 남김으로써 '경남 문화' 형성에 큰 뿌리를 내리게 한 경남의 역사 인물이었다. 경남인들은 그의 공덕을 잊지 않고 최치원 사랑으로 이어져서 경남 관내 합천 해인사와 하동 쌍계사에서 제일 먼저 영정을 봉안하였고 각 지역에서는 최치원의 유적들을 천 년 넘게 소중히 보전하면서 그를 흠모해 왔다.

　현재 경남 관할 18개 시군 중에서 최치원의 유적이 분포되어 있는 시군이 절반이 넘고 있으며 1963년 이전에는 부산에 있는 큰 유적지인 해운대가 경남 관할에 있었던 점을 감안한다면, 경남 지역은 가는 곳마다 '최치원 문화'로 꽉 차 있었다고 말할 수 있다.

　한편, 창원은 최치원의 아버지가 부사로 재직하는 동안에 최치원이 탄생했다는 '고운 창원 탄생 설화'가 있는 곳이기도 하며, 예로부터 '문창文昌의 고장'이라고까지 불려 내려옴으로써 경남은 최치원의 본향이라 해도 좋을 정도이다. 이처럼 경남에 최치원의 콘텐츠가 가장 많이 박혀 있다는 것은 우리 고장의 자랑거리인 동시에 자긍심이기도 하다. 곧은 선비 최치원은 이곳에서 풍류도風流道를 실천하다 여생을 마친 '자랑스런 경남인慶南人'이었다.

경남과 첫 인연을 맺다

885년에 최치원이 당나라에서 귀국하자 신라 헌강왕은 최치원을 한림학사에 제수하고 그 이듬해인 886년에 하동 옥천사(쌍계사)를 창건하고 남선종 사상과 범패를 널리 알리다 입적한 혜소에게 진감선사眞鑑禪師라는 시호를 내리고 대공령탑大空靈塔이라는 탑명과 함께 전각을 허락하여 길이 영예를 누리게 하라면서 그 비문碑文을 최치원이 찬술하도록 명을 내린다.

"선사는 행실로 드러났고 그대는 문장으로 진출했다. 그러니 그대가 명銘을 짓도록 하라." 하기에 치원致遠이 배수拜手하고 아뢰기를, "예, 잘 알겠습니다(命下臣曰師以行顯女以文進宜爲銘致遠拜手曰唯唯退)."
─최치원 〈쌍계사 진감선사대공령탑비명〉 일부

이에 따라 최치원이 4개의 《사산비명》 중 가장 먼저 시작한 것이 경남지역의 하동 쌍계사 〈진감선사대공령탑비명〉이다. 최치원은 왕명에 따라 하동 쌍계사에 내려와서 비문을 짓고 글씨를 쓰면서 탑을 세우기까지의 일을 총괄하여 2년여 만인 887년 7월에 쌍계사 경내에 탑을 우뚝 서게 했다. 이 탑비의 끝머리에 최치원은 다음과 같이 기록하고 있다.

(중략)… 운근 위에 우뚝 솟은 탑이여　　塔聳雲根
천인의 옷자락에 반석이 다 닳도록　　　天衣拂石
산사(쌍계사)에 영원히 빛나리로다.　　　永耀松門
─최치원 〈쌍계사 진감선사대공령탑비명〉 일부

이것이 최치원과 경남의 첫 만남이었다. 그때 초치원이 하동 쌍계사로 왕래한 이동 경로를 그의 유적지를 통하여 추적해 보면 매우 흥미롭다. 서울인 경주를 출발하여 동해안를 따라 울산↔양산↔기장↔동래↔김해↔창원(진해구↔마산합포구)↔함안↔진주↔곤양(사천)↔하동으로 펼쳐져 있어 어떤 교통로가 있었음을 암시하고 있다. 통일신라 시대의 교통로를 살펴보면, 수도 경주를 축으로 한 전국을 잇는 5개의 교통로가 있었는데 이를 염지통鹽池通, 동해통東海通, 해남통海南通, 북요통北遙通, 북해통北海通으로 구분하고 오통五通이라 불렀다.

이 가운데 최치원이 하동 쌍계사로 오기 위하여 이용한 길은 경주에서 김해와 진주(당시 강주)로 연결되었던 동해통과 광주와 전주로 잇는 해남통의 두 길을 따라서 하동 쌍계사까지 들어온 것으로 추정된다. 이 해남통은 하동에서 계속 이어져 남원京南原京, 무주武州까지 잇는 신라의 큰 국도였다(네이버 지식백과 참조).

오통에는 일정 거리마다 역마驛馬가 있어서 나라의 공문서 전달이나 왕실의 관계자, 지방 수령 등 공무를 보는 관리들의 왕래에 따른 영송迎送이나 쉬어 갈 수 있는 숙소도 겸비되어 있었다고 한다. 따라서 최치원은 여러 역마를 거치고 말을 갈아타면서 하동 쌍계사까지 왕래하였다. 그의 유적지로 유명한 '창원 월영대' 인근의 현재 경남대학교 부지에는 옛 역마터와 최치원 별서가 있었다고 전해져 오는 것이 이를 뒷받침하고 있다.

최치원이 역마에 머무를 때에는 그 지역의 지방 관리나 선비, 유림들이 찾아와서 다음 역으로 갈 때까지 영접하였다고 한다. 최치원 유적이 양산→부산 해운대→창원 진해구→창원 마산합포구→사천→하동으로 이어져 있는 것은 쌍계사를 오가는 길목에서 생겨났으며, 은거 후에도 다시 여러 곳을 찾아와 머물다 가면서 많은 유적이 새로 등장하기도 했다.

이 동해통과 해남통은 중국으로 유학 갈 때나 귀국할 때, 하정사로 다시 중국으로 들어갈 때에도 이 육로를 이용한 것으로 판단된다. 경주, 울산, 부산, 경남 남해안을 관통하여 전남 영암 상대포에서 배를 타고 중국을 왕래하게 되는데 지금도 신안군 우이도 상산봉에는 최치원이 물을 마셨다는 고운정孤雲井 유적지가 남아 있고, 옥황상제와 같이 바둑을 두었다는 '바둑바위'가 전설로 전해 내려오고 있다. 한편, 최치원이 오갔던 동해통과 해남통 두 길은 고려와 조선시대를 거치면서 오늘날 국도 제2호선으로 발달되었다. 국도 2호선은 서해안 남부 지역인 전남 신안을 기점으로 하여 전남 남해안 지역(목포↔영암↔강진↔장흥↔보성↔순천↔광양)과 경남 남해안 지역(하동↔사천↔진주↔창원↔구 마산↔구 진해↔김해)을 동서 방향으로 관통하여 부산광역시 중구까지 뻗어 있는 국도로서 신라 때의 동해통과 해남통이 지나가던 길과 겹쳐짐을 발견할 수 있다.

경남과 두 번째로 만나다

최치원과 경남의 두 번째 만남은 경남 관내 함양군수(당시, 천령군 태수)로 임명되면서부터다. 함양군 태수 재직에 따른 공식적인 문헌은 찾을 수 없다. 그러나 당시 합천 해인사 승려로 있던 희랑希郞 스님의 화엄경 강연에 최치원을 초빙하였으나, 견훤의 반란군과 전쟁 중이어서 참석치 못하고 대신해서 6편의 시詩를 보냈는데, 그 시 말미에 직함을 적어 놓음으로써 최치원 본인이 직접 함양군 태수로 재직하였음을 알려주고 있다. 이것이 그가 함양군 태수로 재직했음을 알리는 유일한 기록이다.

> 나는 반란군을 막는 일에 얽매어[虜所拘] 청강 못 하고 시로써 그 일을 기린다. 방로태감 천령군 태수 알찬 최치원[防虜太監天嶺郡太守 遏粲 崔致遠]
> ―최치원이 합천 해인사 승려 희랑에게 보낸 서신 내용 중 일부

그러나 태수로 재임한 기간에 대해서도 정확한 기록이 남아 있지 않다.

다만, 재직 기간을 유추해 볼 수 있는 기록이 남아 있다는 사실은 지적해야 할 것이다. 최치원이 890년에 지방관으로서의 첫 임지가 태산군(전북 태안) 태수였는데 이곳 태산군에서 함양군 태수로 전보되어 감에 따라 그의 치적에 감사하는 마음으로 태산 군민들이 생사당을 건립하였다고, 현재 전북 정읍시 칠보면 무성리에 있는 무성서원武城書院 창건 유래비에 다음과 같이 기록하고 있다.

> 신라 말에 고운 최치원이 이곳 태산태수泰山太守로 재직 중 치적治績이 큰 그가 함양咸陽(천령天嶺)군 태수로 전임하니, 그를 사모하는 뜻으로 생사당生祠堂을 세우고 태산사泰山祠라 하였다.
>
> ―무성서원武城書院 '창건 유래 비문' 중 일부

또 다른 기록으로는 함양의 역사 연표(咸陽歷史年表)에서 '최치원이 891~892년 사이에 함양군 태수를 지냈다'는 기록이 남아 있다. 이런 기록들을 종합해 볼 때 지방관의 첫 부임지로 890년에 태산군 태수로 임명되어 재직하다가 두 번째로 891년쯤에 경남 관내인 천령군(함양) 태수로 이동 발령을 받아서 근무했고, 세 번째로 893년에 다시 부성군 태수로 이동되어 그 이듬해인 894년에 2월에 〈시무 10여조〉를 진성여왕께 건의한 것을 보면, 최치원이 천령(함양)군 태수로 재직한 시기는 태산군 태수와 부성군 태수의 중간 기간인 891~893년 사이임이 분명해진다.

최치원이 함양군 태수로 재직하면서 베풀었던 선정善政의 흔적들이 지금도 유적과 전설들로 남아 있다. 최치원이 함양군 태수로 재직하면서 남긴 중요 치적은 다음과 같다. 당시 함양읍에는 해마다 여름철만 되면 위천 물이 범람하여 마을이 침수되고 전답이 유실·매몰되는 홍수 피해가 이만저만이 아니었다. 이를 본 최치원은 지역 백성들을 설득하여 홍수의 주요인 중의 하나인 기존 위천 수로를 변경하여 제방을 쌓고 제방 보호를 위해 여러 종류의 나무를 인근 백운산과 지리산 자락에서 이식해 와서 식재함으로써 고질적인 수해를 사라지게 한 우리나라 최초의 인공 방재림 조성 사업을 펼쳤다.

조림 수종을 주로 참나무류로 하였는데, 이는 그 열매를 이용하여 빈곤기에 백성들의 배고픔을 동시에 해결하려 한 것이기도 했다. 최치원의 애민 사상을 엿볼 수 있는 장면이다.

본 치수사업은 최치원 자신이 직접 이룬 치적으로서 오늘날까지 유일하게 남아 있는 유적이며, 이것은 중국에서 본 대운하 수로 정비의 이점을 신라에 도입한 모범 사례의 하나라고 볼 수 있다. 이 숲을 《신증동국여지승람》, 《경상도읍지》, 《영남읍지》 등에는 〈대관림〉이라 불렀다. 시대를 거치면서 상림, 하림으로 구분하여 부르다가 하림은 마을 형성으로 점차 사라지고 현재는 상림 쪽의 숲만이 존치되어 우리나라 천연기념물 제154호(1962. 12. 3.)로 지정하여 관리하고 있는데, 면적은 약 21㏊에 122여 수종이 번식하고 있다. 이러한 치적에 대하여 후세의 함양군민들은 그의 공덕을 기리기 위하여 숲 안에 '사운정思雲亭'을 짓고 '문창후최선생신도비文昌侯崔先生神道碑'를 세워서 기념하고 있으며, 현재 숲 전체를 '상림공원'이란 이름으로 지정하여 개방하고 있다.

2018년 4월 함양군에서는 상림공원 일대를 과거와 현재를 잇는 '최치원 역사공원'으로 재지정하고 공원 안에는 최치원 사당을 건립하여 영정과 동상을 봉안하고 기념관을 개설하여 최치원 태수를 기리고 있다. 그 외에 함양군 태수 재임시에 자주 들러 시를 짓고 강학하며 집무를 보던 장소로 알려진 〈학사루學士樓〉가 있으며 백운산 상봉에 〈상련대〉 등이 유적으로 남아 있다.

영원한 경남인이 되다

최치원은 말년에 지방의 태수로 전전하는 동안 무너져 가는 신라를 바라보면서 마지막 충정으로 894년 2월에 나라가 시급히 해결해야 할 사회 개혁안인 〈시무 10여조〉를 작성하여 진성여왕에게 상소하였으나 실행이 좌절되자 벼슬을 버리고 합천 해인사에 칩거해 들어오게 된다. 최치원은 해인사에서 수년간 은거하면서 불교 관련 저술 활동을 펴다가 898년에 아찬에서조차 면직되었다. 나라가 더욱 혼란에 빠지자 실망한 나머지 급기야 전 가족을 데리고 지금의 경남 합천군 가야면 치인리 홍류동 가야산 기슭에 초막을 짓고 낙향落鄕했는데, 이는 가족 모두가 경남인慶南人이 되는 순간이기도 했다. 오늘날 같으면 한 세대가 주민등록을 옮겨와서 경남도민이 된 셈이다.

사실, 경상남도란 명칭은 조선시대인 1896년에 새로 개편된 행정 구역으로서 120여 년의 역사를 가질 뿐이다. 최치원이 살았던 당시의 경남은 통일신라 때의 9주 5소경 지방 조직의 강주康州(진주) 산하 11개 군과 양주良州(양산)에 속했던 양산, 창원, 밀양, 창녕과 금관경의 김해가 지금의 경남에 속했다.

따라서 오늘날 경상남도慶尙南道는 당시 강주(진주), 양주(양산), 금관(김해)을 중심으로 하여 발전되어 왔음을 알 수 있으며 주州 밑의 군단위 명칭도 일부를 제외하고는 오늘날 이름과 상이하다. 그러나, 현재 도와 시군의 전신前身으로서 위치와 영역은 크게 변함없이 한 지역으로서의 구심점과 동질성, 풍속, 방언, 기질을 같이하는 큰 공동체는 그대로 유지되면서 내려왔다고 볼 수 있다. 최치원은 경남의 합천 가야산 홍류동으로 은둔하면서 다시는 세상 밖으로 나가지 않겠다는 굳은 결의를 다지는 유명한 시를 남겼다.

저 중아 산이 좋다 말하지 말게	僧乎莫道靑山好
좋다면서 왜 다시 산을 나오나	山好何事更出山
저 뒷날 내 자취 두고 보게나	試看他日吾踪跡
한 번 들면 다시는 안 돌아오리	日入靑山更不還

— 최치원 〈입산시入山詩 또는 청산맹약〉(이은상 역) 시 전문

    898년부터 시작된 경남인으로서 최치원의 제2의 인생은 그의 여생 마지막까지 합천 가야산을 주 거주지로 삼고 은둔 생활을 하였던 것이다. 최치원의 초기 은거는 해인사에서 저술 활동을 하는 것이 주를 이루었으나, 전 가족을 데리고 가야산 홍류동으로 이주해 온 후부터는 본격적인 은둔 생활에 들어가게 되었다. 그의 은둔 생활이란 단순한 세상과의 단절이 아니었다.

    그는 합천 해인사와 청량사를 비롯하여 하동 쌍계사·지리산 화개동천, 창원 월영대·합포별서·청룡대·강선대, 함양 학사루·대관림, 양산 임경대, 사천 남일대·곤양 다솔사, 산청 단속사·지리산 법계사, 거창 가조의 고견사·가북 숭풍대, 남해 금산동천 등 경남 일대를 주유하였다. 그 과정에서 그곳의 선비나 유림, 승려, 그 외 그를 따랐던 백성들과 함께 누각을 짓고 대臺를 쌓아 송죽을 심어 가꾸면서 후학들과 함께 시를 짓고 학문 교육에 전념하다가 나중에는 전국의 명산대찰名山大刹을 찾아다니면서 풍류 생활로 유랑하였던 것이다. 이것이야말로 그가 꿈꾸던 이상이었을지 모른다.

    최치원이 은둔하기 전인 893년 겨울에 편찬한 〈지증대사비문〉에는 그의 내심을 엿볼 수 있는 대목이 나온다. 이 비문에는 중국의 혼란 시대였던 위진남북조시대魏晉南北朝時代의 법진法眞이나 송직宋織 같은 선비가 벼슬을 버리고 은둔해 살면서 수백 명에서 수천 명의 제자를 가르쳤던 내용이 인용되어 있다. 이것을 보면 역사에서 선비가 관직을 은퇴한 후에 행한 모습

들을 최치원이 매우 흥미롭게 바라보았으며, 이것은 그가 은둔의 길로 가게 된 것과 무관하지 않을 것으로 학자들은 보고 있다. 자기도 이들처럼 언젠가는 은자의 길을 갈 수 있을 것이라고 예견하였던 것이다. 《삼국사기》에는 최치원의 행방에 대하여 다음과 같이 기록하고 있다.

> 최치원은 산림의 기슭과 강이나 바닷가를 자유롭게 이리저리 옮겨 다니며 스스로 구속되지 않았다. 누각을 짓고 소나무와 대나무를 심었으며, 책을 베개 삼고 풍월을 읊었다. 경주의 남산, 강주康州의 빙산氷山, 합주陜州(합천)의 청량사淸涼寺, 지리산智異山의 쌍계사, 합포현合浦縣(창원)의 별서 같은 곳은 모두 노닐던 곳이다.
> ─김부식《삼국사기》열전 최치원 조 일부

경남 지역 백성들은 최치원이 자기 관내를 순례하게 되면 너도나도 하나같이 모여들어 그를 따뜻하게 맞이하고 위로하였으며 앞다투어 초빙하기도 했다. 전해 내려오는 기록에는 '최치원이 전대를 빛내고 후세에 뛰어나 사람들의 입에 회자膾炙되어 나무꾼에서 농촌 부녀들까지도 최치원을 모르는 사람이 없을 정도였고 그의 문장을 칭송하였다'고 되어 있다. 이 기록을 볼 때 최치원을 따르는 계층은 글을 모르는 부녀자와 나무꾼에서부터 위로는 왕까지 직업의 귀천을 불문하고 그를 추앙하고 신임했음을 알 수 있다. 최치원이 머물렀던 곳들은 그의 학문은 물론, 선비 정신, 문학, 글씨를 배양하는 광장이요, 선진 문화를 배우는 도장이기도 했다. 최치원이 선봉에 서서 관내 지역을 두루 돌면서 '경남 문화'의 씨를 뿌리고 함께 가꾸면서 꽃피게 했던 것이다. 최치원이 경남에 미친 문화적 가치는 넓고도 깊었다. 그리하여 그의 유적은 경남 전체 시군의 절반이 넘는 지역에 분포하고 있다. 이 모든 사실들은 경남 사람이라면 최치원을 영원히 잊지 않고 기억하고 간직해야 할 이유들이다.

최치원의 경남 지역 주요 유람·유적도

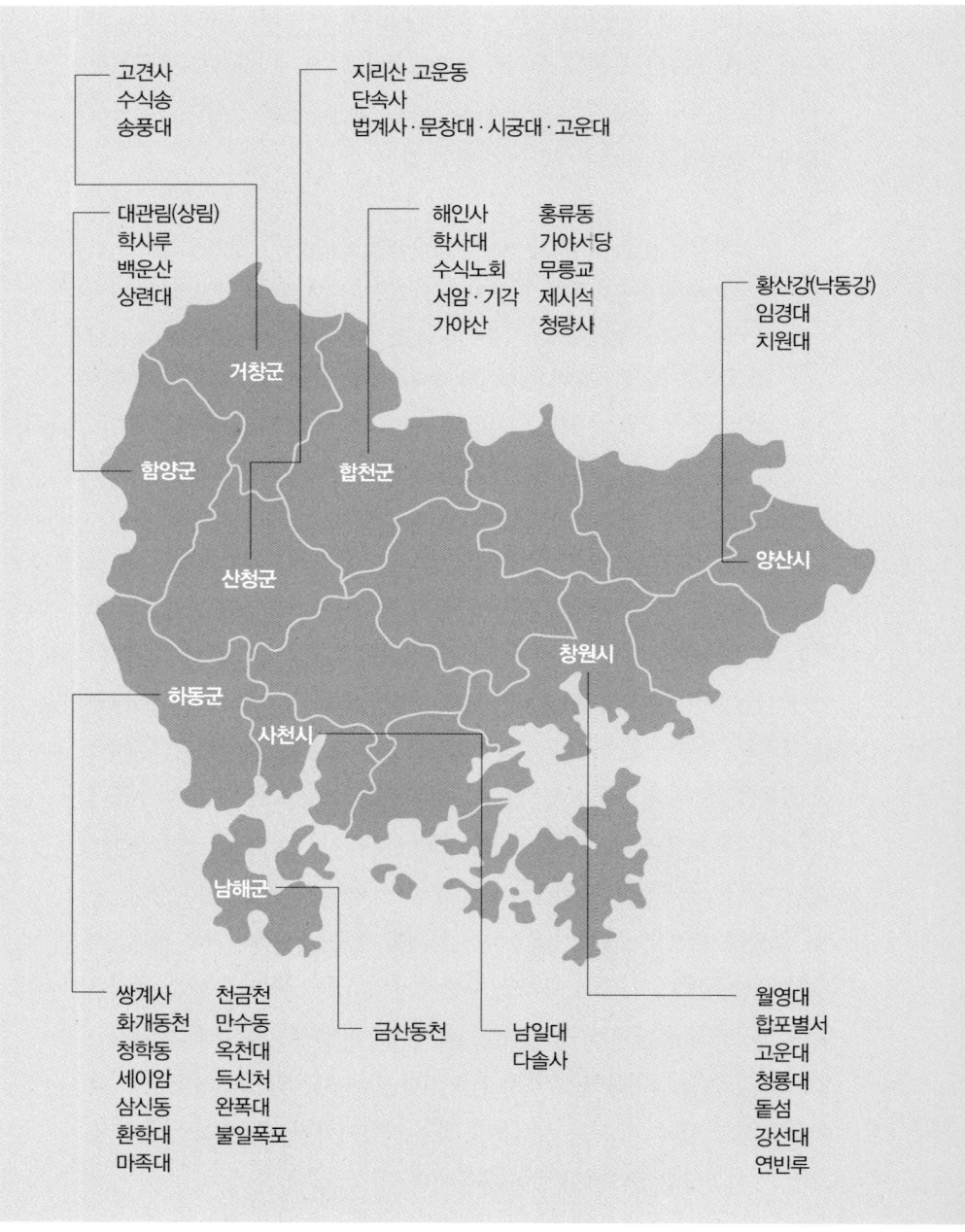

최치원의 생존 기간을 그의 마지막 작품으로 알려지고 있는 〈신라수창군호국성팔각등루기〉를 쓴 해인 908년 그의 나이 52세로 보는 것에는 무리가 있다. 그 이후까지 살아 있었다는 가능성을 충분히 입증할 수 있는 자료들이 많기 때문이다. 그의 작품《사산비명》중 하나인 문경 봉암사 〈지증대사숙조탑비〉를 세운 해인 924년도까지 살아 있었다고 주장하는 학자들이 많으므로 이때 그의 나이가 67세가 되겠고,《삼국유사》에 기록되어 있는 927년에 작성한 왕건이 견훤에게 보낸 〈답견훤서〉가 최치원 친작親作이 사실이라면 그의 나이가 70세로서 30여 년 이상을 경남인으로 살아 있었다는 결론이 나온다. 아무튼 전해 내려오는 기록에는 최치원이 합천 가야산에서 '어느 날 아침에 일찍 일어나서 집을 나간 뒤에 갓과 신발만 숲 속에 남겨 놓고 어디로 갔는지 알 수가 없어 해인사 중들이 그날을 받아 영정을 독서당에 봉안하고 명복을 천도했다'고 하며 최치원이 신선이 되었다는 전설만이 전해올 뿐이다.

조선시대 호남 관찰사 서유구(1764~1845년)는 〈교인 계원필경집 서문〉에서 '그의(최치원) 묘소는 호서湖西의 홍산鴻山(가야산)에 있다. 어떤 이는 공이 신선이 되었다고도 하나, 이는 허망한 말이다'라고 자신 있게 기록하고 있으나 그의 최후 행방과 묘소도 아직까지 찾을 길이 없다. 최치원이 살던 합천 가야산 홍류동에는 그가 생을 마친 뒤에도 그의 손자대까지 대를 이어 터를 잡고 계속 살아왔다고 한다. 또 최치원이 살았다는 그의 옛 집터에는 오늘날 해인사 스님들이 '최치원 암자'를 창건하여 보전하고 있으며, 인근 마을을 치인 또는 치원 마을이라 부르고 있다. 한편, 합천 가야산과 함께 은둔지로 유명한 하동 화개골에서도 어느 날 지팡이를 꽂아 두고 지리산의 신선이 되었다는 전설과 함께 쌍계사에서도 일찍부터 그의 영정을 봉안하여 추모해 왔다.

part 1

'경남 르네상스' 뿌리 찾기와 최치원

최치원을 기억하자

경남의 역사를 거슬러 올라가다 보면 경남은 1,100여 년 전 최치원과 각별한 인연을 가지고 있었음을 앞에서 상세히 논한 바 있다. 최치원이 모든 관직에서 은퇴하고 가족과 함께 합천 가야산에 이주하여 경남인慶南人이 되면서부터, 이 지역 사람들은 당대 최고의 지성인 최치원을 접할 수 있는 기회를 갖게 되었다. 최치원으로부터 이어받기 시작한 경남 문화의 맥은 시대를 거치면서 발전을 거듭하여 오늘날 '경남 문화'로 자리매김하게 되었다. 그가 은둔하였다고 하지만 최치원은 삶의 패배자도, 세상과의 단절자도 아니었다. 다만, 서서히 기울어져 가는 나라의 운명 앞에서 그가 품었던 이상과 포부를 실현할 수 없는 현실에서 몸부림치다가 스스로 물러나 제2의 고향 합천 가야산 홍류동을 찾아온 선지자였다.

여생을 경남 지역에서 보내게 됨에 따라 그의 수준 높았던 학문과 종교,

철학, 사상, 글씨 등을 이 지역에 풀어 놓게 되자 '최치원 문화'가 지역 문화로 이전되었다. 그 문화가 고을고을로 퍼져나가면서 경남 문예 부흥의 태동기가 되었으며, 그의 발자취와 함께 유적들이 경남 지역에 가장 다양하게 남게 되었다. 이런 관계로 여러 시대를 거쳐 내려오면서 조정의 관리에서부터 문인, 학자, 예술가, 일반 백성들이 경남 지역의 최치원 유적지를 찾아와 그를 흠모하면서 시와 글을 쓰고 그림을 남기고 갔다. 그가 머물던 곳들은 천 년을 잇는 '한국 르네상스의 길'이 되었고, 그 자리에는 항상 경남인들이 자리를 같이하고 있었다. 최치원은 '경남 문화'의 뿌리를 내리게 해 준 스승이었으며, 경남 사람들은 그를 만나게 된 것을 크나큰 영광과 자산으로 여겨 왔다.

그러나 오늘날의 최치원에 대한 인식과 예우, 그에 따른 역사 기록은 그의 유적이 산재되어 있는 시군市郡 일부에서 미미한 상태로 머무르고 있는 수준이다. 현재 경상남도의 전체 시군 중에서 최치원의 유적과 행적, 전설이 뚜렷이 남아 내려오고 있는 곳이 절반을 넘고 있으나, 이것을 '경상남도 문화'로 승화시켜 내지 못한 채 묻혀서 점점 잊혀가고 있는 실정이다. 한 예로서 경남의 역사 기록인《경상남도지慶尙南道誌》에서조차 최치원을 타지의 손님 정도로 취급하여 경남에 미친 역사 사실이나 시 작품 한 줄 소개되지 않고 있으며, 도의 '문화 예술' 시책 분야에도 소외되고 있다는 것은 매우 안타까운 일이다. 그는 경남 문화 형성의 역사 인물로 제일 먼저 언급되어야 할 사람이다. 최치원은 경남인으로서 살면서 소통과 화합의 '접화군생接化群生'이란 메시지, 즉 '뭇 생명이 서로 만나 더불어 살아가자'는 화두를 우리에게 주고 갔으며, 그가 남긴 하나하나의 저술 작품과 학문, 종교사상, 철학, 글씨, 곳곳에 남아 있는 유적들은 '경남 르네상스'의 모체가 되었기 때문이다.

'경남 선비 문화'를 열다

경남은 예부터 '선비의 고장'으로 이름이 높았다. 우리는 흔히 선비를 조선시대의 유학儒學에 밝고 학식은 있으나 벼슬에 나가지 않은 사람士林 또는 처사處士라는 용어로 통용되어 온 경향이 있다. 하지만 한국의 '선비 정신'이야 말로 삼국시대로부터 시작하여 오늘날까지 연면히 이어지고 있는 우리만의 독특한 정신적 DNA로서, 우리 사회를 떠받치고 온 지도층의 큰 정신세계였다고 할 수 있다.

무릇 선비 정신이란 하늘의 뜻을 깨달아 인간의 본성이 하늘의 이치에 부합하도록 제도나 윤리를 통하여 세상을 다스리는 철학이자 정치 이념이다. 그렇다고 해서 선비라는 명칭이 특정한 계층에 국한되어 있거나 따로 존재하여 온 것은 아니었다. 학식이 대단히 뛰어나거나 큰 공적을 남기지 못한 사람들 중에서도 올곧은 선비가 많았다.

진정한 선비의 본뜻은 학문을 닦는 사람을 예스럽게 이르는 말로서, '끊임없이 학문에 정진하면서 행동과 예절이 올바르며 의리와 원칙을 지키고 관직과 재물을 탐하지 않는 고결한 인품을 갖춘 사람'으로 정의하고 있다.

이런 가운데 '경남 선비 정신'은 한국 최고의 곧은 선비 최치원에게서 만날 수 있었다. 그는 말년에 관직을 사양하고 합천 가야산에 묻혀 살면서 후학 교육과 백성들과 어울려 강학講學을 실천하는 가운데 '경남 선비 문화'를 싹트게 한 인물이다.

최치원이 찬술한 〈난랑비서鸞郞碑序〉에서는 "나라에 현묘한 도가 있으니 이를 풍류라 한다. 이 가르침을 창설한 근원은 선사에 자세히 갖추어 있으니 실로 세 가지 가르침을 포함해 뭇 중생을 교화하는 것이다"라고 하면서 '포함삼교', '접화군생'이라 했다.

여기에서 '풍류도'란 포함삼교와 접화군생에 바탕을 둔 '선비 정신'을 말하는 것이다. 유학에 바탕을 둔 '선비 정신'은 다소 딱딱한 수행과 박학다식한 학문을 갖춘 사람의 근엄한 언행이 연상된다. 하지만 선비의 진정한 모습은 예술적·심미적·정서적 면모를 더하여 비록 빈곤하거나 정치적으로 갈등을 겪어 불우한 환경 속에서도 우아하게 멋과 예술을 즐길 수 있는 여유를 갖춘 풍류인의 모습이 선비 정신으로 나타나며, 이것을 두루 갖춘 사람이 바로 최치원이라고 학자들은 말하고 있다.

이것이야말로 집에서는 부모께 효도하고, 밖에 나가서는 나라에 충성하는 정신을 바탕으로 공부하면서 몸과 마음을 닦고 무예를 익히고 시를 읊고 노래를 부르며 춤을 추었으며, 삼교三敎의 진리를 지키면서 조정을 받들고 백성을 위하여 봉사하다가 나라가 위태로우면 몸을 바치는 정신이다.

최치원은 이러한 유학 정신을 가장 큰 덕목으로 삼아 실천하면서, 사회적 책임감으로 백성을 교화하고 귀하게 여기는 사상으로 충만한 선비 정신을 이 고장의 후학들에게 교육시킴으로써 '경남 선비 문화'로 자리 잡게 되는 계기가 되었다.

최치원은 고려 왕조가 잉태되는 과도기적 시대에 살면서도 오직 기울어져 가는 신라를 다시 한 번 일으켜 세워 보려고 〈시무 10여조〉를 왕에게 상소하는 등 국정 개혁을 직언하며 행동으로 보여주었다. 그러나 이 정치 개혁안은 단 1조도 실행되지 못하고 결국 신라는 망하고 그가 택한 불사이군不事二君의 선비 정신만이 오늘날까지 사표가 되고 있다. 최치원이 합천 해인사에 들어와서 작성하였다는 〈양위표讓位表〉와 〈사사위표謝嗣位表〉는 897년 진성여왕과 효공왕의 왕위 교체를 알리는 글이다. 두 왕을 대리하여 작성한 이 글에서도 꼿꼿한 선비 자세를 잃지 않고 나라가 당면한 위급한 상황을 조금도 주저 없이 사실 그대로 생생하게 기록하여 중국에 보냈다.

어진 나라가 변해서 병든 나라가 되었다(致使仁鄕變爲疵國). (중략) 개미 떼가 제방을 무너뜨리고 메뚜기가 국경을 뒤덮고 있으니(蟻至壞堤蝗猶蔽境) 백성들이 신열이 나도 물로 씻어줄 수 없고 물에 빠졌어도 건져줄 수 없다(熱無以濯溺未能援). 모든 국고와 창고는 한결같이 비어 있고 나루로 통하는 길은 사방으로 막혀 있다(帑一空津途四塞).

— 최치원 작성〈양위표讓位表〉《국역 최치원 문집》

…(중략)… 도둑들이 사방에서 일어났는데 그들은 형세를 타고 벌떼가 날듯 하매, 갑자기 성城을 파괴하고 고을을 노략질하였다. 그리하여 마침내 연기와 티끌이 국경을 빙 두르고 제때에 농사를 지을 수 없게 했다. 뭇 도적이 번성한 데다 먹을 식량마저 마련키가 어렵게 되었다. 지금 군읍이 도적 소굴이요(郡邑遍爲賊窟) 산천이 모두 전쟁터다(山川皆是戰場).

— 최치원 작성〈사사위표謝嗣位表〉《국역 최치원 문집》

왕의 이름으로 보내는 외교문서에 이렇게 처절한 표현을 할 수 있을까 할 정도로 왕의 체면을 생각하지 않고 사실을 있는 그대로 알리고 있다. 나라를 위하는 길이라면 왕의 체면도 보지 않고 말할 수 있는 정신이야말로 최치원의 기상이면서 참다운 곧은 선비 정신이다 하겠다. 예부터 경남 지역에 어진 선비와 유학자가 많이 배출되어 온 것은 우연한 일이 아니다. 경남 밀양 출신의 점필재 김종직金宗直(1431~1492년)과 하동 출신의 일두 정여창鄭汝昌(1450~1504년)이 있으며, 합천 출신으로 조선 중기 유학자이면서 지리와 의학, 병법에 뛰어나고 평생을 처사로 살면서 학문 연구와 후진 양성에 전념했던 성리학의 영남학파 영수인 남명 조식曺植(1501~1572년)과 그의 문하에서 공부하여 임란 의병 총사령관이던 망우당 곽재우郭再祐(1552~1617년), 합천 출신 의병장 내암 정인홍鄭仁弘(1535~1623년), 함안 출신으로 우리나라 최초의 서원인 '백운동서원'을 세워 선비 교육에 앞장섰던 신재 주세붕周世鵬(1495~1554년), 산청 출신의 구한말 독립운동가

면우 곽종석郭鍾錫(1846~1919년) 같은 선각자들은 후학 교육에 힘쓰면서, 나라가 어려울 때는 의병을 일으켜 나라 구하는 데 목숨 걸고 앞장섰으며 임금에게 직언하여 나라를 바로 세우려고 노력했던 경남 출신의 곧은 선비들이다. 이들은 일찍이 하나같이 최치원 발자취와 유적지를 찾아 순례하면서 시를 짓고 그의 정신을 흠모한 대표적인 우리 고장의 선비들이었다. '경남 선비 문화'야말로 최치원으로부터 시작되어 유구한 역사 속에 면면히 이어져 온 경남인의 전통이면서 잠재되어 있는 정신문화이다. 이 정신이야말로 경남인의 자부심이며 길이 이어져야 할 장엄한 정신세계이다.

'경남 문학'의 원류이다

지방 문학이란 '어느 특정한 지방을 배경으로 하여 그 지방 사람들에 의해 특색을 반영해 낸 문학'이라고 정의하고 있으나, 그 영역이 중앙 문학과 명확히 구분되기는 어렵다. 그것은 국민 문학 속에 지역 문학이 같이 존재하기 때문이다. 그러나 각 지역마다 독특하고 전통적인 문학이 존재하는 것은 사실이다. '경남 문학'을 정의하는 데 있어서 경남이라는 독립된 행정구역 영역과 문학 형성의 시발점을 정확하게 추정해 내기란 여간 어려운 일이 아니다.

시대를 거쳐 오면서 지역의 명칭과 경계 범위가 고정되어 있지 않았고 수차례 영역이 바뀌면서 변천되어 왔기 때문이다. 그러나 많은 변천 속에서도 현재의 경상남도慶尙南道라는 지역의 구심점은 굳건히 살아남아, 역사와 고유 풍습, 방언 등 지역 정신은 면면히 이어져 왔던 것이다. 이런 가운데 '경남 문학'도 정해진 지역의 테두리 안에서 시대 변천 과정을 거치면서 자리잡아 오늘에 이르게 되었다. 그러나 '경남 문학사'는 현대문학은 뚜렷한 발자취를 갖고 있으나 고전 문학사에 대한 기록은 전무한 상황이다. 이런 환경에서 경남 지역 문학의 역사성과 동질성을 파악하고 그 뿌리를 찾는 일은 어려움이 뒤따르지만, 경남 문학사조를 고대, 중세기, 현대문학의 연속선상으로 볼 때 '경남 문학' 유입의 원류는 최치원을 출발점으로 보아야 할 것이다. 왜냐하면 그는 고대古代 경남 지역에 들어와서 머무는 동안에 이루어낸 작품의 실체가 뚜렷하게 남아 증명되고 있기 때문이다. 최치원 외에 고대 경남 문인으로서 우리 지역에서 문학 활동을 펼친 사람과 작품 기록은 전연 찾을 길이 없다.

최치원은 경남 지역에서 많은 작품 활동을 펼쳤다. 하동 쌍계사 〈진감선사대공령탑비명〉을 편찬하였고, 이어서 합천 해인사에 들어와 《법장화상전》 등 불교에 관한 많은 작품을 저술하였으며, 관직 은퇴 후에는 가족과 함께 합천 가야산에서 여생을 보내게 됨으로써 자유의 몸으로 본격적인 저술 활동을 펼칠 수 있었던 것이다.

최치원은 수시로 창원, 하동, 양산 등 경남 일대를 순례하면서 지역 선비나 일반 백성들과 교류하면서 누대樓臺를 쌓고 대나무, 소나무를 심고 후학들에게 교육하면서 시詩를 짓고 풍류를 즐기며 문학 활동을 펼쳤다. 경남 지역에서 저술한 대표적인 작품으로는 최치원이 관직에서 은퇴하여 가야산으로 들어가면서 남긴 유명한 〈입산시入山詩〉를 비롯하여 〈춘효우서春曉寓書〉, 가야산 홍류동 〈제석시題石詩〉, 하동의 〈화개동천시 8수〉, 쌍계사에서 지은 시 〈기, 호원상인寄灝源上人〉과 〈쌍계사에서 지광산인智光山人에게〉, 〈쌍계사에서〉, 〈화개동에서 벗과 함께〉, 양산의 〈황산 임경대黃山臨鏡臺〉 등 많은 시를 남김으로써 그가 머물렀던 곳은 '경남 문학'의 발상지가 되었다.

옛 경남 문인들은 대문호 최치원이 창원, 양산, 사천, 하동, 함양, 산청, 거창, 합천, 남해 일원을 유람할 때 직접 만나거나 찾아가거나 초빙하여 접할 수 있었던 것은 크나큰 행운이었다. 문인들의 큰 스승이었고 멘토mentor였으며 우수한 문학성을 전수받을 수 있었던 좋은 기회였던 것이다. 최치원은 경남 문인들과 교류를 통해서 시문을 주고받고 운에 맞춰 화답하며 연구하여 숙련된 우수한 작품성과 기질을 전수시켰다.

 최치원이 남긴 《계원필경집》에 수록되어 있는 310여 문장과 60여 시편을 비롯하여 불교에 관한 작품들은 시대를 거치면서 이 고장 인재 양성의 스승이었을 뿐만 아니라 전국의 선비, 문인들의 문학적 표준 교본이 되어 왔다. 고려와 조선시대의 기라성 같았던 전국의 시인과 문신들은 경남 지역에 있는 최치원의 유적지를 찾아와 그의 작품을 읽고 흠모하면서 시를 짓고 최치원 시詩를 모방한 차운시次韻詩와 유람기를 남긴 것이 수백 편에 이르렀는데, 이는 경남 문인들과 문학 교류의 광장이 되기도 하였다. 이리하여 최치원을 한국 문예의 종조, 문학의 개조라는 별칭과 함께 '경남 문학'의 뿌리라는 것을 경남 문인 모두는 알아야 할 것이다.

 경남의 선조 문인들이 문창후文昌侯 최치원에게 교훈을 얻고 함께 문학 활동을 했다는 사실과 이 고장 곳곳에 지금도 남아 있는 흔적들은 경남 문인들의 긍지이자 자부심이며 유산이다. 시대를 거쳐오면서 경남 지역에서 많은 유명 문인들이 배출되어 온 것도 최치원의 문학적 DNA를 이어받은 결과가 아닐까. 최치원이 경남 문예사조에 미친 영향과 업적은 재평가되어야 하며, 우리는 그 고마움을 간직하여야 할 것이다.

'경남 불교문화'를 꽃피우다

 우리나라 불교는 고구려 소수림왕 2년인 372년 중국(진)에서 전래된 이래 신라 법흥왕 14년(527년)에 이차돈의 순교로 신라에도 불교가 공인되었다. 통일신라 때는 국교로서 국태민안國泰民安과 왕실의 번영을 바라는 호국 불교로 사상, 정치, 문화, 외교는 물론 국민의 생활에까지 지대한 영향을 끼쳤을 뿐만 아니라 대사찰이 많이 창건됨에 따라서 건축과 조각, 공예 방면에도 찬란한 불교 예술의 꽃을 피워 냈다.

  이러한 가운데 고대 경남 지역의 명산유곡에는 대사찰 창건이 이어져서 우리나라 삼보 종찰 중 2개 종찰이 경남 지역에 창건되었다. 불보佛寶 사찰인 양산 통도사(646년), 법보法寶 사찰인 합천 해인사(802년)와 더불어 선종의 대가람 하동 쌍계사(723년), 국사이던 산청 단속사(748년?) 등 대사찰이 창건되었다. 이들 대사찰에는 최치원이 있었다. 해인사는 그가 벼슬을 버리고 은거하면서 고승들의 전기인《법장화상전》,《석순응전》,《석이정전》,《부석존자전》을 저술하였으며 그 외〈해인사묘길상탑기〉,〈신라가야산해인사결계장기〉,〈해인사선안주원벽기〉,〈신라수창군호국성팔각등루기〉 등 많은 불교 관련 글을 지어 고승들의 전기는 물론 불교의 역사와 사찰의 내력를 알 수 있게 하였다. 하동 쌍계사에는〈진감선사대공령탑비명〉을 찬술하여 사찰 창건과 지명의 내력 등 사찰에 대한 모든 것을 알 수 있게 기록하였으며 사찰 주변에 많은 친필 각석을 남겼다. 또한 당시 전국적인 대사찰이었던 산청 단속사는 해인사와 쌍계사를 잇는 길목으로 최치원이 자주 찾던 사찰로 경내에 독서당을 두고 공부하면서 머물렀으며 사찰 입구의 암벽에는 '넓게 깨달음을 열게 한다'는〈광제암문〉이란 각석이 최치원 친필이라 전해 오고 있다. 사천 다솔사는 최치원이 자주 찾아와서 스님들과 담소하면서 차를 마시고 갔다는 기록이 있으며 거창 고견사에 머무르면서 은행나무를 심었다고 전해 내려오고 있다.

  이렇게 당시 경남 전역을 아우르는 대가람에는 최치원이 있었고, 스님과 지역 신자들과의 교류를 통하여 불교문화 형성에 크게 영향을 주었다. 그의 발자취가 뚜렷이 남아 있어 전국 어느 지역보다 다양하고 풍부한 불교문화를 승화시키며 내려온 곳이 경남이다.

이 중 최치원이 경남 지역 사찰에 남긴 가장 큰 글로서는 하동 쌍계사를 창건한 혜소 스님의 공덕비인 〈진감선사대공령탑비명〉이다. 이 글은 천년을 버티며 지금도 하동 쌍계사 경내에 우뚝 솟아 찾아오는 사람들의 발길을 멈추게 하고 있다. 최치원은 비문에 이렇게 적고 있다.

> 과감하게 글을 짓고 글씨를 쓰는 두 가지 일을 한 몸에 떠맡고서는 힘껏 다섯 가지 기능을 한번 모방해 보기로 하였다. 돌에 신이 붙어 무슨 말을 할지도 모르는 일이라서 부끄럽고 두렵기는 하지만, 도道라는 것도 알고 보면 억지로 이름을 붙인 것이니, 무엇이 옳고 무엇이 그르다고 하겠는가. 그러니 서투른 솜씨지만 필봉筆鋒을 숨기는 일을 신이 어떻게 감히 할 수 있겠는가. 앞서 언급한 뜻을 거듭 펼쳐서 삼가 다음과 같이 명銘하는 바이다[昭昭乎群目遂敢身從兩役力效五能雖石或憑焉可慙可懼而道强名也何是何非掘笔藏鋒則臣豈敢重宣前義謹札銘云].

― 최치원 〈진감선사대공령탑비명〉(쌍계사) 중 일부

이 탑비는 1,131년(2018년 기준) 전에 최치원이 찬술한 4개의 《사산비》 중에 제일 먼저 착수하여 하동 쌍계사 경내에 세운 현재 '대한민국 국보 제47호'이다. 최치원은 왕명에 따라 이 비문을 직접 짓고 썼다는 것을 분명히 밝혀 두고 있다. 탑비를 세운 지는 까마득한 옛날이지만, 이 비문을 통하여 우리는 천년 고찰 쌍계사가 어떻게 창건되었으며 우리나라 선종의 대가람으로 맥을 잇고, 쌍계사를 범패와 차의 시배지이자 불국 성지로 이룩한 선사 혜소의 행적과 사찰에 대한 역사를 생생하게 알게 되었다. 탑비의 주인공 혜소慧昭 스님은 속성이 최씨崔氏이다. 그의 선조는 중국 한족漢族의 산동山東 사람으로 수隋나라 요동遼東정벌 때 고구려에 귀화하여 지금의 전주全州 금마金馬에서 터를 잡고 살게 되었다고 적고 있다.

쌍계사 진감선사대공령탑비 전경

혜소는 804년(애장왕 5년) 나이 30세에 아직 출가하지 않은 상태에서 뱃사공하기를 자청하여 중국으로 들어가 창주滄洲의 신감대사神鑑大師를 찾아 머리를 깎고 승려가 되었으며 810년(헌덕왕 2년)에 숭산嵩山 소림사少林寺 유리단琉璃壇에서 구족계具足戒를 받고 27여 년간의 유학승留學僧 생활을 하였다. 830년(흥덕왕 5년)에 귀국하여 상주尙州 장백사長柏寺에서 잠깐 머물다가 6조 혜능의 정상(머리)을 봉안하던 하동 화개골을 찾아와 삼법화상三法和尙의 난야蘭若의 옛터에 당우堂宇를 수축하고 수도에 정진하자 신도들이 너무 늘어나자 이를 수용할 수 있는 새로운 큰 사찰을 창건한 것이 옥천사玉泉寺(쌍계사 전신)이다.

진감선사는 석가로부터 달마와 중국 선종禪宗의 제6조인 혜능慧能에 이르기까지 정통 혈맥을 이어받은 적자로서 그가 창건한 쌍계사에 혜능의 정상(머리)과 영정을 이어 모셔 온 것은 쌍계사가 선종과 조계종의 발상지이자 고향임을 밝혀 주는 일이다.

또한 쌍계사 전신인 옥천사玉泉寺는 똑같은 이름이 이웃 고성에도 있어 서로 겹쳐져 혼돈하기 쉬우므로 쌍계사라고 개명하게 되었는데, 이는 사찰 문간에 두 개의 시내가 있다는 말을 들은 헌강왕이 쌍계雙磎라는 제호 題號를 내렸다고 기록함으로써 사찰의 개명 내력을 정확하게 알려 주고 있다. 비문에는 또 불교 기록뿐 아니라 차茶에 대한 이야기도 나온다. 진감 선사는 쌍계사 주변에 차나무를 심고 돌솥에 달여 마시는 우리의 고유한 작설차를 전래한 다승茶僧이기도 하였다.

진감선사는 또 중국으로부터 불교 음악인 범패梵唄를 배워 와서 그 목소리가 금옥金玉 같았으며, 소리가 상쾌하고도 애잔하여 제천諸天의 신들을 기쁘게 할 정도였기에 '범패종장'이라 불렸다. 범패를 배우려는 자들이 당우堂宇에 가득하여도 싫증 내지 않고 이들을 정성껏 가르쳤다고 기록하고 있어 우리나라 범패가 하동 쌍계사 진감선사로부터 퍼져나갔음을 알 수 있게 해 준다. 많은 공덕을 쌓은 진감선사는 850년 향년 77세로 조용히 가부좌로 입적하였다고 기록하고 있다.

한편, 최치원은 이 비문에서 자신이 생각하고 있는 바를 소신 있게 기록하였다. 그는 종교는 나라와 나라, 사람과 사람 사이에 차별되지 않으며 불교든 유교든 자유롭게 선택하여 공부할 수도 있고 믿음도 가질 수 있다는 '종교 자유주의자'였으며 유儒·불佛·선仙 삼교는 출발점은 다르지만 그 진리는 결국에 한곳으로 귀착된다는 이로동귀異路同歸와 접화군생接化群生을 주창하면서 '종교 융합'을 강조하였다. 종교를 서로 대립이 아닌 균형과 공존, 조화 관계로 인식하고 삼교가 화해와 융합하는 것을 이상으로 삼았다. 이런 최치원 정신은 탑비가 서 있는 경남 지역의 후대 백성들에게 많은 영향을 미쳤다.

우리나라 최초의 조림가造林家 최치원

최치원은 학문뿐 아니라 풍수지리에도 관심이 많았으며 나무 심기와 정원 가꾸기를 아주 좋아했던 것으로 보인다. 최치원은 특히 경남 지역에 유달리 나무를 심고 석대石臺를 조성하여 송죽 심기를 좋아했다는 기록을 남김으로써 흥미를 더해 주고 있다.《삼국사기》에는 '최치원이 합천 청량사·해인사, 지리산 쌍계사, 합포현(창원) 월영대를 유랑하면서 정자를 짓고 대臺를 쌓아 송죽을 심었다'고 기록하고 있다.

이처럼 최치원이 대를 쌓고 나무를 심었던 대표적인 곳으로는 창원의 월영대를 비롯하여 청룡대·고운대, 양산 임경대, 사천 남일대, 합천 학사대이다. 이곳에서 최치원은 돌로 대를 쌓아 송죽松竹과 꽃나무 동산을 만들어 달빛과 경관을 조망하면서 묵상하거나 시를 읊으며 즐기던 곳으로 유명하다.

조선시대 주세붕(1495~1554년)은《유청량산록遊淸凉山錄》에서 '함양에 최치원이 태수 때 심은 숲이 십여 리를 연했는데 군민들이 비를 세우고 사실을 기록하였다'라고 적고 있다. 이 상림(일명 다관림)은 우리나라 최초의 대규모 방풍 방재 인공 호안림이다. 1,100년 전에 최치원이 함양군 태수(군수) 재직 시에 홍수 방지 목적으로 최치원 태수의 진두 지휘 아래 군민들과 합심하여 인근 백운산에서 서나무, 졸참나무, 단풍나무 등 90여 종의 나무를 채취해 와서 12정보에 7리에 뻗치도록 조림하였다고《함양군지》에 기록하고 있어 함양 상림이 최치원이 식수한 대표적인 대규모 조림지라 하겠다. 이곳의 천년 숲은 오늘날까지 울창하게 분화되어 대한민국 천년기념물 제154호(1962. 12. 3.)로 지정되어 보호하고 있다.

조선시대 미수 허목許穆(1595~1682년)은 그의《가야산기략伽倻山記略》에서 '해인사 서쪽에 있는 학사대에는 백 자尺나 되는 늙은 전나무가 있는데 둘레가 3장 남짓한데, 이 나무는 고운이 손수 심어 대를 짓고 학사대라고 이름한 것인데 대는 아직도 우뚝 서 있다'라 기록하고 있으며 이 나무를 〈수식노회手植老檜〉라 불렀다. 현재 살아 있는 것은 중간에 다시 심은 것으로 보이며 대한민국 천연기념물 제541호(2012. 11. 13.)로 지정돼 있다. 허목은 또 '하동 쌍계사 뜰 앞에도 늙은 회나무가 있다. 뿌리가 북쪽으로 시냇물을 건너가서 얽히었으므로 절에 스님들이 다리로 삼았는데 최치원이 심었다고 전한다'라고 기록하였고, 인근 화개골에는 최치원이 속세의 단절을 맹세하며 귀를 씻고, 지리산으로 들어가면서 자기가 짚고 온 지팡이를 꽂아 둔 것이 싹이 돋아났다는 천년 전설의 푸조나무(일명 개팽나무)가 경상남도기념물 제123호(1993년)로 지정되어 '화개동천'을 지키는 수호신으로 남아 있다. 또, 허목의 창원 「월영대기月影臺記」에서는 월영대에 '최치원이 심은 두 그루의 감나무가 울퉁불퉁한 옹종擁腫이 뿌리와 마디가 뒤얽힌 모습으로 무려 대여섯 아름드리 크기로 서 있으며 맑고 시원한 샘물이 여지껏 변하지 않았고, 온 나라 사람들이 지금도 마치 어제와 같이 존앙하고 있다'라고 적고 있어 당시까지 나무들이 살아 있었음을 보여 주고 있다.

한편, 거창군 가조에는 의상과 원효대사가 창건한 '고견사'에 최치원이 머물면서 은행나무를 심었다고 전해지며, 가북면 몽석골에는 최치원이 손수 심었다는 거목의 소나무가 있었으며 이를 기리기 위해 '수식송'이 있던 자리에 〈문창후수식송유지비〉를 세웠다고 기록하고 있다. 그 밖에도 경남 관내는 아니지만 '석남사의 묵천석대墨泉石臺에 목단을 심어서 지금도 이 화초가 있으니 모두가 유역하였던 곳이다'라고 적고 있으며, 태인군 태수 재직 시에는 못을 만들어 연을 심었다는 기록도 보이고 있다. 이처럼 최치원이 가는 곳마다 조림을 하고 누대를 짓고 쌓아 송죽과 꽃나무를 심어 정원을 가꾸었음을 알 수 있다. 최치원이야말로 대문호와 함께 우리나라 최초의 조림가 또는 정원가로서 연구되어야 할 대상이다.

다성茶聖 최치원

　최치원은 중국에 있을 때나 조국에 돌아와 관리로 재직할 때, 경남 관내에서 은둔 생활을 할 때 차茶를 즐겨 마셨으며 차에 대한 식견 또한 누구보다도 깊었다. 《계원필경집》 권18에서는 중국의 회남절도사 고변 휘하 재직 시에 '황소의 난' 평정에 나섰던 유공초라는 종군사가 촉의 수원에서 생산한 귀한 차를 최치원에게 선물하자 감사하는 마음을 표하는 〈신다를 사례한 장문(謝新茶狀)〉을 기록하면서 차를 즐겼음을 나타내고 있다.

　　이 차는 촉강蜀岡에서 빼어난 기운을 기르고, 수원隋苑에서 향기를 드날리던 것으로, 이제 막 손으로 따고 뜯는 공을 들여서, 바야흐로 깨끗하고 순수한 맛을 이룬 것입니다. 따라서 당연히 녹차綠茶의 유액乳液을 황금 솥에 끓이고, 방향芳香의 지고脂膏를 옥 찻잔에 띄운 뒤에, 만약 선옹禪翁에게 조용히 읍揖하지 않는다면, 바로 우객羽客을 한가로이 맞아야 할 터인데, 이 선경仙境의 선물이 범상한 유자儒者에게 외람되게 미칠 줄이야 어찌 생각이나 하였겠습니까. 매림梅林을 찾을 필요도 없이 저절로 갈증이 그치고, 훤초萱草를 구하지 않아도 근심을 잊을 수 있게 되었습니다. 그지없이 감격하고 황공하며 간절한 심정을 금하지 못하겠기에, 삼가 사례하며 장문을 올립니다.
　　　　　―최치원 《계원필경집》 제18권 〈신다를 사례한 장문(謝新茶狀)〉 전문

　이 글 속에서 최치원은 '선승이나 신선에게 대접하는 차를 선물 받았다고 하면서 이 귀한 차를 달여서 옥잔에 담아 마시고 갈증과 근심을 걷어 내었다'고 고마움을 표시하고 있다. 최치원은 차를 고급 다완으로 끓여 마시면서 차를 마시는 목적을 잘 나타내 주고 있으며 차맛을 너무 잘 표현해 내고 있어 차에 대한 그의 식견을 가늠해 볼 수 있다. 중국의 차 생산지인 양조우(揚州) 부근의 촉강蜀岡과 수원隋苑을 소개하고 있어 당시 명차 생산

지 양조우를 잘 알 수 있게 해 주는 대목이다.

최치원이 중국에서 같이 차를 마신 사람들은 주로 고변 절도사와 황실 관계자는 물론 관료, 문인, 불교 사찰 스님, 유교 관계자, 도교의 도사들로 그들과 교류하면서 당대 최고의 차엽茶葉과 다천茶泉의 물로 최고급 다기茶器에 옥잔으로 다도茶道에 의거해 차를 마셨다. 최치원은 차 마시는 일 그 자체를 하나의 도道로 생각했다. 또한 《계원필경집》에서 최치원은 중국차를 사서 신라 부모님이 계시는 집에 부치겠다는 다음과 같은 내용을 기록하고 있다.

…(중략)… 지금 본국 사신의 배가 바다를 건너게 되었기에, 차茶와 약藥을 사서 집에 서신을 부쳐 보내고자 합니다.
―최치원《계원필경집》〈요전을 미리 지급해 주기를 청하면서 올린 장문〉 일부

이것으로 보아 최치원의 아버지도 차를 즐겨 마셨다는 사실을 알 수 있으며 이렇게 최치원은 17여 년간 중국 생활을 하면서 차를 가까이하고 있었던 것을 그가 남긴 각종 기록에서 알 수 있다.

최치원은 하동 쌍계사 〈진감선사대공령탑비명〉에서 선사 혜소와 차와 관련하여 특별히 소개하고 있다.

…(중략)… 중국차를 올리는 자가 있으면, 돌솥에 불을 지피며 가루로 만들지도 않고 달이면서 말하기를, '나는 이 맛이 무슨 맛인지 알지 못한다. 그저 뱃속을 적실 따름이다' …(중략)…
―최치원 하동 쌍계사 〈진감선사대공령탑비명〉 일부

이렇게 진감선사는 검소하면서 하동 쌍계사 근처에 차나무를 심어서 여기서 나오는 찻잎으로 돌솥에 우려내어 마셨음을 알 수 있는데, 이것은 오늘날 하동 작설차의 시발이며 우리나라 차의 역사이다. 쌍계사에 전해오

는 기록에 의하면 옥천사(쌍계사)를 창건한 혜소 스님은 중국 유학을 마치고 귀국하는 길에 바랑에 선과차(차종자茶種子)를 가득 채워 들어와 쌍계사 주변에 풀어 놓은 것이 경남 지역 하동 차밭의 발원이었다. 그리고 차의 잎을 돌솥에 달이는 법을 개발했는데, 그것이 우리 고유의 제다법을 탄생시킨 계기가 되었다. 최치원은 사천 곤양 다솔사에서도 스님들과 함께 차를 마셨다고 사찰 역사 기록에 전해지고 있다.

신라 때 차를 마신 계층은 주로 왕과 왕실을 비롯하여 선비, 승려, 학자, 귀족을 포함하여 지방 호족들이었다고 《삼국사기》 등에 기록되어 있으며, 최치원은 벼슬을 버리고 합천 가야산에 은둔할 때에도 각 지역을 유람하면서 경남의 선비, 스님, 문인, 유림, 후학들과 함께 차를 마시면서 담소를 나누거나 시를 짓고 강학하였다. 경상남도 유형문화재 제187호로 지정되어 있는 쌍계사본 영정에서도 두 명의 동자 스님이 최치원에게 밥과 차茶를 공양하는 그림이 영정 양쪽에 숨은 그림으로 그려져 있는데, 이것 또한 평소 차를 즐겨 마셨던 사실을 입증하고 있다.

경남 지역의 차는 진감선사와 최치원과 초의선사를 거치면서 중국과 일본의 제다법과 확연히 구분되는 독특한 지역 특산차로 발전해오면서 우리나라 차의 대명사가 되었다. 동아시아차문화연구소장인 박동춘이 지은 《한국차 문화사》에서 선정한 통일신라 이후 천 년차의 역사와 궤를 같이하는 우리나라 '24명 다인' 중에 최치원이 상위에 선정되어 있다.

경남 지역 다인들은 진감국사 혜소 스님과 최치원이 있었기에 천 년이 지난 오늘날까지 우리나라 전통 차문화를 간직할 수 있게 되었다고 말하고 있다. 이런 공덕을 기리기 위해서 경남 지역에서는 해마다 사천 남일대와 부산광역시 해운대 동백섬, 쌍계사 계곡에서 생산한 싱싱한 햇찻잎으로 빚은 차를 고운 선생께 올리는 '최치원 헌다례 행사'를 개최하고 있다.

최치원 천년 향기의 경남

　최치원의 향기가 퍼져 있는 경남 지역의 유적지에는 천 년 세월이 흘러 내려오면서 그 시대의 문인 묵객들이 찾아와 최치원의 높았던 학문과 정신세계를 기리는 행렬이 그치지 아니했다. 유적지를 찾아온 그들이 최치원을 추억하며 지은 한시가 전국적으로 360여 편이 있으나 이 중에 경남 지역 유적에서 지은 시가 250여 편으로 대부분을 차지하고 있으며 합천이 110여 편, 창원이 73여 편, 하동이 48여 편, 기타 양산, 함양, 산청에서 지은 다수의 작품이 있다(마산문화원, 《최치원 노래》 참조). 최치원이 편찬한 〈진감선사대공령탑비〉가 있는 하동 쌍계사와 은둔생활을 한 화개동천 지리산 자락에는 고려시대의 문신이자 김부식의 아들인 김돈중金敦中, 시인 김극기金克己, 문신 이규보李奎報, 시인 정지상鄭知常, 학자 목은 이색李穡, 충신 정몽주鄭夢周, 학자 이인로李仁老 등이 최치원 유적지를 순례하고 시를 남겼으며 이인로는 소 두세 필에 죽롱竹籠을 가득 싣고 하동 화개동천을 찾아와서 최치원이 신선으로 살았다는 청학동을 찾아 헤매었다.

　조선시대에 와서는 문신 정인지, 성리학자 김종직, 학자 매월당 김시습, 군신 정여창, 문신 김일손, 학자 조식, 승려 서산대사, 시인 송강 정철, 문신 율곡 이이, 《지봉유설》의 이수광, 학자 허목, 다산 정약용, 화가 추사 김정희와 같은 이름만 들어도 알 수 있는 기라성 같은 일백여 명의 명사들이 최치원 유적지를 순례하고 시와 유람기, 그림을 남겼다. 조선 선비 김일손金馹孫은 쌍계사를 방문하여 최치원의 높은 식견에 감탄하고 불일폭포와 청학동을 찾아다니면서 명산행기名山行記인 「속두류록」과 시편을 남기기도 했다. 경남 선비 문화의 대명사이며 '행동하는 실천 사상'을 강조했던 성리학자 남명 조식曺植은 1539년(중종 34년) 봄 그의 나이 서른아홉에 제자들과 어울려 하동 화개 신흥사에 머물면서 책 읽기를 즐겼으며 최치원의 발자취가 서려 있는 쌍계사 〈진감선사대공령탑비〉, 〈쌍계·석문〉 친필 암벽각자, 불일폭포, 최치원이 학을 불러 놀았다는 〈환학대〉와 본격적으로 공부를 했다는 〈옥천대玉泉臺〉, 신선이 산다는 〈청학동〉을 찾아다니면서 쓴 《유두류록遊頭流錄》의 산행기와 시를 남겼다.

한 마리 학은 구름을 뚫고 하늘로 올라갔고	獨鶴穿雲歸上界
구슬이 흐르듯, 한 가닥 물은 세상으로 흐르네.	一溪流玉走人間
번거롭지 않음이 오히려 번거로움이 됨을 알고서	從知無累飜爲累
산하를 마음으로 느끼고도 보지 않았다 말하려네.	心地山河語不看

—남명 조식 「청학동靑鶴洞」 시 전문

서산대사西山大師는 15세에 화개동천에 들어와 신흥사, 칠불암, 쌍계사에서 불도에 정진하여 승과에 합격한 후에 왕실의 수도처인 봉은사 주지 등 화려한 직첩을 마다하고 화개동천으로 다시 내려와서 신라 때의 옛 암자 내온적암內隱寂庵을 수리하여 '청허당淸虛堂'이라 이름 지어 20여 년을 기거하며 공부하면서 최치원의 '종교 융합' 사상과 맥을 같이하는 《삼가귀감三家龜鑑》을 저술하였다. 그는 최치원의 종교 사상에 많은 관심을 가지고 연구했으며 최치원을 흠모하는 「고운 영정을 보고(崔孤雲圖)」, 「고운의 시 글자를 모아(集孤雲字)」, 「고운의 바위를 보고 쓰다(題崔孤雲石)」 등의 시詩를 시문집인 《청허당집》에 실었다.

골짜기의 구름 흩어져도 산은 고요하고	雲散洞天山岳靜
물에 떨어진 꽃잎 한가롭게 가네.	落花流水去悠悠
누가 알았으랴 팔 척의 삼한 나그네가	誰知八尺三韓客
한 소리로 중화 사백주를 움직일 줄을.	聲動中華四百州

—서산대사 「고운의 바위를 보고 쓰다(題崔孤雲石)」 시 전문

문신이자 학자였던 김종직은 최치원의 발자취를 따라 「쌍계사에서」 등 시詩와 차운시를 써서 남기고 깊이 추모하기도 했다. 구한말舊韓末에 와서는 면암 최익현, 독립운동가 안희제 등 십수 명이 최치원 유적지를 순례하고 글을 남겼으며 해방 이후에는 이은상, 양주동 등 국내의 문인은 물론 중국, 일본인들이 최치원 유적지를 찾아오고 있다.

최치원 유적지로 빼놓을 수 없는 별서가 있었던 창원〈월영대〉에도 많은 시인 묵객들이 찾아와 최치원을 흠모하였다. 고려 12시인 중 한 사람이었던 정지상鄭知常(?~1135)은 '최치원은 중국의 이태백이나 두보와 같다'라고 극찬했으며〈월영대〉를 순례하고 시를 남겼다.

푸른 물결 아득하고 돌들은 우뚝한데	碧波浩渺石崔嵬
그 가운데 고운이 노닐던 학사대가 있네.	中有蓬萊學士臺
늙은 소나무 단가에는 거친 풀이 우거졌고	松老壇邊荒草合
그름 낀 하늘 끝에서 돛배가 오는구나.	雲低天末片帆來
백년 풍류에 시구가 새롭고	百年風雅新詩句
만리 강산에 술잔을 기울이네	萬里江山一酒杯
고개 돌려 계림을 보니 사람은 보이지 않는데	回首鷄林人不見
부질없는 달빛이 물 도는 바다만 비추네	月華空照海門廻

— 정지상「월영대月影臺」시 전문

그 외에 김극기金克己, 채홍철蔡洪哲, 안축安軸, 대학자인 이첨李詹과 정이오鄭以吾, 박원형朴元亨, 퇴계 이황李滉, 정문부鄭文孚, 박사해朴師海, 손기양孫起陽, 이민구李敏求, 문신 신지제申之悌는 〈월영대〉를 둘러보고 최치원이 낚시를 하면서 지냈다는 〈청룡대〉〈강선대〉, 무학산의 〈고운대孤雲臺〉 등을 순례하고 남겨 놓은 시들이 《동문선東文選》, 《신증동국여지승람新增東國輿地勝覽》 등에 남아 있다. 조선 성리학의 최고봉 퇴계 이황은 최치원을 '문장文章만 숭상하고 부처에게 몹시 아첨했었다(侫佛之人)'면서 문묘 배향에 대해서도 부정적으로 혹평하던 사람이면서도 창원 〈월영대〉를 찾아 최치원 정신을 흠모하면서 시를 남겼다.

늙은 나무와 기이한 바위뿐 푸른 바다는 빈터이니 　　老樹奇巖碧海壖
고운이 남긴 흔적은 모두 연기처럼 사라졌네. 　　孤雲遊迹總成烟
이제까지 오직 높은 대의 밝은 달은 길이 남아 　　只今唯有高臺月
머물러 있는 그 정신은 나를 향해 전해지누나 　　留得精神向我傳

— 퇴계 이황 「월영대月影臺」 시 전문

시대를 거치면서 명현들이 〈월영대〉를 돌아보고 남긴 시를 모아 13현賢의 〈월영대月影臺 시詩〉를 시비로 세워 마산박물관 공원에 영구히 전하고 있다.

898년 최치원이 전 가족을 데려와 여생을 마친 은둔지인 합천 가야산과 해인사 유적지에도 많은 인사들이 찾아와서 최치원을 흠모하며 시와 글을 남기고 갔으며, 고려 말 삼은三隱 중 한 사람인 목은 이색李穡과 그 외 주세붕周世鵬, 이건창李建昌, 홍간洪侃, 염정수廉廷秀, 배중부裵仲孚, 강희맹姜希孟 등도 시를 남겼다. 대표적으로 조선시대에 성리학자 김종직金宗直이 남긴 「해인사의 판상운을 화답하는 시」 한 편을 소개해 본다.

고운은 은거한 사람으로,
백일하에 큰 이름이 들렸네.
갓과 신은 매미처럼 벗었고
풍도는 학의 매에 끼었네.
바둑판은 속절없이 없어졌고,
시를 쓴 돌 절반이 쪼개졌네.
상양徜徉하던 땅을 자세히 밟으니,

추모하는 마음 더욱 공경해지네.

　　　　—김종직 「해인사의 판상운을 화답하는 시(和海印寺板上韻詩)」 번역 전문

그 외 양산의 〈임경대〉와 사천 〈남일대〉, 함양 〈상림〉을 비롯하여 경남에서 분리된 부산 〈해운대〉에도 고려·조선시대를 거치면서 묵객들의 발길이 끊임없이 이어져 왔다.

part 1

경남의 최치원 유적지를 찾아서

하동과 최치원

경남 지역에서 제일 먼저 인연을 맺은 하동군은 처음에 한다사군이라 부르다가 757년 신라 경덕왕 때에 하동군으로 개칭된 곳이다. 통일신라 이후 지방 조직이 9주 5소경으로 재편됐을 때는 강주康州(진주)에 속했는데, 하동군 밑에는 악양현, 하읍현, 성량현을 두고 있었다. 하동은 최치원의 발자취와 유적 또한 많은 곳으로서 886년 최치원이 당唐에서 귀국하여 조정의 한림학사로 근무하던 중에 헌강왕으로부터 쌍계사를 창건하고 입적한 고승 혜소의 공적을 기리는 비명을 최치원에게 편찬하라는 하명에 따라 하동 쌍계사에 처음 오게 되었고, 그는 쌍계사에 와서 비문을 짓고 써서 세우는 일까지 총괄하여 887년 쌍계사 경내에 우뚝 세운 것이 〈진감선사대공령탑비〉이다.

최치원과 하동의 인연은 탑비를 세운 이후에도 계속되었다. 그가 합천 가야산에서 은둔 생활을 하면서부터는 하루가 멀다하고 쌍계사와 해인사, 산청 단속사를 오가면서 쌍계사가 있는 화개골을 '화개동천'이라 이름 지어 호리병 속의 별천지(壺中別有天地)라고 아름다움을 격찬했다. 그리고 쌍계사, 불일폭포, 환학대, 완폭대, 마족대, 청학동, 세이암, 삼신동, 정금천, 만수동, 옥천대를 오르내리며 시를 짓고 친필 각석을 남기면서 풍류 생활을 하다가 어느 날 화개천 세이암에서 귀를 씻고 지팡이를 꽂아 둔 채로 의문의 글(암호)을 남긴 채 지리산으로 신선이 되어 갔다고 전해오는 곳이 바로 하동이다.

1. 쌍계사雙磎寺

쌍계사는 하동군 화개면 운수리에 있는 대한불교 조계종 제13교구 본사로 43개의 말사를 거느리고 4개의 부속 암자가 있으며 경상남도기념물 제21호로 지정되어 있다.

하동 쌍계사의 모체는 신라 성덕왕 21년(722년) 지금의 전남 영암군에 있는 운암사 승려이던 삼법화상이 중국의 남선종南禪宗의 시조이고 선종을 완성시키고 입적한 육조 혜능(638~713년)의 유골이 중국 보림사 육조탑에 모셔지고 있다는 것을 알고 중국으로 건너가서 혜능의 정상(머리뼈)을 몰래 모셔와 경주의 영묘사靈妙寺에서 공양하던 중, 어느 날 혜능이 꿈에 나타나 '나의 머리가 이 땅에 돌아옴은 불국과 인연이 있기 때문이다'라는 꿈을 꾸었다.

이에 삼법화상은 그 이튿날 바로 지리산으로 들어와 모실 곳을 뒤지다가 마침내 12월 한겨울인데도 봄과 같이 따뜻하고 칡꽃이 만발한 곳을 찾게 되어 이곳에 탑을 세워 정상을 안치하고 그 옆에 조그마한 암자를 지어 17여 년을 선정하다가 삼법화상은 입적하고 암자는 불타 없어지고 말았는데, 이것이 절의 시초이다. 후에 진감선사 혜소(774~850년)가 당唐에 유학하고 돌아와서 상주尙州의 장백사長栢寺에서 6년 동안 머물다가 혜능慧能의 유상有相이 있는 지리산으로 와서 새로운 사찰을 창건하여 '옥천사玉泉寺(쌍계사)'라는 현판을 걸고 혜능을 받들어 그의 도량과 법력을 넓히며 정진하다가 850년에 77세로 입적하였다.

절 이름이 쌍계사로 변경된 것은 앞에서 밝힌 바 있으나 헌강왕이 최치원에게 〈진감선사대공령탑비명〉을 짓도록 하명하면서 '옥천사'라는 절 이름이 이웃 고을(고성)에도 있어 혼돈하기 쉬우니 '쌍계사'라 개명하고 절 입구 바위벽에 친필로 〈쌍계雙磎·석문石門〉이라 석각함으로써 지금의 '쌍계사' 이름이 지어지게 되었다고 전한다.

그 외에 《동국여지승람東國輿地勝覽》에 의하면 '최치원이 쌍계사에서 독서를 하면서 지냈으며, 사정寺庭에 100여 주의 나무를 심어 노목이 되어 수백 아름이고 그 뿌리가 북으로 작은 내를 가로질러서 엉키어 다리로 사용하였는데 최치원이 손수 심었다고 전한다'라고 기록하고 있다. 최치원이 책을 읽으며 머문 곳으로는 봉래각(전)과 향로전, 학사전이 있고 이곳은 사후에 영정을 봉안하였으며 기타 팔영루, 청학루, 영주각, 방장실이 최치원이 머물던 곳으로 알려지고 있다.

● 진감선사대공령탑비

하동 쌍계사 경내에 있는 탑비로서 헌강왕의 명에 따라 쌍계사를 창건하고 남선종 사상과 범패를 보급하다 입적한 고승 혜소(774~850년)에게 진감선사라는 시호를 내리고 최치원이 직접 비문을 짓고 글을 썼다.

> 선사는 행실로 드러났고 그대는 문장으로 진출했다. 그러니 그대가 명銘을 짓도록 하라' 하기에, 치원致遠이 배수拜手하고 아뢰기를, '예, 잘 알겠습니다'
> ─〈진감선사대공령탑비명〉(쌍계사 역문 참조)

탑을 세운 해는 887년 7월이며 현재 대한민국 국보 제47호(1962. 12. 20.)로 지정하여 관리하고 있다. 최치원의 《사산비명四山碑銘》 중에 유일하게 친작 친필로 형영 스님이 돌에 새겨서 제일 먼저 세워진 탑비로 유명하다. 이 비는 오랜 세월 속에 훼손되어 글자 판독이 어렵고 탑비가 쓰러질 지경에 이르자 1542년 혜수慧修 스님이 쌍계사를 중창할 때 탑비를 바로 세우고 1725년에 내용을 나무판에 탁본함으로써 마모되어 비석에서는 알 수 없었던 원래의 내용을 목판을 통하여 상세히 알 수 있게 하였다.

이 비명의 총 글자 수는 2,423자로 구성되어 있다. 후세 학자들은 비문을 통하여 최치원의 예지와 뛰어난 문장력을 보여주고 있으며 명구名句와 간명함이 더욱 비문을 돋보이게 하여 후대에 쓰게 되는 다른 비명과 금석문의 모범이 되었다고 평가하고 있다.

진감선사 영정

● 〈쌍계·석문雙磎·石門〉 친필 각석

하동 쌍계사로 들어가는 입구 양쪽 바위벽에 아주 큰 글씨로 우측에는 〈석문石門〉 좌측은 〈쌍계雙磎〉라고 각석刻石한 〈쌍계·석문雙磎·石門〉이라는 네 글자가 있는데 최치원이 〈진감선사대공령탑비〉를 세우러 왔을 당시 옥

쌍계사 입구의 최치원 친필 〈쌍계〉 각석

천사를 쌍계사로 개명하면서 쓴 친필이라고 전해오고 있다. 이 네 글자는 신라 헌강왕이 최치원에게 쓰게 했다고 하는데, 이는 법계와 속계를 경계 짓는 상징적 의미가 있다고 한다. 한편, 글자가 새겨져 있는 쌍계사 입구의 동네를 '석문마을'이라고 부르고 있다. 이곳은 후대인에게 시상의 소재가 되기도 한다.

2. 화개동천花開洞天

하동군 화개면 운수리에 있는 화개는 원래 합포陜浦라 불렀으며 당시는 '악양현'에 속했을 것으로 보인다. 화개라는 지명은 삼법화상이 육조六祖 혜능의 머리뼈를 '지리산 눈 쌓인 계곡의 칡꽃이 핀 자리에 묻었다' 하여 화개란 지명이 유래되었다 한다. '동천'이란 말은 신선이 살고 있고 하늘과 잇닿아 있다'라는 의미로 최치원이 이름 붙였으며 이 지역을 '호리병 속의 별천지'라 아름다움을 극찬했다. 당초 옥천사(쌍계사)를 창건할 때 혜소 스님이 절터를 물색하던 중 '화개동천' 경관의 아름다움을 진감선사 비문 속에 최치원이 다음과 같이 표현하고 있다.

> 뒤로는 노을 진 산봉우리를 기대고 앞으로는 구름 이는 시내를 굽어보았다. 시계視界를 맑게 하는 것은 강(섬진강) 건너 먼 산악이요, 귀뿌리를 시원하게 하는 것은 바위틈에서 쏟아져 나와 날리는 여울물 소리이다. 여기에 또 봄에는 냇물에 꽃잎이 떠서 흘러가고, 여름에는 소나무 그늘이 길에 드리우고, 가을에는 골짜기에 달빛이 부서지고, 겨울에는 산마루에 흰 눈이 뒤덮인다. 이처럼 사시에 따라 모습을 뒤바꾸고 만상萬象이 빛을 교차하는 가운데, 100가지 자연의 피리 소리가 조화롭게 연주되고 1천 개의 바윗돌이 빼어난 자태를 경쟁한다. 그래서 일찍이 중국에서 노닐었던 자들도 여기에 와서는 모두 놀란 눈으로 바라보며 말하기를 '원공遠公의 동림東林을 바다 밖으로 옮겨 왔구나(列殆無錐地逐歷銓奇境得南嶺之麓爽塏居最經始禪廬却倚霞岑俯壓雲澗 淸眼界者隔江遠岳爽耳根者迸石飛湍至如春谿化夏徑松秋壑月冬嶠雪四時變態萬象交光百籟 和唫千巖竟竟秀嘗遊西土者至此或愕視謂遠公東林移歸海表蓮花世界非凡想可擬壺中別有天地 則信).

—최치원 〈진감선사대공령탑비명〉 중 일부

이처럼 화개는 아름다움의 극치였다. 이 글 속에는 섬진강을 단순한 강으로 표기하고 있어 당시까지는 섬진강이란 이름이 붙여지지 않은 상태인 것으로 짐작된다.

《동국여지승람》에는 '화개동천'은 지금의 화개 신흥마을에서부터 섬진강이 닿은 탐리까지의 구간을 말한다고 기록하고 있다. 하동군의 사적 자료에 의하면 화개골에는 불국정토佛國淨土라 할 만큼 절이 많았다. 여기저기 흩어진 절이 1만 8천 개가 넘었다고 하며, 저녁이면 종소리를 따라 고요가 찾아왔다고 한다. 말 그대로 곳곳이 불적佛蹟이요, 곳곳이 불국 정토淨土였다. 기록되어 있는 절 이름만 하더라도 옥천사(쌍계사)를 중심하여

대비사大妣寺, 신흥사, 의신사, 영신사, 장안사, 지거사, 화안사, 엄천사, 영대사, 향적사, 장흥사, 구사龜寺, 영은사, 임강사, 범왕사 등이 있었다. 암자로는 국사암, 칠불암, 불출암, 남대암, 도사암, 소은암, 지장암, 은암, 통일암, 청사암, 상류암, 상수곡암, 하수곡암, 불일암, 대승암, 고대승암, 상대승암, 원적암, 원통암, 송노암, 단첩암, 보명암, 삼철굴암, 북이암, 사이암, 고사암, 황용암, 천불암, 도성암, 사당암, 중암, 진락암, 사혜암, 동암, 산내암, 보현암, 북이암, 사시암자, 성기암 등 수없는 절 이름이 나타나는 것을 보면 화개는 가히 절의 천국이요, 성지였음을 알 수 있다.

이 많은 절들이 왜 여기에 이렇게 몰려 있었는지와 최치원이 머물고 있을 당시와 이후에 얼마나 많은 절들이 존폐되어 왔는지는 알 수가 없다. 이러한 베일 속에 오늘날 대한민국 국립공원 제1호인 지리산에 속해 있는 '화개동천'은 최치원 이야기로부터 시작되어 최치원으로 끝나는 곳이니, 그것은 그가 이곳에서 풍류로 노닐다가 신선이 되어 간 곳이기 때문이다.

● 세이암洗耳巖

하동군 화개면 신흥마을 앞의 화개천 절벽에 새겨 놓은 세이암洗耳岩이라는 세 글자가 있다. 이곳은 최치원이 세상을 등지고 '화개동천'을 유랑하던 중 왕이 사신을 보내어 국정을 논하자는 말을 듣고서 '속세와 인연을 끊는 의식으로 귀를 씻고 신선이 돼 지리산으로 갔다'는 혹은 '속

최치원의 〈세이암〉 친필 각석

세의 더러운 말을 들은 귀를 씻고 지리산으로 입산하여 신선이 되었다'는 세상과 완벽한 단절을 결심하였던 최치원의 전설이 남아 있는 곳이다. 또 다른 전설은 최치원이 이곳에서 목욕 중에 게가 발가락을 물어 이를 잡아 멀리 던지며 '다시는 여기서 사람을 물지 마라'고 해 계곡에 게가 사라졌다는 이야기도 전해져 내려오고 있는 곳이기도 하다. 세이암이 있는 대성계곡은 기암괴석과 울창한 수림이 어우러져 선계仙界를 이루어 최치원이 이곳을 즐겨 찾은 곳으로 전해오고 있다.

● 푸조나무(개팽나무)

이 나무는 지금의 화개면 범왕리 입구 도로변에 있으며, 최치원이 마지막으로 화개천 세이암에서 속세의 단절을 맹세하며 귀를 씻고, 자기가 짚고 온 지팡이마저 자갈밭

최치원이 심었다는 푸조나무

에 꽂아 두고는 '이 지팡이에 싹이 나 자라면 내가 천 년 후 다시 오겠으며, 그렇지 않으면 나도 죽은 줄 알라'는 말을 남기고 지리산 쪽으로 사라졌다 한다. 그 후 지팡이에 싹이 돋아나 천 년 세월을 버티면서 살아 있는 전설의 푸조나무로서 경상남도기념물 제123호(1993년)로 지정되어 '화개동천'을 지키는 수호신으로 최치원을 기다리고 있다 하겠다.

● 청학동靑鶴洞

　최치원이 신선이 되었다는 청학동은 아직까지 소재가 불명확하다. 전하기로는 불일폭포 부근에 '푸른 학이 노닐고 신선이 산다'는 이상향의 가상 마을로 간주되어 왔다.

　청학동은 최치원이 은거하던 곳이라 전해지면서, 고려시대 이인로는 그의 《파한집》에서 '지리산 속에 청학동이 있다. 길이 매우 좁아 한 사람 정도 겨우 다닐 수 있고, 몸을 구부리고 몇 리쯤 가면 넓게 확 트인 드높은 곳이 나온다'고 설명했지만 정작 자신도 청학동을 찾지 못했다. 이후 조선시대 김종직, 김일손, 조식 등 대학자들도 청학동을 찾아 나섰지만 끝내 찾지 못하고 기록만 남겼다. 조선시대 선비인 정홍명鄭弘溟(1582~1650년)이 최치원을 추모하는 '청학동 비'를 세웠다고 하나 이것마저도 소재 확인이 되지 않고 현재 비문만 전해지고 있다. '청학동' 그곳이 행여나 '청학동유지靑鶴洞遺址'에 나오는 인근의 악양 매계리梅溪里에 있는 청학동이 아닐는지 궁금하지만, 현재 하동군 청암면 묵계리에 있는 청학동(도인촌)과는 사뭇 다른 곳이다.

● 삼신동三神洞

　화개 신흥마을을 기점으로 하여 신神이 살았다는 곳으로 세 개의 암자가 있었다 하여 삼신동이라 하고 최치원이 머물렀다고 전해지고 있는 신응암神凝庵이 있고 그 북쪽 10리쯤에 의신암義神庵과 그곳에서 또 30리쯤에 영신암靈神庵이 있었다 한다. 지금의 신흥마을 동구洞口의 높이 솟은 바위에 각석刻石되어 있는 '삼신동三神洞'이라는 세 글자는 최치원이 지팡이로 쓴 친필이라고 전해져 오고 있다.

● 환학대喚鶴臺

　쌍계사에서 불일폭포로 올라가는 등산로에 위치하고 있는데 최치원이 '학을 불러들여 타고 다녔다'는 전설이 깃든 곳으로 〈환학대〉라는 각석은 최치원 친필이라 하며 이곳에서 〈진감선사대공령탑비명〉을 구상하였다고 전해지고 있다.

● 마족대馬足臺

　지금의 쌍계사 뒤편 불일폭포 중간 지점에 있으며 최치원이 말을 타고 가다 머물렀다는 바위 위에 용마龍馬의 발굽과 사람의 발자국, 방뇨放尿 자국이 남아 있으며 '마족대馬足臺' 또는 '마적대'라 부르기도 한다.

● 정금천停琴川

　지금의 화개 정금마을 앞에는 화개천 개울이 아름답게 흐른다. 이곳은 '최치원이 머물며 가야금을 타고 놀던 곳'이라 전해지는 곳이다. 밤에는 달빛이 부서지는 옥구슬 계류가 되며, 개울과 산이 아우러져 한 폭의 동양화와 같은 경치 때문에 최치원이 이곳에서 가야금을 연주하면서 유유자적 지내던 곳으로 물소리가 마치 가야금 소리와 같다 하여 최치원이 직접 정금천停琴川이라 이름을 지었다고 전해진다.

● 만수동萬壽洞

　지금의 악양 정동리에 있으며 이곳에 〈만수동萬壽洞〉 3자의 각석이 있는데 최치원 친필이라 전해지고 있다. 위치로 보아 최치원이 머물고 있었던 쌍계사와 화개동천으로부터 거리가 상당히 떨어져 있어 당시 인근 악양현의 선비들이 최치원을 초빙하여 시도 짓고 공부하면서 지내던 곳이 아닌가 추측되기도 한다.

● 옥천대玉泉臺

　최치원이 신선이 되기 전 기거하면서 본격적으로 공부를 했다는 옥천대 玉泉臺는 불일폭포를 따라 인근 용추못 아래로 내려가면 아주 비좁고 골 깊은 곳에 자리하고 있어 일반인들은 접근이 어렵다고 한다. 옥천대는 바닥에 집채만 한 너럭바위가 있어 여름에는 물보라가 일어 시원하며 바위 아래에 자연적으로 형성된 암굴이 있다. 그 안에는 잠을 잘 수 있는 방 한 칸 크기의 공간이 있으며 안쪽에는 서재 같은 또 다른 공간이 있고 한가운데에는 책 한 권 크기의 햇빛이 비춰들어 최치원이 이 햇빛을 받아 공부하였다 한다. 굴 속에는 합천 가야산으로 통하는 터널이 있어 지리산과 가야산을 자유로이 오가면서 지냈다는 전설이 전해져 오고 있다.

● 득선처得仙處

　최치원이 신선이 되었다는 곳으로 지금의 하동군 화개면 신흥과 의신으로 가는 길과 단천마을 가는 길의 중간 지점의 화개천 복판의 큰 바위에 암호 같은 최치원의 이름이 각석되어 있다. 최치원이 말하기를 '이 글을 해독하는 사람이 나오면 내가(최치원) 신선이 되었음을 알 것'이라고 말했다는 전설이 전해지고 있다.

● 완폭대翫瀑臺

　최치원이 불일폭포를 즐기면서 감상하던 바위로 〈완폭대〉라 이름 짓고 스님이나 선비들과 함께 시를 짓고 읊으며 지내던 석대石臺로 조선 선비들의 지리산 유람록에 많이 등장하는 곳이기도 하다. 지금까지는 그 위치를 정확하게 알 수 없었으나 2018년 5월 10일 '지리산국립공원 관리사무소'의 역사 문화 자원 조사 과정에서 불일암 바로 앞의 불일폭포 쪽을 바라보고 있는 바위벽에 희미하게 남아 있는 〈완폭대翫瀑臺〉라 쓰인 최치원의 친필 각석刻石을 발굴함으로써 알려졌다. 최치원 유적으로는 가장 최근에 발견

하동 불일폭포 〈완폭대翫瀑臺〉 친필 각석(2018년 5월 가장 최근에 발굴된 유적)

된 것으로 큰 의미를 가지고 있다 하겠다.

3. 최치원이 하동에 남긴 글과 시詩

최치원은 하동 쌍계사를 비롯한 〈화개동천〉을 소재로 하여 많은 글과 시를 남겼다. 대표적인 쌍계사 〈진감선사대공령탑비명〉을 비롯하여 〈쌍계·석문〉, 〈세이암〉, 〈삼신동〉 등 친필 각석刻石을 남겼으며 시詩로는 〈쌍계사에서〉, 〈화개동에서 벗과 함께〉, 〈쌍계사에서 지광산인에게〉, 〈화개동시〉 16수 등 주옥 같은 시를 남겼다.

최치원이 직접 쓴 한 편의 글은 백년 뒤 사람들의 상자 가득한 글보다 더욱 값지다 하겠다. 하동에서 쓴 최치원의 시 작품은 대부분 은둔기 작품으로 보인다. 최치원이 하동 쌍계사와 화개동천에서 은거하면서 남긴 시 몇 수를 감상해 본다.

밝은 달은 쌍계사 물을 멈추고	明月雙磎水
맑은 바람은 팔영루에 불어오네.	淸風八詠樓
옛날 나그네 왔던 곳	昔年爲客處
오늘은 그대를 보내며 노네	今日送君遊.

—최치원 〈화개동에서 벗과 함께〉《최치원 문집》 전문

온종일 머리 숙여 붓끝을 희롱하나	終日低頭弄筆端
사람마다 입 다물어 말하기 어렵네.	人人杜口話心難
시끄러운 세상 멀리한 것 비록 즐거우나	遠離塵世雖堪喜
그리운 마음 못내 버릴 수 없구나.	爭奈風情未肯蘭
비 오는 밤 흰 구름 여울 소리 어울렸다.	聲連夜雨白雲湍
읊는 마음 경치를 대하니 얽매임 없어	吟魂對景無羈絆
온 천하에 깊이 도를 생각하니 편안하네.	四海深機憶道安

—최치원 〈쌍계사에서〉 전문

구름 가에 정사를 지어놓고	雲畔構精廬
편안한 선정이 40년이네.	安禪四紀餘
지팡이는 산을 나가 본 일 없고	筇無出山步
붓은 서울로 가는 글 안 쓰네.	筆絶入京書
대나무 홈에는 샘물 소리 뚜렷한데	竹架泉聲緊
송창에는 햇빛이 성그네.	松櫳日影疎
높은 경지에서 읊기를 못다 하고	境高吟不盡
눈 감고 진여를 깨치려 하네.	瞑目悟眞如

—최치원 〈쌍계사에서 지광산인에게〉 전문

〈화개동시〉라 부르는 8수의 시가 있는데, 그 발견 경위는 다음과 같다. 1591년 한 늙은 스님이 지리산을 헤매다가 석굴 속에서 기이한 책을 여러 질 발견하였다. 그 가운데 매우 진기한 내용의 열여섯 수의 시첩이 있었는데, 이 시첩을 당시 구례군수 민대륜이 입수하여 당대 대시인이던 이수광에게 보내 필적을 알아 본 결과, 최치원의 작품임을 의심할 바가 없었다고 했다.

그중 8수가 이수광의 《지붕유설》과 이중환의 《택리지》에 수록되어 세상에 널리 알려져 내려오게 된 것은 참으로 다행스러운 일이었다. 이 시는 오언절구시五言絕句詩로, 쌍계사 〈화개동천〉의 절경을 노래하고 최치원 자신의 마음을 담은 아름답기 그지없는 것이다. 봄, 여름, 가을, 겨울 사시사철이 나온 것으로 보아 최치원이 쌍계사와 화개동천에 오랜 기간을 머물며 지내왔던 것을 알 수 있다.

(제1수)
동국의 화개동은	東國花開洞
병속의 딴 세계라	壺中別有天
선인이 옥베개를 베니	仙人推玉枕
순식간에 천년이 되었네.	身世欻千年

(제2수)
일만 골짜기엔 우레 소리 울리고	萬壑雷聲起
일천 봉우리엔 비 맞은 초목 새로워	千峯雨色新
산승은 세월을 잊고	山僧忘歲月
나뭇잎으로 봄을 기억하네.	惟記葉間春

(제3수)
비 뒤에 댓빛이 고와	雨餘多竹色
자리를 흰 구름 사이로 옮기고	移坐白雲間
적막해 나를 잊었는데	寂寂因忘我
솔바람이 베개 위를 스치네.	松風枕上來

(제4수)
봄에는 꽃이 땅에 가득하고　　　　　　　　春來花滿地
가을엔 낙엽이 하늘을 덮었는데　　　　　　秋去葉飛天
지극한 도道는 문자를 여의고　　　　　　　至道離文字
원래 눈앞에 있다네.　　　　　　　　　　　元來在目前

(제5수)
시내 달 처음 나는 곳　　　　　　　　　　潤月初生處
솔바람이 움직이지 않을 때　　　　　　　　松風不動時
소쩍새 소리 귀에 들리니　　　　　　　　　子規聲入耳
그윽한 흥취 알 수 있으리.　　　　　　　　幽興自應知

(제6수)
산중의 흥취 말은 들었다지만　　　　　　　擬說林泉興
어느 사람이 이 기미를 알랴마는　　　　　　何人識此機
무심코 달빛 보며　　　　　　　　　　　　無心見月色
묵묵히 앉아 돌아갈 줄 모르네.　　　　　　黙黙坐忘歸

(제7수)
진리를 말할 것 있나　　　　　　　　　　密旨何勞說
강이 맑으니 달그림자 통하고　　　　　　　江澄月影通
긴 바람이 만 골짜기에서 일어　　　　　　　長風生萬壑
단풍 진 가을산이 텅 비었네.　　　　　　　赤葉秋山空

(제8수)
소나무 위엔 담쟁이 넝쿨 얽혔고　　　　　　松上靑蘿結
시내 가운데는 흰 달이 흐르는데　　　　　　澗中流白月
절벽 위엔 폭포 소리 웅장하고　　　　　　　石泉吼一聲

온 골짜기엔 눈이 휘날리네.　　　　　　萬壑多飛雪
　　　　　　　　　　　─최치원 〈화개동시〉(《최치원 문집》) 8수 전문

4. 하동을 찾아 최치원을 기리다

　최치원이 지리산 신선이 되어 갔다고 하나 아득할 뿐이다. 935년 신라는 망하고 고려, 조선, 구한말의 천여 년 세월을 거치면서 많은 선비와 학자, 시인 묵객들이 하동을 찾아와 최치원이 유랑하던 지리산 '쌍계사'와 '화개동천'을 순례하면서 그를 기리는 시를 짓고 글을 남기고 갔다.
　고려시대의 김돈중, 김극기, 이인로, 이규보, 박항, 정지연, 정포, 정지상, 이색, 정몽주, 이첨을 비롯하여, 조선시대에 내려와서는 정인지, 김종직, 김시습, 이륙, 정여창, 정여해, 남효온, 유호인, 김일손, 어득강, 임억령, 조식, 이정, 박지하, 노진, 서산대사, 기대승, 이순인, 정철, 이이, 이달, 유정대사, 이수광, 오숙, 허목, 정식, 정약용, 김정희, 이희풍, 구한말의 최익현, 조성가, 최숙민, 문국현, 이택환, 박한영, 김택술, 안희재 등 이름만 들어도 알 수 있는 수많은 선비와 학자, 문인들이 최치원 유람지를 찾아와 시와 글을 남기고 갔다.
　고려의 이인로(1152~1220년)는 '지리산 속에 청학동이 있으며 그곳은 오직 청학만 살고 있다'고 했으며, 조선 때 선비 김일손(1464~1498년)은 '불일평전을 청학동으로 전해 듣고 찾아가 봤으나 찾을 수 없었다'고 하면서 그는 16일 동안을 하동의 최치원 유적지와 지리산 일대를 탐방하고 갔다고 기록하고 있다.
　1564년 서산대사는 《두류산 신흥사 능파각기》에서 〈화개동천〉 동쪽의 드넓고 푸르른 골짜기에 청학동이 있다고 썼고, 조선 선비 허목(1595~1682년)도 쌍계사에서 불일전대佛日前臺에 올라 청학동을 찾았으나 찾지 못하고 돌아갔다 한다.

남명 조식(1501~1572년)은 지리산을 둘러보고 쓴 《유두류산록游頭流山錄》에 불일폭포와 청학동을 읊은 「영청학동폭포 청학동」이란 시를 남겼다. 선조 때 정홍명鄭弘溟(1592~1650년)은 〈화개동천〉을 찾아와 최치원을 추모하는 「청학동비」를 세웠다고 전해지고 있다. 그 위치와 소재는 현재 확인되지 않고 비문만 전해지고 있다.

최근 들어서는 '2015년 중국 방문의 해' 서울 개막식에 중국 시진핑(習近平) 주석이 보내온 축하 메시지에서 '동국의 화개동은 호리병 속의 별천지〔東國花開洞壺中別有天〕라는 최치원의 시를 인용하여 축하하면서 중국의 많은 관광객이 하동을 다녀가기도 했다. 이처럼 시대를 불문하고 최치원을 기리고 추모하는 행렬이 그치지 아니하였다. 그중 대표적으로 조선시대 점필재 김종직이 화개동천을 찾아와서 최치원을 흠모하면서 남긴 「영신암靈神菴」이란 시 한수를 음미해 본다.

쌍계사에서 고운을 생각하니	雙磎寺裏憶孤雲
당시의 일이 분분하여 들을 길 없네	時事紛紛不可聞
고국에 돌아와서도 사방으로 방랑하니	海東歸來還浪迹
푸른 들판에 학이 닭 무리에 끼었네.	祇綠野鶴本鷄群

―점필재 김종직 「영신암靈神菴」 일부

5. 운암영당雲岩影堂

경남 하동군 양보면 운암리에 소재한 '운암영당'은 최치원 초상화를 모신 사당으로서 경남유형문화재 제187호(1979. 12. 29.)로 지정되어 있는 곳이다. 이곳에서 봉안하고 있는 초상화는 쌍계사본에서 파생된 두 번째 영정이다. 1784년에 쌍계사에 봉안하고 있던 기존의 영정을 전북 정읍에 있는 '무성서원'으로 이관해 가고 난 후에 쌍계사에서 다시 조성하여 1825

❶ 봉안 최치원 영정
❷ 운암영당 전경

년까지 32년간을 모셔왔다. 그러나 지방 유림들의 주도하에 쌍계사 인근의 하동군 화개면 덕은리에 '금천사琴川祀'를 신축하여 영정을 그곳으로 옮겨갔다. 그 후 1868년까지 43년간 봉안해 오던 중에, 대원군의 서원 철폐령에 따라 1868년 하동향교로 옮겨가 34년간 임시로 보관해 오다가 하동군 횡천면 소재 경주 최씨 후손들이 '광천영당'을 지어 면암 최익현 선생이 참석한 가운데 1901년에 영정 이관 행사를 치르고 22년간을 봉안해 왔다.

그러나 영정 관리에 문제가 발생하자 1924년 하동군 양보면 운암리에 사는 후손들이 뜻을 모아 새로운 '운암사雲岩祠(영당)'를 신축하여 영정을 이관해 봉안하고 있다. 이 영정을 2009년에 국립박물관에서 정밀 감정한 결과 '우리나라 최치원 초상화 중에서 제작 시기가 가장 이른 것으로 판단된다'는 발표를 이끌어냈다. 현재 '국립진주박물관'에 위탁하여 보전·관리하고 있으나 본 영정은 국가지정문화재로 격상하여도 충분한 가치가 있다고 학계에서는 평가하고 있다.

합천과 최치원

　최치원이 마지막 여생을 보낸 합천군은 신라 삼국통일 후인 685년 9주 5소경 설치에 따라 대야주大耶州에서 강양군江陽郡으로 개편되어 강주(진주)에 속했으며 그 밑에 삼기현, 팔계현, 의상현이 있었다. 최치원이 강양군(합천군)으로 들어온 경위나 시기에 대해서는 정확하게 알 수 없으나 《삼국사기》 열전 최치원 편에는 다음과 같이 기록하고 있다.

> 치원은 …(중략)… 서적을 쌓아 베고 역사서를 쓰거나 자연을 노래하고 읊으니, 경주의 남산, 강주의 빙산, 합주陜州의 청량사淸凉寺, 지리산 쌍계사, 합포현(마산)의 별서 같은 것들이 모두가 그가 노닐던 곳이다. 마지막에는 식솔을 이끌고 가야산의 해인사에 은둔해 모형인 승려 현준 및 정현 대사와 더불어 도우를 맺고 은거 생활을 하다가 여생을 마쳤다.
>
> ―김부식 《삼국사기》 열전 최치원 조(이강래 역) 일부

　우리는 지금까지 최치원이 합천 해인사에 들어온 시기를 그의 나이 42세 때인 898년으로 알아 왔다. 그때 그는 가야산에 가족을 데리고 들어왔으며 그해 11월에 아찬에서 면직되었다는 것이다. 그러나 해인사 저술 작품을 창작 연대순으로 살펴보면 최치원은 이미 895년 7월에 해인사에 들어와서 〈해인사묘길상탑기〉를 썼고, 896년 정월에는 〈신라가야산해인사결계장기新羅伽倻山海印寺結界場記〉를 지었다고 역대 성현들의 행적을 수록한 《동유록東儒錄》에 기록되어 있다. 그리고 897년 7월에는 진성여왕의 〈양위표讓位表〉와 새로운 효공왕의 〈사사위표謝嗣位表〉를 해인사에서 작성한 것으로 되어 있다.

　이런 작품들의 창작 연대를 간추려 볼 때 최치원은 부성군 태수로 재직하고 있던 894년 2월에 〈시무 10여조〉의 정치 개혁안을 진성여왕께 상소

하여 아찬으로 임명되나 잘 알려진 바와 같이 진골 세력들의 음해로 실행에 실패하자, 좌절한 나머지 부성군 태수직을 사퇴하고 894년 말이나 895년 초에 이미 해인사로 칩거하여 저술 활동을 펴다가 898년에 아찬에 면직되고, 이때에 전 가족을 데리고 가야산에 정착하였으며 태수직 사퇴 후에도 아찬 관직은 898년까지 계속 유지해 온 것으로 보아야 할 것이다.

이 모든 것을 종합해 본다면, 부성군 태수(군수)직은 자진 사퇴이고 아찬은 왕의 일방적인 면직 통보 형식이었으며 최치원이 모든 관직을 떠난 시점은 898년 아찬에서 면직된 때로 보는 것이 가장 타당할 것이다.

은둔지를 왜 가야산으로 택했는지에 대하여는 앞에서 논한 바 있다. 《삼국사기》에 기록한 바와 같이 해인사에는 그의 모형인 현준 스님과 가까이 교류하던 희랑 스님이 있었고, 해인사는 창건 때부터 신라 왕실의 도움이 각별한 사찰이었으므로 지내기가 편했을 것이기 때문이다. 최치원은 은둔 초기에는 전적으로 해인사 화엄원에 자리잡고 기거하면서 불교 서적 저술에 몰두하였으나 전 가족을 가야산 입구의 홍류동으로 옮겨온 후부터는 해인사, 청량사, 학사대, 무릉교, 광풍뢰와 가야산 일대, 매화산을 오가며 시를 짓고 유유자적하다가 때로는 하동 쌍계사, 창원 월영대 등 경남 일대를 순례했다. 나중에는 전국의 명산대찰로 대상을 넓혀 유랑하다가 마지막 합천 가야산에서 생을 마쳤다고 볼 수 있다. 최치원은 어느 날, 가야산 홍류동 숲속에 갓과 신발을 남겨 둔 채 자취를 감추어 버렸다고 전해 오는 바, 사람들은 그가 신선이 되어 갔다고 믿고 있다.

1. 해인사海印寺

우리나라 불교의 3보 사찰 중 법보法寶에 해당하는 사찰 해인사는 경남 합천군 가야면 치인리 가야산 내의 서남쪽에 있다. 802년(신라 애장왕 3

년) 신라 제40대 애장왕의 조대비 성목태후가 대大시주인으로 참여하여 왕실의 지원을 적극 받아 승려 순응順應이 창건에 착수하고 이정利貞이 완성하였다.

해인海印이란 이름은 '해인삼매海印三昧'에 근거를 두고 있으며 삼라만상이 고요한 바다에 비치듯이 번뇌가 끊어진 부처의 정심定心에 만법의 실상實相, 진리가 명료하게 비친다는 뜻이라고 한다. 최치원과 해인사와의 인연은 깊다. 이곳 사찰에서 오랫동안 머물면서 《법장화상전》 등 불교에 관한 많은 글을 저술하였으며 그의 모형인 현준이 수도하고 있었고 희랑 등 화엄종 승려들과 서로 교류하면서 보낸 곳이 바로 해인사이다.

최치원 사후에 제일 먼저 영정을 독서당 내에 봉안하여 제사를 올렸다고 한다. 《동국여지승람東國輿地勝覽》에는 합천 가야산에서 은둔 생활을 하던 중 '어느 날 아침 일찍 집을 나간 뒤에 갓과 신발만 숲속에 남겨 놓고 어데로 갔는지 알 수 없어 해인사의 스님들이 그날을 받아 영정을 독서당에 봉안하고 명복을 천도했다'고 기록하고 있다. 그 후에는 영정이 해인사 진상전(탈해당)에 있었다는 기록이 나오는 것으로 보아 영정 봉안 장소를 중간에 옮기면서 내려왔음을 알 수 있다.

오늘날 해인사는 대한불교 조계종 제12교구 본사로 14개의 암자와 75개의 말사를 거느리고 있는 대가람이다. 사찰에는 '대한민국 국보'이자 세계기록유산인 팔만대장경이 보관되어 있으며, 조계종 종합 수도 도량인 해인총림海印叢林이 있는 곳이기도 하다. 해인사는 최치원이 은둔하면서 많은 불교 서적을 남긴 곳으로 최치원과 떼려야 뗄 수 없는 관계에 있고 그의 발자취가 서려 있는 사찰이다.

● 묘길상탑

대한민국 보물 제1242호로 지정되어 있는 이 묘길상탑은 895년 7월 16일 해인사 일주문 입구에 세워진 3층 석탑으로 탑기를 최치원이 찬술하였다. 해인사 부근에 있었던 전란(도적과의 싸움)에서 희생된 승군僧軍들의 명복과 국태민안을 기원하는 목적으로 세웠으며, 당시 희생된 승군의 명단 '해인사호국삼보전망치소옥자 海印寺護國三寶戰亡緇素玉字'와 소요 물품으로는 황금 3푼, 수은 11푼, 구리 5정, 철 260정, 숯 80섬이 들어갔으며 총 소요 비용은 벼 120섬이었다고 기록되어 있다. 이

해인사 묘길상탑

탑은 1965년 문화재 도굴단 검거 과정에서 우연히 탑기가 회수됨으로써 내용을 알게 되었으며 탑기는 현재 국립박물관에서 소장하고 있다.

● 학사대學士臺

학사대는 합천 해인사 독서당 뒤편 언덕에 세운 대臺로 이곳에 정자를 지어 최치원이 은둔하는 동안에 자주 찾던 곳이다. 조선 후기의 문신 정식은 최치원이 활을 쏘며 놀았던 곳으로 묘사했으며(1725년), 또한 가야금을 타며 시와 풍류로 지내면서 기울어져 가는 신라의 국운을 탄식하던 곳이라 전하며 '학사대'란 이름은 〈한림학사〉 관직에서 비롯되었다고 한다.

● 수식노회手植老檜

최치원이 학사대를 오르내리면서 짚고 다니던 지팡이를 학사대 옆에 거꾸로 꽂아둔 것이 살아났다는 전설적인 나무로 최치원이 직접 심었다 하여 '수식노회手植老檜'라 한다.

조선시대 문신 김도수金道洙(?~1742년)는 《가야산유람록》에서 '학사대에 고운 최치원이 손수 심은 소나무가 있는데, 큰 바람에 꺾여 모습이 마치 호랑이가 넘어지고 용이 거꾸러진 것 같았다. 내가 어루만지면서 탄식하였다'는 기록으로 보아 이때가 1725년경으로 최치원이 직접 심은 나무가 고사하였음을 알려주고 있다. 지금 살아 있는 전나무는 당초 심어져 있던 그 자리에 다시 심은 것으로 추정되는 것으로서 조선시대 문신·학자 최흥원(1705~1786년)은 《유가야산록》에서 "이번 유람에서 마침 2월달이고 비가 내려서 나무 심기에 적당하여 노비에게 명하여 작은 소나무를 캐어 그 곁에 심으라고 했다. 뒷날 이 대에 오르는 자는 반드시 '한 선비가 특별히 최학사가 한 것을 배웠구나'라고 할 것이다. 승려들이 과연 잘 보호하여 키울 것인지는 모르겠다"라고 기록하고 있어서 이 시기가 1757년으로 최흥원이 심었다는 것을 말해 주고 있다. 이렇게 되면, 현재 그 자리에 심어져 있는 전나무는 수령이 261년 이상 되었다는 것을 알 수 있다. 이 전나무는 현재 국가천연기념물 제541호(2012. 11. 13.)로 지정된 보호수이다.

● 서암·기각書嵓棋閣

해인사 학사대 부근에 있었던 최치원이 시를 읊고 독서하던 바위로 바둑판을 각석해 놓고 스님들과 바둑을 즐기던 곳이다. 《신증동국여지승람》에 해인사에 최치원의 서암·기각이 있었다는 기록이 있으며, 지금은 존재하지 않으나 조선시대 문인이자 학자였던 권근과 김종직이 이곳을 소재로 한 시가 있는 것으로 보아 조선 중기(15~16세기)까지는 바둑판 바위가 남아 있었던 것으로 보인다.

2. 청량암 清凉庵(寺)

합천군 가야면 가야산 자락 남쪽에 솟아 있는 해발 1,093m 매화산(일명 천불산)의 황간 마을 무생교를 건너면 청량암(사)이 있다. 사찰의 창건 연대는 확실하지 않으나 802년에 창건한 해인사보다 역사가 오래됐다고 한다. 《삼국사기》에 기록되어 있는 것을 보면 최치원이 은둔할 때 노닐고 공부하던 장소 중 하나로 소개되어 있으며 지금은 해인사의 말사로 암자에서 청량사로 바뀌었다.

3. 가야산 伽倻山

합천군 가야면에 소재하고 있는 해발 1,430m의 가야산은 일명 우두산牛頭山이라고도 하며, 해인사찰이 여기에 자리잡고 있는 명산으로 1972년에 국립공원 제9호로 지정되었다. 예부터 해동海東의 10승지 또는 조선 팔경의 하나였으며 주봉인 상왕봉이 소의 머리 같다 하여 우두봉으로 불리기도 한다. 자연 경관이 뛰어나 예로부터 지덕을 갖춘 산으로 여겨져 왔다. 최치원이 저술한 〈신라가야산해인사결계장기〉에는 산을 가야伽倻라 한 유래가 적혀 있는데 '석가문釋迦文이 도를 이룬 곳의 가야와 같다' 하여 가야산이라 이름 지었다고 기록하고 있다. 우리나라 인문지리학의 선구자 이중환의 《택리지》 복거총론 산수조의 기록을 보면 '경상도는 석화성石火星이 없다. 오직 합천 가야산은 끝이 뾰족한 바위들이 나란히 늘어서서 불꽃이 공중에 솟은 듯하고 대단히 높고 또한 수려하다. 동구洞口에 무릉교, 홍류동이 있어 바위에 부딪치는 시냇물과 반석이 수십 리나 계속되었다'고 소개하고 있다. 최치원은 말년에 이곳 가야산 기슭에 전 가족을 데리고 와서 보낸 곳으로 그의 유적이 많이 남아 있는 곳이기도 하다. 구한말 최영설崔永高의「학사당 비음기」에는 '가야산을 살펴본다면 물이나 돌이나 봉우리나 구렁에 낱낱이 최치원이 남긴 발자취가 있지 않은 데가 없다'고 기록하고 있다.

● 홍류동紅流洞

홍류동紅流洞(출처 : 네이버)

합천군 가야면 구원리 해인사를 위에 두고 흐르는 계곡 암벽에 〈홍류동〉이라는 글자가 새겨져 있다. 〈홍류동〉에서 해인사까지 약 4km 구간을 '홍류동 계곡'이라 부르는데 가야산에서 가장 절경으로 꼽힌다. 최치원의 자취가 듬뿍 배어 있는 곳으로 취석봉, 칠성대, 회선암, 분옥폭포, 첨석대, 낙화암, 제월담, 광풍뢰, 완재암 등 최치원이 직접 이름을 짓거나 놀던 곳으로 기암괴석이 어우러져 진실로 세상 밖의 별천지라 아니할 수 없다. 〈홍류동〉이라는 이름은 가을에는 단풍이, 봄에는 진달래·철쭉꽃이 계곡물에 붉게 둘들어 흐른다 하여 붙여졌다고 한다. 최치원은 홍류동 계곡을 벗삼아 은둔과 풍류의 세월을 보냈으며 여기에 나오는 지명들은 조선시대 정구鄭逑의《유가야산록》, 허목許穆의《가야산기략》과《신증동국여지람》등에 기록되어 있다.

율곡 이이(1536~1584년)는《유가야산부》에서 '홍류동은 기이한 바위가 주위에 벌려 있고, 푸른 절벽이 사면으로 둘러싸여, 돌에는 붉은 전자篆字가 새겨져 있으며 물결에는 은은히 천둥소리가 나는데, 이곳이 이른바 홍류동이다'라고 적고 있다. 〈홍류동〉을 알리는 각석 네 개가 있는데 계곡 한

복판의 최치원 친필 각석을 비롯하여 조선시대 이순상, 필체 미상의 '홍류동' 각석, 그리고 합천군수로 있던 김순(1648~1721년)의 글씨인 '홍류동문紅流洞門' 각석이 그것이다.

〈홍류동〉은 가야산 최치원 유적 중에서 이름이 가장 많이 등장하는데 시대를 거치면서 선비, 문인, 묵객들이 자주 찾아 시, 산문, 그림의 소재가 되어 왔던 곳이기도 하다. 〈홍류동〉 계곡에는 '학사당', '농산정', '제시석', '문창후최고운선생신도비', '문창후유허비', '둔세지비遯世地碑' 등 그의 흔적이 많이 남아 있다.

● 제시석題詩石

합천군 가야면 구원리 홍류동 계곡에 있는 농산정 건너편의 큰 바위벽에 최치원이 지은 칠언절구시 〈제가야산독서당題伽倻山讀書堂〉 일명 〈홍류동석벽제시紅流洞石壁題詩〉 혹은 〈둔세시〉가 각석刻石되어 있다. 시제로 보아 최치원이 벼슬을 버리고 이곳에서 은둔할 수밖에 없었던 자신의 처지를 시로 남겼다고 볼 수 있다. 이 글씨가 최치원 친필이라는 설과 조선시대 송시열이 유람하고 쓴 글씨라는 두 설로 나누어지고 있다. 시詩가 새겨진 돌을 후세 사람들은 '치원대' 혹은 '제시석'이라 부르기도 한다.

● 농산정籠山亭

합천군 가야면 구원리 홍류동 계곡의 제시석 인근에 지어진 정자亭子 이름이다. 이 정자는 1930년 후손들이 최치원을 추모하기 위해 세운 것으로 경상남도 문화재 제172호로 지정돼 있다. 정자 좌측에는 '고운최선생둔세지孤雲崔先生遯世地' 비석이 세워져 있다. '농산'이란 이름도 최치원의 〈홍류동석벽제시〉의 한 구절을 따와서 지었다고 한다.

● 무릉교武陵橋

무릉교는 합천군 가야면 구원리 가야산 입구에 있었으며, 최치원이 나라의 망함을 슬퍼하며 가야산으로 들어올 때 무릉교를 걸어 지나갔다 한다. 이 다리는 돌들을 연결한 무지개 모양의 공중 다리였으나 지금은 위치만 추측할 따름이다.

조선시대 정식의 「가야산록」(1725년)에서 '돌을 연결하여 공중에 다리를 만들었는데, 형상이 기다란 무지개 같았다. 또 돌을 다듬어 용 세 마리의 머리를 만들었는데, 거꾸로 머리를 늘어뜨려 물을 마시는 형상이었다. 용의 입에는 풍경을 매달아 바람이 불면 소리가 났다'고 적고 있어 다리 모양을 상상할 수 있으며, 1725년 무렵까지 다리가 있었음을 보여 주고 있다. 이 다리가 없어진 시기는 조선시대 선비 하진태(1737~1800년)의 「유가야록」에서 '옛날에 왔을 때는 돌을 깎아 용머리를 드러내고 있었으나 홍수로 지금은 다리가 흔적이 없어졌다'고 적고 있어 그가 가야산을 유람했던 1790년경에 홍수에 다리가 유실되었음을 알 수 있다. 무릉교를 건너면 〈홍류동〉이 나오면서 음풍뢰, 칠성대, 취석봉 등이 위치해 있어 가히 무릉도원의 절경이 펼쳐지기 시작하는 지점이라 하겠다.

● 광풍뢰光風瀨

합천군 가야면 구원리 〈홍류동〉 계곡에 있는데 '맑은 햇살과 함께 부는 상쾌하고 시원한 바람을 일으키는 여울' 또는 '선경의 풍광이 빛나는 여울'이라는 뜻으로 이름 지어졌다고 하며 가야산 19경 중 하나로 최치원의 소요지逍遙地 중 한 곳이다.

● 가야서당伽倻書堂

합천군 가야면 구원리에 있었으며, 최치원이 이곳에 머물면서 후진 양성을 위해 강학과 경학을 하던 서당이라고 하겠다. 최치원의 은둔은 그냥 세상을 등지고 탄식만 한 것이 아니라 그의 학문과 사상을 후학들에게 전수하고 양성하는 형식이었다. 가야서당은 이런 그의 모습을 알려주는 아주 중요한 유적이라 하겠다.

● 최치원이 살던 초막 집터(고운암孤雲庵)

최치원이 살던 집터는 합천군 가야면 치인리 가야산 입구에 있는데, 898년 최치원이 가족들을 데려와 초막을 짓고 살았던 집터이다. 그곳에다 1974년 스님들이 최치원을 추모하는 뜻으로 해인사 부속으로 법당을 짓고 '고운암'이라 이름 지었다 한다. 이곳은 멀리 가야산 전경이 한눈에 들어오는 곳으로, 법당 건너편에 '고운선생구저은일지지孤雲先生構氏隱逸之地'라는 표지석이 서 있다

4. 가야산 해인사에서 저술한 글과 시문詩文

최치원이 합천 해인사에서 은둔하면서 쓴 작품으로는 895년의 〈해인사묘길상탑기〉를 시작으로 〈신라가야산해인사결계장기〉, 〈해인사선안주원벽기〉, 《법장화상전》, 《석 이정전》, 《석 순응전》 등이 있고, 897년에 진성여왕과 효공왕의 왕위 교체를 중국에 알리는 외교 문서인 〈양위표〉와 〈사사위표〉도 있다.

시작품詩作品으로는 정확한 창작 연도는 알 수 없으나 벼슬을 버리고

제시석

합천 가야산에 가족을 데리고 와서 다시는 세상 밖으로 나오지 않겠다는 굳은 결의를 다지면서 지은 은둔 초기 작품인 것이 특색이다. 시편으로는 〈어느 승려에게〉(일명 입산시), 〈제가야산독서당〉 시가 대표적으로 남아 있다. 당시 시대 상황이 저무는 신라와 새로운 세상 고려가 잉태되는 시류에서 스님들조차 들뜬 세상을 향하여 치닫는 국가 현실을 바라보면서 자신을 한 번 더 가다듬는 시편이라고 보겠다.

저 중아 산이 좋다 말하지 말게 僧乎莫道靑山好
좋다면서 왜 다시 산을 나오나 山好何事更出山
저 뒷날 내 자취 두고 보게나 試看他日吾踪跡
한번 들면 다시는 안 돌아오리. 日入靑山更不還
—최치원 〈입산시入山詩 혹은 증산승贈山僧〉(이은상 역) 전문

미친 물 바위 치며 산을 울리어 狂奔疊石吼重巒
지척에서 하는 말도 분간 못 하네 人語難分咫尺間.
행여나 세상 시비 귀에 들릴까 常恐是非聲到耳,
흐르는 물을 시켜 산을 감쌌네. 高敎流水盡籠山
—최치원 〈제가야산독서당題伽倻山讀書堂〉(이은상 역) 전문

최치원이 당시 해인사에서 수도하고 있던 희랑 스님에게 지어준, 찬시讚詩 6수가 《동국여지승람》과 《고운문집》에 전해지고 있다. 그때 해인사에는 화엄학의 대가이던 관혜觀惠·희랑希郞 두 스님이 있었는데 관혜는 견훤을 지지하고 희랑은 왕건을 지지하여 서로 정치적 견해를 달리하며 대립하고 있었다. 최치원은 희랑과 교분을 가지고 있어 그를 통해 왕건의 소식을 어느 정도 전해 들었을 것으로 보고 있으며 나아가 고려의 흥기에 기대를 걸었을 가능성이 있었다고 학자들은 말하고 있다. 그러나 왕건이 궁예를 몰아내고 왕위에 오른 시기가 918년으로 이때는 이미 최치원이 은둔한 이후

로서 생존이 불확실한 시기로 진위가 의심스럽다고 보겠다.

  희랑에게 부친 찬시는 최치원이 함양(천령)군 태수로 재직하던 때에 희랑이 해인사에서 화엄학 강론이 있었는데 여기에 최치원이 참석하겠다고 약속을 하였으나, 견훤의 반란군에 대한 방위 때문에 참석하지 못하게 되자, 대신 시 6편을 지어 보낸 것이 지금도 남아 있는 것이다.

(제1수)

금강지 위의 말씀 하나하나 깨치고	步得金剛地上說
철위산 사이의 번뇌에서 구원했네	扶薩鐵圍山間結
비구가 해인사의 불경을 강론하니	苾蒭海印寺講經
화엄경이 이로부터 삼절을 이루리	雜花從此成三絕

(제2수)

용당의 묘한 설법 용궁에 들어가	龍堂妙說入龍宮
용수보살이 그곳에서 화엄경 전해 왔네	龍猛能傳龍種功
용국의 용신도 정녕 기뻐하고	龍國龍神定歡喜
용산은 의용의 화엄경 전해 온 큰 공로 표창하리	龍山益表義龍雄

(제3수)

마갈반제성에 광명이 두루 비치고	磨羯提城光遍照
차구반국에 불법이 더욱 빛나네	遮拘盤國法增耀
오늘 아침 지혜의 해가 동쪽에서 떴으니	今朝慧日出扶桑
문수보살이 동묘에 강림했음을 알겠네	認得文殊降東廟

(제4수)

하늘이 말하길 비교는 하늘에서 내린다더니	天言秘敎從天授
해인의 참된 법이 바다에서 나왔네	海印眞詮出海來
좋을시고 우리나라 해인의 뜻 일어나니	好是海隅興海義

아마도 하늘 뜻은 희랑에게 맡기나 보다	只應天意委天才

(제5수)
도수의 높은 담론 용수가 해석하고	道樹高談龍樹釋
동림의 고아한 뜻은 남림에서 번역했네	東林雅志南林譯
빈공이 피안(열반)에서 금성을 떨쳤지만	斌公彼岸震金聲
가야에서 불적 이은 희랑만 하랴	何似伽倻繼佛跡

(제6수)
맑고 넓은 모임 그 수는 의심스러우나	三三廣會數堪疑
현묘한 화엄경은 결함이 없네	十十圓宗義不虧
유통을 말하여 나타나는 증험을 미루어 보면	若說流通推現驗
종래의 다하지 못한 말 유달리 기이하리	經來未盡語偏奇

—시 〈희랑 화상에게 증정하다(贈希朗和尙)〉(최재용 역) 전문

5. 최치원 유적을 찾아 합천에 온 명현들

최치원이 은둔하면서 생을 마친 합천 가야산과 해인사에는 시대를 불문하고 많은 선비와 시인 묵객들이 찾아와 그를 추억했다. 고려시대 이인로·이색·홍간·염정수·배중부, 조선시대 매월당 김시습·문인 최흥원·문인학자 권근·점필재 김종직·퇴계 이황·남명 조식·강희맹·율곡 이이·신재 주세붕·이중환·우암 송시열·한강 정구·성해응, 한말의 이건창·만해 한용운·김영한 등은 가야산과 해인사, 청량사, 홍류동을 돌면서 최치원을 추모하는 시를 남기고 갔다.

고려 이인로李仁老(1152~1220년)는 그의 《파한집破閑集》에 '최고운의 독서당에서 홍류동 동구까지 거의 십 리인데 단애丹崖 벽령碧嶺에 송회松檜가 창창하고 바람과 물이 서로 부딪쳐 절로 금석 소리를 낸다'는 시를 쓰면서

취중에 글씨가 초일超逸하다고 했으며, 이색李穡(1328~1396년)은 가야산을 찾아 최치원을 추모하고 「권사관을 전송하는 시」를 남겼다.

조선의 성리학자며 문신인 점필재 김종직金宗直(1431~1492년)은 해인사를 돌아보고 「해인사의 판상운을 화답한 시詩」와 고운이 독서하고 바둑 두던 「서암·기각에 관한 시」를 남겼으며 홍류동 〈제시석〉을 두고 '부서진 돌 사이에 먹물 흔적 남았네墨漬餘痕闕間'라고 시를 읊었다. 신재 주세붕周世鵬(1495~1554년)도 해인사와 가야산, 홍류동을 순례하고 '고운대에서 천추의 눈물을 뿌렸네'라는 시구를 남겼다.

조선 중기 한강寒岡 정구鄭逑(1543~1620년)는 1579년 9월 가야산 유람 후 적은 「유가야산록遊伽倻山錄」에서 바위에 마멸되어 가는 최치원 시를 보면서 '거센 물살에 마멸되어 한참 손으로 비벼서 어슴푸레 한 두 글자를 얻었다'고 적고 있다.

우암 송시열宋時烈(1607~1689년)은 홍류동에 있는 〈제시석〉 벽에다 '우암 송시열'이라고 자기 이름을 각석해 놓아 최치원의 시 〈제가야산독서당〉의 각석刻石 글이 우암의 글씨라는 설을 내려오게 했다. 다음에 선현들이 남긴 추모시 몇 편을 감상해 본다.

가야산이 기절하여 천하의 으뜸이라면	伽倻之山最奇絕
천 년의 외로운 구름 짝할 이 드물어	千載孤雲罕儔匹
내 그를 따르고자 하나 끝내 그러질 못해	我欲從之竟不能
부질없이 《계원필경桂苑筆耕》만 들척이누나.	空讀遺編桂苑筆
청컨대 그대 고운의 발자취 낱낱이 밟았다가	請君細訪孤雲蹤
돌아와 내 가슴의 티끌을 쓸어 주소.	歸來洗我塵胸臆
고운, 고운이여 천 년의 학이여	孤雲孤雲千載鶴
눈으로 그대 보내며 다락에 기대인다.	目送君歸倚高閣

— 목은 이색 「권사관權史官을 전송하는 시」 전문

이 시는 여말 삼은三隱의 한 사람인 목은 이색牧隱李穡이 해인사로 떠나는 친구에게 부친 시이다. 이처럼 해인사 길은 고운 만나러 가는 길이자 고운의 발자취를 밟았던 숱한 소인묵객騷人墨客과 선비들을 만나러 가는 길이기도 하였다고 적고 있다.

> 우뚝 솟은 서암書岩은 폭포수 저 밖에 있고
> 황량한 기각棋閣에는 석양이 비치누나
> 고운의 옛 행적을 뉘라서 이어가리.
> 기나긴 천년 세월에 새들만 날아가네.
> ─양촌 권근「서암·기각書岩棋閣」번역시 전문

위 시는 조선 초기 문인이며 학자인 양촌陽村 권근權近이 일찍이 해인사를 찾아가 최치원의 유적을 살펴보고 남긴 시이다.

> 급한 물살 튀는 물방울 알알이 구슬이요　　濺沫跳珠急
> 놀란 물결 깊어지니 주름 고운 명주일레　　驚瀾皺穀深
> 이는 바람 맞으며 보고 또 보면　　　　　　臨風看不足
> 저 검은 물 밑에서 들려오는 용 울음소리.　泓下有龍唫
> ─강희맹姜希孟「음풍뢰吟風瀨」시 전문

이 시는 조선 초 선비 화가이자 문신으로 이름났던 강희맹姜希孟이 남쪽으로 여행하다가 합천 가야산 〈홍류동〉 최치원 유적지를 둘러보고 '이런 곳에 이름이 없으니 어찌 시인이나 글 쓰는 이들의 부끄러움이 아니겠는가' 하고는, '음풍뢰吟風瀨'는 시를 읊조리는 여울 같다 하여 이름하고 '체필암泚筆巖'은 붓으로 먹물을 찍는 바위 같다 하여 이름 짓고 남긴 시詩라 한다.

연하煙霞를 밟으려고 행장을 차려 왔더니,
단풍 든 언덕 9월이 참 아름답구나.
반나절 애장사哀莊寺에서 처량함을 느끼었고,
고운대孤雲臺에서 천추의 눈물을 뿌렸네.
만사에 뜻이 없으니 차라리 피리나 즐기고,
백 년 동안 술이 있으면 잔이나 들으리.
갓끈을 씻고 홍류동에서 늙었으니,
붓을 들매 포·사鮑謝의 재주 아님이 부끄럽구려.

—신재 주세붕 「제목 미상의 번역시」 전문

 신재 주세붕은 '최치원의 문장이 신이神異하고 선성묘先聖廟에 이분이 아니고 누구이겠는가? 황소에게 보낸 격문으로 그 명성이 천하를 진동시켜 우리나라 문장의 개조가 되었다'고 했으며 유교로부터는 죄인이라 표현했다.

창원과 최치원

 최치원 유적지로 유명한 창원은 통일신라 이후 9주 5소경 중 양주良州(양산)의 의안義安군에 속했다. 〈월영대〉는 합포현合浦縣 관내에 있었고 청룡대는 김해 관할에 있다가 다시 진해시로 편입되었다. 2010년 7월 1일 정부의 지방 행정구역 조정에 따라 마산, 창원, 진해가 통폐합되어 새로운 창원시로 발족하게 되자 마산, 진해 관할에 있던 유적들은 창원시 관할로 들어오게 되었다. 최치원과 창원의 인연은 필자 견해로는 두 가지 측면에서 생각해 볼 수 있다.
 첫 번째로는 886년 최치원이 헌강왕의 명을 받아 〈진감선사대공령탑비명〉을 찬술하러 하동 쌍계사를 오가면서 머물렀을 때이다. 경주를 출발하여 울산↔기장↔양산(임경대)↔동래(해운대)↔김해↔창원 진해구(청룡대·강선대)↔마산합포구(월영대)↔함안↔진주(강주)↔사천(남일대)↔하동 쌍계사에 들어가는 길목에 합포현 역마에서 유숙하면서 경치 좋은 바닷가에 안내되어 달빛과 바다가 어우러진 경치에 매료되어 이곳을 〈월영대〉라 이름 지어 왕래할 때마다 중간 귀착지로 머물다 가게 되었던 것이다. 두 번째로는 898년 최치원이 가야산으로 은둔하며 유랑생활을 할 때 창원 〈월영대〉를 다시 찾아와서 머물렀을 때이다. 《삼국사기》의 최치원 열전에서는 다음과 같이 기록하고 있다.

> 치원은 …(중략)… 서적을 쌓아 베고 역사서를 쓰거나 자연을 노래하고 읊으니, 경주의 남산, 강주의 빙산, 합주陜州의 청량사淸凉寺, 지리산 쌍계사, 합포현(창원)의 별서 같은 것들이 모두가 그가 노닐던 곳이다.
> ─김부식《삼국사기》최치원 열전(이강래 역) 일부

이처럼 최치원은 은둔 시기에 〈월영대〉 인근에 별서를 지어 놓고 강학하며 지내다 갔음을 확인할 수 있다. 창원 유적지로는 〈월영대〉를 비롯하여 〈고운대〉, 〈청룡대〉, 〈강선대〉가 있으며 최치원의 부친이 창원 부사로 재직할 당시에 최치원이 출생하였다는 '최치원 창원 탄생 설화'가 전해져 내려오고 있어 창원과 최치원과의 인연이 매우 깊은 곳이기도 하다. 〈월영대〉 최치원 유적지에는 그동안 수많은 선비, 문인, 묵객들이 순례하면서 글과 추억을 남기고 갔으며 경남 지역 문인들의 문예 활동과 학문 증진의 집합 장소가 되어 '창원의 선비 문화' 계승 장소로 발전되어 왔다. 창원을 '문창文昌의 고장'이라고까지 할 정도로 최치원은 창원에 큰 영향을 주었다. 오늘날 창원 관내의 지역명에는 〈월영대〉와 관련이 있는 듯 유달리 '달 월月'자가 들어가는 지역이 많다. 월영동에서 시작하여 반월동, 완월동, 신월동, 월포동, 월남동, 두월동 등은 최치원과 어떤 관계가 있었는지, 매우 흥미롭기도 하다.

1. 최치원의 유적지

● 월영대月影臺

〈월영대〉는 현재 경남 창원시 마산합포구 해운동 밤밭고개로 442번지 경남대학교 정문 옆에 위치하고 있다. 조선시대 《동국여지승람》에는 '창원 〈월영대〉는 회원현의 서해안에 있는데 최치원이 노닐던 곳이며 석각이 있는데 낡아졌다'라고 기록하고 있다. 최치원은 이곳에 축대를 쌓아 송죽松竹과 감나무를 심고 가꾸며 '월영대'라 이름 짓고 마산만에 비친 달빛을 바라보며 지냈다.

최치원 친필 '월영대' 입석

정문에는 높이 6척 정도의 돌에 해서체로 〈월영대〉라고 각석해 놓은 친필 표지석이 오늘날까지 남아 있다. 최치원은 이 인근에 별서別墅를 지어 놓고 명상하거나 〈월영대〉, 〈고운대〉, 〈청룡대〉, 〈강선대〉를 번갈아 다니면서 달놀이와 낚시로 소요하였으니, 〈월영대〉는 선비, 문인들과 어울려 시를 짓고 후학들을 교육시키는 향학鄕學 장소가 되었을 것이다.

일제시대의 〈월영대〉 모습

〈월영대〉는 후세에 와서 최치원을 흠모하는 사대부나 문인들의 순례가 그치지 아니한 명소였다. 창원 〈월영대〉는 부산광역시의 〈해운대〉 양산의 〈임경대〉와 함께 최치원이 소요하던 전국의 26여 거의 대臺 중에 대표적인 3대臺에 속하는 유명한 곳이다. 조선시대 허목許穆(1505~1682년)은 「월영대기月影臺記」에서 다음과 같이 기록하고 있다.

창원도호부 관아의 서쪽 삼십 리 합포의 옛 진루 곁에 월영대가 있는데, 넓은 바다를 마주하고 서쪽 두둑은 바다에서 떨어졌으며 동쪽으로 웅산을 바라본다. 매월 열엿샛날 땅거미가 질 무렵 바닷물이 한창 찰 때에, 대臺에 올라 달그림자를 바라보면, 달이 바다에서 뜨는데 풀섶이 산의 그림자를 이루며, 달그림자가 바다 가운데에 있어 넓이가 구십칠억 삼만팔천 척이나 되고, 기묘하여 지극하다. 달이 산에서 벗어나게 되면 그림자는 사라진다.

— 허목 「월영대기月影臺記」 일부

이 글은 당시 〈월영대〉 인근 바닷가의 아름다움을 보여 주는 기록이라 하겠다. 또한, 「문창후최선생월영대추모비문」에는 '이곳에서는 선생의 〈월영대〉 친필 표지 각석刻石을 지금도 판독할 수 있고, 최치원이 심은 두 그루의 감나무가 옹종擁腫(몸통이 울퉁불퉁한 것) 반착盤錯(뿌리와 마디가 뒤얽힌 것)한 모습과 무려 대여섯 아름드리 크기로 서 있으며 맑고 시원한 샘물이 여지껏 변하지 않았고, 온 나라 사람들이 지금도 마치 어제와 같이 존앙하고 있으므로 천 년이 지난 오늘에도 후대인들이 추모하고 애무하면서 비를 세운다'라고 기록하였다. 옛날에는 〈월영대〉 바로 아래에 백사장이 있어서 합포만의 아름다운 경치를 한눈에 볼 수 있었다고 한다.

〈월영대〉 입구에는 척강문陟降門이 있고 경내에는 「월영대입석비」「문창후최선생유허비」「문창후해운최선생추모비」가 있으며 고려와 조선시대를 내려오면서 선비와 문인들이 이곳을 찾아 순례하고 많은 시문을 남기고 갔다. 오늘날 〈월영대〉는 '경상남도기념물 제125호(1993. 1. 8.)로 지정된 문화 유적지이나 도시화에 밀려서 옛 모습은 찾아볼 수 없어 회상해 볼 따름이다.

● 고운대孤雲臺

〈고운대〉는 창원시 마산합포구 무학산 서원곡 백운사 뒤 절벽으로 추정하고 있으나 정확한 위치는 불명확하다. 옛날 사람들은 월영대 북쪽 무학산 학봉 끝자락에 고운대가 있었다고 전해지고 있으며,《동국여지승람》의 창원 산천 편에는 '두척산은 회원현에 있으며 봉우리 위에 〈고운대〉가 있는데 〈월영대〉 북쪽으로 5리쯤 떨어진 지점에 있다'라고 기록하고 있다. 〈고운대〉는 〈월영대〉와 함께 최치원의 유람 코스 중의 하나이며 수도했던 곳으로 알려지고 있다.

● 돝섬(猪島)

현재 창원시 마산합포구 앞바다에는 '돝섬(猪島)'으로 불리는 조그마한 섬이 하나 있다. 〈월영대〉와 마주 보고 있어 최치원이 이 섬에 자주 찾아와서 노닐던 곳이라 한다. 이 섬에는 전설 하나가 전해져 내려오고 있다. '돝섬에는 밤이 되면 멧돼지(猪) 울음 같은 소리가 나고 기이한 빛이 나는지라 근처에 거주하는 사람들이 의심하고 공포에 떨거늘, 고운 최치원이 이것을 보고 활로써 그 괴광(怪光)을 쏜 즉, 괴광이 두 갈래로 나누어져 은은히 사라졌다. 새벽 하늘이 밝기를 기다려 활촉이 꽂힌 곳에 제사를 지내고 나니 그 뒤로는 괴성과 괴광이 없어졌다'는 이야기가 전해져 내려오고 있다. 현재 돝섬 입구에는 최치원과 관련되는 멧돼지를 상징하는 '황금돼지 조각상'이 건립되어 있다.

● 연빈루(燕賓樓)

《신증동국여지승람》 창원도호부 편에 의하면 연빈루는 창원도호부 동헌(東軒)에 있는 작은 누루(樓) 이름이다. 홍귀달(1438~1504년)의 「연빈루기(燕賓樓記)」에는 '신라 적에는 최치원이 축대를 쌓고 유람하여 유지(遺址)가 아직도 남았다'라고 적고 있으나 정확한 위치는 알 수 없다. 네이버 지식백과 '향토문화전자대전'에 의하면 연빈루는 고려 때 축성한 성으로 창원도호부 관아가 있던 현재 창원시 마산회원구의 합포성지 안에 있었다고 적고 있다.

● 청룡대(靑龍臺)

〈청룡대〉는 현재, 창원시 진해구 가주동 부산광역시와 경계를 이루는 도로변에 위치하고 있는 바위이다. 이곳은 최치원이 〈월영대〉, 〈강선대〉와 함께 달놀이하면서 낚시를 즐기던 곳이라 전해 오고 있다. 〈청룡대〉에 있는 「문창후최선생청룡대비」 비문에는 '근자에 한 사람이 바위 벽에 마

청룡대 비각   청룡대 최치원 친필 각석문

애석磨崖石 하나를 발견하고 이끼를 제거하고 살펴보니, 석벽 정면에 크게 〈청룡대靑龍臺〉 세 글자가 새겨져 있었고 좌측에 작게 '치원락致遠樂'이라는 세 글자가 새겨져 있었다. 그제야 속세에서 전하는 말이 허황되지 않음을 믿을 수 있었다'고 기록되어 있다.

  이 여섯 글자는 최치원의 친필이라고 한다. 당시에는 〈청룡대〉 앞까지 밀물과 썰물이 드나들었다고 하나, 지금은 간척되어 육지로 변하였으며 청룡대 옆의 「문창후최선생청룡대비」는 1951년 후손들이 세웠다고 한다. 〈청룡대〉는 경상남도기념물 제188호(1997. 12. 31.)로 지정하여 관리하고 있다.

● 강선대降仙臺

  현재, 창원시 진해구 비봉동 군사 구역 내에 있다고 추측하고 있으며 정확한 위치는 알 수 없으나 《웅천읍지熊川邑誌》 산천조山川條에 의하면 '장복산이 서북방으로 흘러 마야령이 되고, 다시 서쪽으로 바다로 들어가는 곳에 〈강선대〉가 있다. 최치원이 창원 〈월영대〉가 마주 보이는 곳에 〈강선대〉를 짓고 달을 보며 뱃놀이를 즐겼던 곳으로 전하고 있다'라고 기록하고 있다.

2. 창원을 찾아 최치원을 추억하다

최치원의 유적이 있는 창원시 마산합포구 〈월영대〉와 진해구의 〈청룡대〉, 〈강선대〉에는 천 년 세월이 흘러오면서 선비, 학자, 문인, 묵객들이 찾아와서 최치원의 흔적을 따라 순례하면서 시문詩文을 남기고 그의 학문과 인격을 흠모하였다. 고려시대 문신 정지상鄭知常을 비롯하여 학자 김극기金克己, 충신 채홍철蔡洪哲, 학자 안축安軸, 조선시대 학자 이첨李詹, 문신 정이오鄭以吾, 박원형朴元亨, 대학자 퇴계 이황李滉, 의사 정문부鄭文孚, 박사 해朴師海, 신지제申之悌, 손기양孫起陽, 이민구李敏求 등이 〈월영대〉를 순례하고 남겨 놓은 시가 《동문선東文選》, 《신증동국여지승람輿地勝覽》 등에 수록되어 있다. 2001년에는 마산문인협회에서 〈월영대〉를 찾아 시를 남긴 명현 13명을 선정하여 창원시 마산합포구 '창원시립 마산박물관' 앞에 시비를 세워 기념하고 있다.

푸른 파도는 넓고 아득하며 돌은 우뚝하고 뾰족한데	碧波浩渺石崔嵬
그 가운데 고운이 노닐던 봉래산 학사대가 있구나	中有蓬萊學士臺
늙은 소나무 단가에는 거친 풀이 우거졌고	松老壇邊蒼蘇合
구름 낀 하늘 끝에서 조각배 오네	雲低天末片帆來
백 년 풍류에 시구는 새로운데	百年風雅新詩句
만리 강산에 술잔을 기울이네	萬里江山一酒杯
고개 돌려 계림을 보니 사람은 보이지 않는데	回首鷄林人不見
부질없는 달빛이 물 도는 바다만 비추네	月華空炤海門回

— 정지상(?~1135년) 「월영대 시」 《두곡세지》 전문

기이한 바위가 바닷가에 우뚝하니	寄岩枕海聳巍巍
모두들 유선이 읊조리던 축대라 말하네	共說儒仙舊詠臺
달 그림자는 몇 번이나 이즈러졌다가 다시 차건만	月影幾虧還復滿
구름 자취는 영구히 가고 일찍이 오지 않네	雲瑄長往未曾來
소인은 글 짓는 곳에 자주 붓을 휘두르고	騷人賦處頻揮翰
주객은 만날 때마다 여러 번 잔을 드네	酒客邀時屢擧杯
훌륭한 경치를 못 잊어 갈 길을 온통 잊었고	戀勝都忘前去路
겹친 호수와 야단스러운 영이 사방을 둘렀네	重湖亂嶺四縈廻

— 김극기(1379~1463년) 「월영대 시」《두곡세지》 전문

문장과 행적이 우뚝하게 된,
최치원 선생이 문득 생각이 나 이 누각에 올랐더니,
바람과 달 좋은 경치는 신선이 된 선생을 따라가지 않았고,
안개 낀 물결과 갈매기는 오라고 서로 부르고 따르는구나.
비 개니 난간 밖으로 산 경치 짙고,
봄 다 가매 송홧가루는 술잔에 날아드네.
속세를 멀리한 심정 다시 거문고 가락에 담기어,
비구름 감도는 참으로 좋은 때일세.

文章習氣轉崔嵬	雨晴山色濃低檻
忽憶崔侯一上臺	春盡松花亂入盃
風月不隨黃鶴去	更有琴心隔塵土
烟波相逐白鷗來	也時好與雨雲廻

— 채홍철(1262~1340년) 「월영대 시」《한시작가작품사전》 전문

바다 위에 층층으로 솟은 대가 가장 볼 만한 경치인데	海上層臺景最奇
물결 비추는 명월은 몇 번이나 찼다가 이지러졌을까	照波明月幾盈虧
모름지기 고운의 시구를 다시 읊조리지 마라	不須更詠孤雲句

고금의 어진 인재도 한때뿐이리니	今古賢才各一時

― 안축(1287~1348년) 「월영대 시」《두곡세지》 전문

높은 저 두척산	蔚彼斗尺山
검푸른 빛이 구름 끝에 비꼈네	黛色橫雲表
동남으로 푸른 바다에 임해서	東南缺滄溟
안개와 비가 저절로 어둡다 개었다 한다	霧雨自昏曉
옛날 고운 선생이	伊昔孤雲仙
숲속에 집 짓고	結構遠林杪
월영대를 거닐었네	逍遙月影臺
정기가 가을 하늘과 함께 아득하도다	氣與秋天杳

― 이첨(1345~1405년) 「월영대 시」《두곡세지》 전문

내가 최유선을 생각하며	我思崔儒仙
옛날 바닷가 층대에 올랐도다	昔登海上之層臺
바닷물은 어이 그리 아득한가	海水何森茫
곁에는 두어 점 청산이 펼쳐 있다	傍邊數点靑山開
유선은 갔어도 명월은 남아	儒仙一去明月在
맑은 빛이 은빛 조수와 함께 온다	霽色夜頌銀潮回
고단한 객이 홀로 올라 가을 생각 많지만	倦客獨登秋意多
이 사이에 초재가 없을 수 없구나	此間不可無楚才

― 정이오(1354~1434년) 「월영대 시」《두곡세지》 전문

멀리서 나그네가 유유히 옛 곳을 찾아오니	遠客悠悠訪古來
봄 깊은 바닷가에는 들꽃이 피었구나	春深海岸野花開
빈 대에는 달그림자가 천년을 실었는데	臺空月影餘千載
수심 어린 사람이 하루에도 아홉 바퀴나 도누나	人在愁腸日九廻
깊은 골짜기 단풍 숲은 비단보다 붉고	萬壑楓林紅勝錦
한 웅덩이 가을 물은 이끼보다 더 푸르네	一泓秋水碧於苔

| 고운은 돌아오지 않고 산만 예와 같으니 | 孤雲不返山依舊 |
| 쓸쓸하고 아득한 회포를 술잔에 붙이노라 | 落落幽懷付酒盃 |

— 박원형(1411~1469년) 「차운次韻」 시 《두곡세지》 전문

월영대 앞에 달은 아직도 있건만	月影臺前月長在
월영대 위의 사람은 이미 갔네	月影臺上人已去
고운이 고래를 타고 하늘로 올라간 뒤	孤雲騎鯨飛上天
흰 구름만 아득하여 찾을 곳이 없구나	白雲渺渺尋無處
고운이여 고운이여 그대 진정 유선이라	孤雲孤雲眞儒仙
천하 사해에 명성을 전하였네	天下四海聲名傳
고변 휘하의 조직으로	高駢幕下客如織
재주와 기상을 뛰어난 격문으로 황소의 난을 토벌했네	才氣穎脫黃巢檄

— 서거정(1420~1488년) 「월영대」 시 《두곡세지》 전문

천 년 전 고운이 놀던 대에 내가 올라서	孤雲千載我登臺
강산 어느 곳에 한 잔 술을 부을까	何處江山酹一杯
보아하니 세상일은 이제 또 심하건만	世事看來今又甚
한 구역의 바람과 달에 슬퍼할 리 없네	一區風月不須哀

— 김극성(1474~1540년) 「월영대」 시 《두곡세지》 전문

나라가 위태로울 때 일찍이 시절을 걱정하는 책문을 올렸는데
기운이 흩어지고 도둑을 물리친 격문만 전하네
높은 재능으로 단정히 앉으면 때를 만나지 못함이 많은데
태산 같은 천령으로 아깝게도 부절符節을 나누었네
세 곳의 거칠어진 대(임경, 월영, 해운)에는 자취가 같은데
구름이 날리고 물이 흘러 아득히 오르기 어렵네
선뜻 풍경을 나누어 나에게 넘겨주니
늦게 태어나 공상 또한 완고함을 어찌하랴

邦危曾上憂時策　三處荒臺迹一般
氣死還傳檄寇文　雲飛水逝杳難攀
正坐高才多不偶　肯敎物色分留我
泰山天嶺惜符分　爭奈生遲骨亦頑
　　　　—정사룡(1491~1570년) 「월영대 시」《두곡세지》 전문

늙은 나무 기이한 바위 푸른 바닷가에 있고	老樹奇巖碧海堧
고운이 노닌 자취 모두 연기 되고 말았구나	孤雲遊亦總成烟
이제 다만 높은 대에 달만이 남아	只今唯有高臺月
그 정신 남겨 내게 전해 주는구나	留得精神向我傳

　　　　—이황(1501~1570년) 「월영대 시」(네이버지식백과) 전문

푸른 산은 외딴 바닷가에 우뚝한데	蒼山際海落崔嵬
그 아래 고운이 세운 옛 대가 있다네	下有孤雲舊築臺
아련히 학 타고 가신 그때를 바라보노라니	悵望當年乘鶴去
쓸쓸하다, 오늘은 물새만 떠도네	蕭條異代颺鳧來
대에 걸린 시 이어 읊고 선인의 말 추억하여	題詩剩作懷僊語
자주 술잔 기울여 달에게 물어 보네	對酒頻傾問月盃
하룻밤 푸른 파도에 생각은 한이 없는데	一夜滄波無限意
밝은 달빛은 옛사람 비추고 돌아오네	淸光曾照古人回

　　　　—신지제(1562~1624년) 「월영대 시」《두곡세지》 전문

태백산 남쪽 지리산 동쪽	太白山智異東
환주의 빼어난 경치가 봉래산 같네	還珠勝致似壺蓬
인가의 무너진 울타리는 천년을 흐르고	人家蘺落千年碧
관사 문 앞에는 백일홍이 붉었네	官舍門庭百日紅
원나라 장수 기풍 날리던 행성은 사라졌고	元將候風行省廢
달을 사랑하던 최선의 옛 대가 텅 비었네	崔仙翫月古臺空

> 지금은 어부와 나무꾼의 노래만 남았고　　　　只今留與魚樵唱
> 나머지 반은 취옹의 몫이라네　　　　　　　　一般平分屬醉翁
> 　　　　　　　― 정문부(1565~1624년) 「월영대 시」 《두곡세지》 전문

3. 서원書院과 영정影幀

● 월영서원과 두곡서원

　최초의 '월영서원月影書院'은 현 창원시 마산합포구 월영동(현재 경남대학교 구내)에 당시 지방 유림들의 결의를 거쳐서 최치원의 학문과 업적을 추모하고 영정과 위패 봉안을 목적으로 1713년(숙종 39년)에 창건되었다. 선현 배향과 지방 교육의 일익을 담당해 오다가 대원군의 전국 서원 철폐령에 따라 1869년(고종 6년)에 폐쇄되었다. 월영서원이 폐쇄된 후 1900년도에 들어와서 경주 최씨 집성촌인 창원시 마산회원구 두척동 두곡마을에 '두곡강당'이라는 명칭으로 건물을 지어서 서원을 복원하고, 1983년 10월에 '두곡서원斗谷書院'이라 개칭하여 오늘에 이르고 있다.

● 두곡영당斗谷影堂과 최치원 영정

　'두곡영당'은 '두곡서원'과 함께 창원시 마산회원구 두척동 637번지에 소재해 있으며 문창후 최치원 선생 영정을 모신 곳이다. 두곡영당의 전신인 '월영서원'에 봉안되어 있던 최치원 영정과 신위神位, 제기를 1868년에 창건된 두곡영당에 봉안해 왔다. 1902년에 들어서 영당각을 별도로 증수하면서 기존 영정이 낡아 하동 향교에 있던 쌍계사본 영정(현, 하동 운암영당 소장)을 모사해 교체하기로 문중의 결의를 모아 1901년에 하동군수에게 청원하여 같은 해 6월 1일에 승인을 받아 모사 작업을 거쳐서 임시로 두곡강당에 안치하다가 1904년에 신 영정을 '두곡영당'에 이관하여 봉안하게 되었다고 '경주최씨두곡문중회'의 《두곡세지斗谷世誌》에 기록하고 있으

며 매년 양력 4월 18일에 향례를 지내고 있다.

4. 경남대학교 부설 고운학연구소

경남 창원시 마산합포구 월영동에 소재하고 있는 경남대학교(총장 박재규)에서는 부설로 최치원의 학문과 사상을 연구하는 '고운학연구소'를 2015년 9월 1일에 개소하여 본격적으로 고운학을 연구해 체계적으로 학문화하고 있다. 전국적으로 대학에서 최치원 관련 연구소를 설립한 것은 경남대학교가 유일하다. 초대 소장은 동 대학 국어국문학과 김정대 교수가 맡았다. 경남대학교는 최치원과 밀접한 관련이 있는 곳으로, 학교 바로 옆에 유명한 〈월영대〉가 있고 교내에는 《삼국사기》에 소개한 바 있는 최치원의 〈별서〉와 역마驛馬가 있었으며 조선시대에는 이 곳에 '월영서원'을 창건하여 영정을 봉안한 곳이다. 경남대학교에서는 고운 최치원 선생의 학문과 사상을 연구하는 메카로 육성해 나가는 한편 수시로 최치원 학술대회를 개최하는 등 고운 최치원 학술 연구 사업을 펼쳐 나가고 있다.

함양과 최치원

최치원이 태수(군수)로 재직하였던 함양군은 통일신라 9주 5소경 중에 강주康州(진주)의 천령군天領郡에 속했으며 하부에 이안현, 운봉현을 두고 있었다. 최치원과 함양의 인연은 최치원이 천령군 태수(함양군수)로 재직시 맺은 인연이었다. 앞에서 논한 바 있으나, 최치원의 함양군 태수 역임 사실은 우선 편지글로 확인된다. 즉, 최치원이 지우 관계이던 합천 해인사 희랑希朗 스님에게 부친 시의 내용이《동국여지승람》권31과《함양명환록咸陽名宦錄》에 기록되어 있는데, 시의 말미에 '방로태감 천령군 태수 알찬 최치원防虜太監天嶺郡太守遏粲崔致遠'라 자신의 직명을 기록해 둔 데서 이 사실을 확인할 수 있는 것이다.

군수 재직 시기에 대하여는 현재 전북 정읍시 칠보면 무성리에 있는 무성서원武城書院의 「창건 유래비」에 '최치원이 함양咸陽(천령天嶺)군 태수로 전임하니, 그를 사모하는 뜻으로 생사당生祠堂을 세우고 태산사泰山祠라 하였다'는 기록이 있다. 위 기록으로 최치원은 890년에 먼저 태산군(전북 태안) 태수에 임명되었으며, 두 번째로 함양군 태수, 세 번째로 부성군 태수로 전보된 것이 분명해 보인다.

함양군 태수로 재직한 시기를 유추해 볼 수 있는 또 다른 기록으로는 《고운 최치원선생 문집》의 사적 일람표가 있다. 거기에는 890년 태산군 태수(전북 태인)로 임명되어 재직하는 동안에 견훤이 완산(전주) 일대를 점거하고 무진주를 습격하여 동남부의 군과 현이 견훤 휘하로 넘어갔다는 기록이 있는데, 이로 보아 태산군 태수의 직무 수행이 불가능해짐에 따라서 891년에 천령군 태수로(함양군수)로 온 것으로 보인다고 학계에서는 보고 있다.

'함양 역사 연표咸陽歷史年表'에도 '최치원이 891~892년 사이에 함양군 태수를 지냈다'고 되어 있다. 또 다른 주장으로는 지방 태수로 재임한 순서를 첫 번째가 태산군 태수, 두 번째가 부성군 태수, 세 번째가 함양군 태수로 전보되었다는 기록도 있다. 그러나 이 주장은 《삼국사기》 열전의 최치원 편을 읽어 보면 잘못된 주장이라는 것을 알 수 있다.

당 소종唐昭宗 경복景福 2년(893년) 납정절사納旌節使 병부시랑兵部侍郎 김처회金處誨가 바다에 빠져 죽었으므로 곧 추성군 태수 김준金峻을 고주사告奏使로 삼아 보냈다. 이때 치원은 부성군 태수로 있다가 부름을 받고 하정사賀正使가 되었으나 그즈음 해마다 흉년이 들고 그에 따라 도적이 사방에서 일어나 길이 막혀 가지 못하였다. 그 후에도 치원이 사신으로 당에 간 적이 있으나 다만 어느 해였는지는 알 수 없을 뿐이다.

— 김부식《삼국사기》열전 최치원 조(이상래 역) 일부

《삼국사기》본전과 열전의 기록을 볼 때 893년 최치원이 부성군 태수로 재직하는 동안 하정사에 임명되었고 다음 해인 894년 2월에 왕에게 올린 〈시무 10여조〉가 좌절되자 부성군 태수직을 사퇴하고 합천 해인사에 칩거하면서 895년에 〈묘길상탑기〉를 지었다는 결론이 나옴으로써 태산군 태수에 이어 두 번째로 함양군 태수로 전보되어 간 것이 분명해진다.

또한 경주박물관장을 역임하고 문화재전문위원으로 활동하였던 최치원 연구자 홍사준(1905~1980년)은 그의《최치원 선생의 일생》이란 유고집遺稿集에서《동국여지승람》에 기록되어 있는 최치원이 합천 해인사 희랑승에게 보낸 서신에서 '방로태감防虜太監 천령군태수天嶺郡太守 알찬遏粲 최치원崔致遠' 중 '알찬'이란 직함이 894년에 진성여왕께 올린 〈시무 10여조〉 정치개혁안 상소로 받은 '아찬'이란 벼슬과 동일하다고 주장하는 바, 이는 〈시무 10여조〉를 올리기도 전에 아찬으로 승급되었다는 것이 되므로 잘못된 기록이라는 것이 분명해진다. 희랑승에게 보낸 서신에 나오는 '알찬遏粲'이란 관직명에 대하여는 더욱 연구되어야 할 부분이다.

최치원은 함양군 태수로 재직하면서 큰 치적을 남겼다. 홍수 방지를 위해 〈대관림大館林〉(일명, 상림)을 조성하였으며, 시를 짓고 글을 쓰면서 후학을 가르쳤다는 〈학사루學士樓〉를 지어 지역 백성들에게 선정을 베풀었다. 후세 함양 사람들은 최치원의 공덕을 기리며 '백연서원'을 지어 그를 추모해 왔으며 '상림공원' 숲속에는 '문창후최선생신도비文昌侯崔先生神道碑', '사운정思雲亭'을 세워 추모해 왔으며, 2018년 4월에는 사업비 110억 원을 투입하여 상림공원 일대 1만8,521㎡를 '최치원 역사공원'으로 지정하여 '고운 역사관'과 '상림관'을 개설하여 최치원의 영정을 봉안하고 동상을 세우는 등 '최치원 르네상스' 사업 추진을 완료하였다.

1. 수령으로 선정을 베풀다

● 대관림大館林의 조성

〈대관림〉은 현재 함양군 함양읍 대덕리에 소재하고 있는 숲이다. 당초 상림上林과 하림下林을 총괄하여 〈대관림〉이라 하였으나 오랜 세월을 내려오는 동안 하림은 없어지고 현재는 상림만 남게 되어 일반적으로 '상림上林'이라 부르고 있다.

당시 함양읍 운림리를 흐르는 위천이 여름철이면 홍수로 범람하여 농경지와 함양읍을 물바다로 만드는 일이 빈번하였다. 이를 본 태수 최치원은 홍수 피해를 막기 위해 '방풍 방재 호안림'을 조성하기로 계획하고 하천을 따라 긴 제방을 쌓고 물길을 외곽으로 돌려 분산시키는 대대적인 치수사업을 시작하였다. 구역을 상림과 하림으로 나누어서 지리산과 백운산에서 다양한 수종의 나무를 이식하여 인공 숲을 조성하였다.

〈대관림〉 조성 사업은 물길을 막는 방법이 아닌 물길을 트는 방식을 적용했다 한다. 이 방법은 곧 위천 상류의 물을 한 갈래가 아닌 여러 갈래로 나눠, 인공 수림의 둘레로 물길을 돌림으로써 수량의 분산을 꾀하여 유속을 늦추는 것이었다. 이리하여 급한 물살이 하류에 도착하는 시간을 지연시킴으로써 결과적으로 하천 범람을 예방할 수 있었던 것이다. 이 사업은 홍수 피해를 근본적으로 막을 수 있는 함양군의 대역사였다. 이것은 최치원이 홍수로 고통받고 있는 백성들을 위한 그의 따뜻한 위민爲民 정신으로 두고두고 사표師表가 되기도 하였다.

이 〈대관림〉은 우리나라에서 가장 오래된 최대 규모의 인공 방재림으로 역사적 의의와 함께 고대 우리 선조들이 홍수 피해로부터 농경지와 마

오늘날 상림 전경

을을 보호한 지혜를 알 수 있는 문화적 자료로서의 가치가 매우 높은 것이다. 지금 상림에 우거진 숲은 당시 심었던 수목들이 모본이 되어 계속적으로 분화하여 숲띠를 이루어 내려온 것이며, 21㏊의 면적에 122여 수종 2만여 그루의 굴참나무, 소나무, 은행나무, 밤나무, 느티나무 등 각종 수목들이 섞여 7리에 뻗쳐 있어 사시사철 단풍 녹음이 경관을 이룬다고 함양군지는 소개하고 있다. 현재 상림은 대한민국 천연기념물 제154호(1962. 12. 3.)로 지정되고 함양군립공원으로 조성하여 소중히 보호되고 있다.

● 상림上林에 내려오는 최치원 전설

《함양군지咸陽郡誌》에는 오랜 세월 내려오는 최치원에 대한 전설을 소개하고 있다.

〈전설1〉 최 태수께서는 홀어머님을 모시고 있었는데 어찌나 효성이 지극한지 남들은 흉내도 못 내었다고 한다. 조석으로 문안드리며 외출할 때에는 반드시 말씀드리고 허락을 받아 나갔으며 돌아와서도 알려 근심하지 않도록 했다. 어머님의 기쁨을 자기의 기쁨으로, 어머님의 근심을 자기의 근심으로 삼아 어머님의 뜻에 조금도 어긋남이 없는 하늘이 내린 출천지효出天之孝를 행하였다. 그러던 어느 날 어머님은 바람을 쏘일 겸 상림 숲에 놀러 나와 풀섶에 앉아 놀다가 뱀을 보고 깜짝 놀라서 집에 돌아와 아들에게 뱀에 놀란 이야기를 하였다. 이 이야기를 들은 태수는 어머니에게 송구함을 금치 못하여 성림으로 달려가서 숲을 향해 '상림에는 뱀과 개미같은 해충들은 전부 없어지고, 다시는 오지도 말라'는 주문을 외쳤다. 그 일이 있었던 이후로는 상림에는 뱀이나 해충들이 모조리 사라지고 접근하지도 않았다고 한다. 이것은 태수의 지극한 효성에 하늘이 감동하여 이루어진 출천지효라 전해지고 있다.

〈전설2〉 최치원 태수가 대관림의 조림을 마치고 숲 조성을 도와준 산짐승의 노고를 치하하고, 작업 종료 신호로 금호미를 힘껏 던졌다. 그 호미가 나뭇가지에 걸려 '땡그렁' 소리가 난 것을 시작으로 천령(함양)군에 모든 재앙이 들어오지 못하는 지상 낙토로 변했다는 이야기이다.

● 학사루學士樓

〈학사루〉는 현재 함양군 함양읍 운림리 함양군청 앞에 있으며, 최치원이 함양군 태수로 있으면서 누각을 지어 자주 이곳에서 시를 짓고 강학講學하며 주요 회의를 하거나 공무公務를 처리하던 장소로 알려지고 있다. 원래는 천령군 관아에 딸린 건물로 옆에 객사가 있었고, 동쪽에는 제운루, 서쪽에는 청상루, 남쪽에는 망악루가 있었다고 전하며, 학사라는 이름은 최치원의 전 관직이었던 '한림학사'에서 따온 것이라 한다. 시대를 거치면서 최치원을 추앙하는 많은 선비, 문인들이 찾아와서 시를 지어 자신의 회

학사루 전경

포를 묘사하기도 했으며 《한국문집총간韓國文集叢刊》에는 시의 제목에 「학사루」가 들어간 시가 6제 6수가 실려 전한다.

　조선시대 선비 김종직이 함양군수로 재직하면서 학사루에 관련한 시를 가장 많이 남겼으며, 점필재는 누각 앞에 정자나무(대한민국 천연기념물 제407호)를 심는 등 관심을 보이던 중에 당시 훈구파인 유자광의 시를 누각에 걸어 놓은 것을 발견하고 사림파였던 김종직이 철거하도록 명한 것이 사적인 원한으로 발전하여 1498년에 무오사화戊午士禍가 일어나는 원인이 되기도 하였다. 그때의 누각은 임진왜란 때에 소실되고 조선 숙종 18년(1692년)에 당시 군수로 재직하던 정무가 다시 중건했다는 기록이 발견되었다. 그후 기록으로 연암 박지원(1737~1805년)이 지은 《연암집》의 「함양군학사루기學士樓記」에 '함양군에서 동쪽으로 백무쯤 되는 거리에 성城을 임臨한 몇 칸의 누樓가 오랜 세월에 걸쳐 황폐되어 서까래가 썩고 단청丹靑이 흐려졌는데, 1794년 군수 윤후尹侯 광석이 녹봉을 희사, 대거 중수하여 누의 옛 모습을 되찾았다'고 적고 있다.

이 누각은 함양초등학교 교정에 있던 것을 1979년에 다시 지금의 함양 군청 정문 앞으로 이축한 것이다. 학사루는 경상남도유형문화재 제90호(1974. 2. 16.)로 지정되어 관리하고 있다.

2. 최치원의 공덕을 기리다

● 사운정思雲亭

'사운정'은 현재, 함양군 함양읍 운림리 '상림공원'에 위치한 정면 3칸, 측면 2칸의 팔작지붕으로 건축되어 '문창후최선생신도비' 인근에 있는데, 1906년 함양 지역 유림들이 최치원을 사모하는 뜻에서 세운 정자이다. 처음에는 모현정慕賢亭이라 하다가 '사운정'라 개칭했으며, 정자 안에는 최치원을 추모한 한시漢詩 14수와 기문記文 4편이 게시되어 있다.

● 문창후최선생신도비文昌侯崔
先生神道碑

이 '문창후최선생신도비'는 함양군 함양읍 운림리 최치원이

문창후 최선생 신도비

조성한 〈상림〉의 숲속에 세운 비각으로 1923년 최치원 후손들이 그의 치적을 기리며 세웠다고 한다.

1850년 이 비문을 직접 쓴 최병식은 이렇게 적고 있다. '선생은 함양에 이임하여 벌을 주지 않아도 교화가 가능했으며 군郡에 학사루를 세웠고 손수 긴 언덕에 나무를 심었는데(대관림 조성을 뜻함) 선생이 가신 후 함양 인사들이 주나라 소백召伯의 감당甘棠처럼 사랑하여 오래될수록 더욱 사모했고 그후 함양군에서 많은 현인이 배출됐으니 어찌 선생이 끼친 어진 풍속의 교화가 백 세까지 남아 있을 것이 아니겠는가'고 기술하고 있다. 이 신도비는 1850년 비문을 찬술하고 실제 비각을 세운 해는 비문을 쓰고 73년 후인 1923년이다.

● 백연서원柏淵書院(백연사柏淵祠)

'백연서원'은 지방 유림의 공의로 최치원崔致遠을 주벽으로 모시고 김종직金宗直을 종배終杯하여 그들의 학문과 덕행을 추모하기 위해 1670년(현종 11년)에 지금의 함양군 함양읍 백연리에 창건하여 위패를 모시고 배향配享하던 서원이다. 이 서원은 1745년(영조 21년) 고을 사람들과 함께 대대적으로 수리하였으며, 함양부사 황경원이 찬한 함양「백연서원기白淵書院記」에는 '한림 시독학사, 병부시랑, 지상서감사 문창후 최공 고운의 사당이 함양의 백연 위에 있다. 세상의 전설에는 공이 일찍이 천령을 맡았을 적에 이곳에 끼친 사랑이 있다. 그래서 천령은 지금의 함양이므로 함양 사람들이 공의 사당을 짓고 제사한다'고 기록하고 있다. 오랫동안 '백연서원'은 선현 배향과 지방 교육의 일익을 담당하여 오던 중 1869년(고종 6년) 대원군의 전국 서원 철폐령에 폐원되어 아직까지 복원하지 못하고 유허비遺墟碑만 남아 있다.

양산과 최치원

최치원과 양산의 인연

　양산은 통일신라 9주 5소경 중 양주良州(지금의 양산)에 속했으며 12개 군郡과 34개의 현縣을 거느린 중앙 조정의 직속 행정 단위로 오늘날 도道에 준하는 큰 지방 조직이었다. 최치원이 〈진감선사대공령탑비명〉 찬술을 위하여 하동 쌍계사로 들어가는 길도로 신라 시대 주요 교통로였던 5통五通 중 동해통으로 양산 원동을 지나가는 교통로에 역마가 있었던 것으로 추측되고 있다.

　이 역마에서 최치원이 1~2일 정도 머물면서 양산과 첫 인연을 맺게 되었고 후에 최치원이 모든 관직에서 물러나 은둔 생활을 하는 동안에 유람하면서 양산을 다시 찾아 〈임경대〉를 쌓고 이 지역 문인들과 상당 기간을 보낸 것으로 보인다. 《동국여지승람》의 '양산고적 조'에 의하면 '〈임경대〉는 혹 〈최공대崔公臺〉라고도 하는데, 황산역 서쪽 절벽 위에 있으며 최치원이 놀고 즐기던 곳으로 고운 선생의 시가 있다'라고 소개하고 있다. 여기에 나오는 황산역은 최치원이 머물다 간 역마驛馬가 아닌가 생각된다.

● 임경대臨鏡臺

　〈임경대〉는 양산시 원동면 화제리 오봉산 제1봉의 7부 능선쯤에 있는 바위 봉우리이다. 이곳에서 바라보는 황산강(낙동강)에 비친 산의 모습이 마치 거울과 같다 하여 최치원이 이곳에 돌을 모아 대臺를 쌓고 〈임경대〉라 이름 지어 즐기던 곳으로 최치원이 지은 〈임경대 제영〉이란 한시가 전해지고 있다. 최치원은 〈임경대〉에서 조망되는 황산강(낙동강)과 그 건너편 산야의 수려한 풍경을 바라보면서 명상에 잠겨 시를 읊으며 유상하던

최치원이 〈임경대〉에서 조망한 황산강(낙동강) 전경

곳으로 유명하며 일명 고운대孤雲臺 또는 최공대崔公臺라고도 부르고 있다.

● 최치원이 남긴 〈임경대 시詩〉

　고려시대 시문詩文으로 유명한 최자(1188~1260년)가 쓴, 《보한집》에 의하면 '김해부의 황산강(당시는 김해에 속했던 것으로 보임)이 흘러 6~7리쯤 내려가서 푸른 낭떠러지가 불끈 솟아 산봉우리 앞에 두고 강을 옆에 낀 연촌 10호가 모두 대나무 울타리 띠집으로 아름다운 그림 속에 있는 것 같다. 최치원은 이곳에다 돌을 모아 대臺를 쌓아 〈임경대〉라 이름 짓고 석벽에 시를 새겼다. 세월이 오래되어 대가 무너지고 석벽에 새긴 글씨가 없어지매 뒷사람이 그 글을 황산루에 옮겼다'고 기록하고 있다. 최치원이 어지러운 세상을 비관하여 벼슬길에서 물러난 뒤 〈임경대〉를 찾아서 황산강(낙동강)의 풍광을 바라보면서 그의 심경을 읊은 칠언절구의 각석시刻石詩가 있었다 하나, 현재 시만 전해지고 옛 터는 찾을 길이 없다. 이 시는《고운집》에는 〈임경대 제영〉,《동문선》에는 〈황산강 임경대〉란 제목으로 수록되어 있다.

멧부리 웅긋중긋 강물은 넘실넘실	煙巒簇簇水溶溶
집과 산 거울인 듯 서로 마주 비치는데	鏡裏人家對碧峯
돛단배 바람 태워 어디로 가 버렸나	何處孤帆飽風去
나는 새 어느 결에 자취 없이 사라지듯	瞥然飛鳥杳無踪

—최치원 〈임경대 시〉(이은상 역) 전문

● 정임교가 남긴 「경파대 제영 시」

'경파대'는 양산시 물금읍 물금리 산 6-1에 있는 고적지로 조선 말기 사헌부 감찰 등을 역임한 정임교가 이름 지어 지내던 곳으로 자신을 최치원의 〈임경대〉에 빗대어 읊은 최치원 차운 칠언절구시가 있어서 여기에 소개한다.

자리 잡은 돌을 대臺로 삼아 경파대라 이름하였으니	占石爲臺號鏡波
고운孤雲의 임경대 아래에 또 하나의 대를 더하였구나	孤雲臺下一臺加
시선詩仙이 떠난 뒤에도 승지勝地를 남겨 두었으니	詩仙去後遺餘地
여기서 노닐 사람 기다리며 많은 세월 흘렀네.	企待遊人歲月多

—정임교 「경파대 제영 시」 전문

산청과 최치원

　산청군은 통일신라 후기에 궐성군闕城郡 소속의 영현에 속했다. 최치원은 말년에 합천 가야산과 하동 쌍계사를 오가면서 은둔 생활을 한 것으로 보아, 산청은 하동 쌍계사와 합천 가야산을 잇는 중간 길목으로 오가면서 단속사斷俗寺나 법계사 등 지리산 근처 사찰에서 며칠씩 유숙하면서 머물다 간 것으로 보인다.

　조선시대 함양에는 사근역沙斤驛이라 칭하는 역이 있었다. 함양↔산청↔단성↔진주↔하동↔남해, 산청↔삼가↔합천으로 이어졌으며 사근역도沙斤驛道라고 불렀다. 이 역도는 1894년 갑오경장 때까지 존속했으며 최치원이 이 역도를 이용하여 은둔지인 합천 가야산에서 단성 단속사, 하동 쌍계사로 오간 것으로 보인다. 최치원과 산청의 인연은 지리산에서 찾아야 할 것 같다. 최치원이 지리산 신선이 되었다고 할 만큼 지리산과의 인연이 깊기 때문이다.

　산청군 시천면 쪽의 지리산 자락에는 최치원이 살았다고 전해지는 고운동 계곡이 있다. 산의 가장 높은 곳에 위치하고 있는 법계사는 최치원이 시를 짓고 명상에 잠기어 수양한 곳으로 전해지는 문창대와 너덜 암반이 있다. 또 그 아래에는 기단 모양의 갈라진 입석이 서로 등을 기대어 하늘을 향해 버티고 서 있는데 이를 향적대라 부른다. 향적대는 최치원이 함양군 태수로 있을 때에 이곳에 찾아와서 활쏘기를 했다는 곳으로 시궁대失弓臺, 혹은 고운대孤雲臺라 불리다가 후에 문창대라 했다고 한다. 이처럼 최치원이 머문 흔적들이 산청 지역 쪽의 지리산 곳곳에 남아 있고 단속사 입구의 석벽에는 최치원의 친필이라는 〈광제암문廣濟嵒門〉 각석이 전해져 오고 있다.

● 단속사斷俗寺

산청군 단성면 운리에 있었던 단속사 창건에 관하여는 《삼국유사》에 두 가지 설이 있다. 일설은 748년(신라 경덕왕 7년)에 왕의 충신 이준李俊/이순李純이 조연소사를 개창하였다는 것이다. 또 하나는 763년(경덕왕 22년)에 현사賢士 신충信忠이 벼슬을 떠나 지리산에 들어와 삭발하고 왕을 위하여 절을 창건하고 속세와의 인연을 끊는다 하여 '단속사斷俗寺'라 하였다는 것이다.

단속사는 통일신라 때 창건되어 천여 년의 법통을 이어온 고찰로서 신라의 명화가 솔거가 그린 유마거사상維摩居士像의 유마거사가 수도하였던 곳이다. 또 《동국여지승람》에는 고운의 독서당 讀書堂이 사찰에 있었다는 것으로 보아 그가 이 절에서 공부하면서 상당 기간을 머문 것으로 보인다.

단속사는 한때 쌀뜨물이 10리를 거쳐서 내려간다는 아주 큰 사찰이었다 한다. 1568년에는 서산대사가 이 절에서 편찬한 불佛·선仙·유儒를 다룬 《삼가귀감》의 목판과 불상 등이 진주 유생儒生들에 의해 파괴되고 이어서 정유재란 때 왜군이 불질러 타버린 후에 일시 재건하였으나 현재는 폐사되었고, 절터에는 국가 보물 제72호와 제73호로 지정된 동삼층석탑과 서삼층석탑이 남아 있으며, 절로 들어오는 동구에는 최치원이 썼다는 〈광제암문廣濟嵒門〉 각석刻石이 있다.

● 광제암문廣濟嵒門 각석

이 각석은 현재 산청군 단성면 입석리 용두마을 단속사지斷俗寺址로 가는 길 뒷산의 개울가 큰 바위벽에 새긴 〈광제암문廣濟嵒門〉이란 큰 글씨로, 어제 쓴 듯 선명하다. 글의 의미는 '많은 사람을 도와 이롭게 한다' 또는 '넓게 깨달음을 얻게 한다'는 뜻으로 모두가 불국정토에 들어가는 입구에서는 마음을 정제하고 맑은 마음으로써 부처님을 대면하라는 뜻으로 해석되고 있다. 이 글씨의 주인공에 대해서 《동국여지승람》 '진주조'에 의하면

〈광제암문〉 각석 근경

'단속사는 지리산 동쪽에 있으며 동구 입구에 최치원이 쓴 〈광제암문〉이란 네 글자를 새긴 돌이 있다'라고 기록되어 있다.

조선시대 탁영濯纓 김일손金馹孫(1464~1498년)의 「속두류록續頭流錄」에도 '단성丹城에서 서쪽으로 약 15리쯤 험한 길을 구불구불 다 지나고 나면 널찍한 언덕이 나온다. 거기에서 단애를 따라 북쪽으로 3, 4리쯤 가면 곡구谷口가 나오는데, 그 입구에 바위를 깎아 새긴 〈광제암문〉이라는 네 글자가 있는데 글자의 획이 강직하고 고아古雅한데, 최고운의 수적手迹이라고 세상에서 전한다'고 기록하고 있다. 한편으로는 이 각석을 일제 강점기인 1919년에 발행된 《조선금석총람朝鮮金石總覽》(상上, 232쪽) 단속사 동구 석각斷俗寺洞口石刻은 '995년(고려 성종 14년)에 이 절의 석혜釋慧 스님이 쓰고 석효선釋曉禪 스님이 음각하여 새긴 것으로 되어 있다'고 하고 있어 글씨의 주인공에 대한 정확한 결론은 아직까지 내리지 못하고 있다.

거창과 최치원

　거창군과 최치원에 관련한 옛 기록은 찾아보기 어렵고, 전설로 전해 내려오는 이야기가 1991년도에 발행한 《거창의 역사》에 다음과 같이 적혀 있다. '그가(최치원) 천령 태수로 함양에 오가던 때인지 아니면 말년의 유랑 생활에서 가야산에 은둔할 때인지는 모르나, 지금의 거창군 가북면 몽석골에 온 적이 있었다'라고 기록하고 있다. 이곳에 최치원이 손수 심었다는 거목의 소나무가 있었으며 이를 기리기 위해 최치원 수식송이 있던 가북 저수지 위 수도산록修道山麓에 고운정孤雲亭과 송풍대送風臺를 설치하고 '문창후수식송유지비'를 세워 추모하고 있다. 또 가조면 소재 '고견사'는 최치원이 머무르기도 했으며 경내에는 최치원이 심었다는 은행나무가 전해 오고 있다.

●송풍대送風臺와 고운정孤雲亭

　최치원이 난세를 당하여 천하를 주유하다가 '고견사'를 거쳐 이곳에 오면 송풍대에서 휴식을 취하면서 시도 짓고 학자들이나 마을 사람들에게 학문을 이야기하기도 하였다 하여, 이곳에 고운정을 세웠다고 전해 오고 있다.

송풍대

고운정

● 문창후 최선생 수식송 유지비文昌侯崔先生手植松遺址碑

　거창군 가북면 몽석리 내촌에 있는 맑은 시냇가 기암괴석 언덕 위에 돌을 모아 대臺를 쌓았는데, 그 위에 수백 년이 넘은 노송 여섯 그루가 창창히 우거져 있다. 비록 최치원이 손수 심은 노송은 아닐지라도 옛 정취를 느끼면서 고운을 사모하는 심정으로 1887년에 홍문관 제학 이재완이 '비문'을 짓고 1896년 11월에 비를 세웠다고 한다. 비문에는 '고운이 손수 심은 소나무가 거창에 있었는데, 지금은 찾아볼 수 없고, 다만 송풍대松風臺란 명칭만 남아 있다'고 하면서 '이 고을의 그 옛터에 비를 세워 태산처럼 첨앙瞻仰하는 마음으로 문창후최선생수직송유지비文昌侯崔先生手植松遺址碑를 세운다'라고 기록하고 있다.

사천과 최치원

● 남일대南逸臺

　현재 〈남일대〉는 사천시 향촌동에 소재하고 있는 '남일대해수욕장' 근처로 추정된다. 최치원이 이곳의 수려한 경관을 관망할 수 있는 대臺를 쌓아 〈남일대〉라 이름 지어 유상한 곳이다. 당시에는 이곳이 고성군 또는 하동군에 속했을 가능성이 있다. 최치원이 사천 남일대에 오게 된 동기는 두 가지로 유추할 수 있다.

　첫 번째는 최치원이 〈진감선사대공령탑비〉를 세우기 위해 쌍계사로 들어오는 길목인 이곳에 유숙하면서 맺은 인연이며, 또 다른 하나는 그가 은둔 기간 중에 전국을 유람하면서 다시 찾아온 곳으로서 맑고 푸른 바다와 해안의 백사장 그리고 주변의 절경에 매료되어 '남녘에서 가장 빼어난 절경'이라 칭하면서 이곳에서 상당 기간을 머물다 간 것으로 여겨진다. 근래에 들어와서 이곳 남일대해수욕장 해변에는 최치원을 추모하기 위해서

남일대해수욕장에 세워진 '고운 최치원 선생 유적비'

2012년 '남일대보존회'가 결성되어 '고운 최치원 선생 유적비'를 건립하여 추모하고 있으며, 청소년에게 '최치원 문학상'을 제정하여 해마다 시상하고 있다.

● 다솔사多率寺

다솔사는 사천시 곤명면 용산리 봉명산에 소재하고 있다. 신라 지증왕 12년인 511년 조사祖師 연기緣起가 영악사라 창건하고, 중간에 의상대사가 영봉사라 개칭하였던 것을 신라 말 경문왕(861~875년) 때에 도선국사道詵國師가 절을 손질하여 다시 다솔사로 개칭하였다 한다. 최치원과 이 절과의 인연을 보면, 다솔사 측의 기록에 '최치원이 자주 들러 차를 마시며 머물렀다'고 쓰고 있다. 이 사실은 그동안 최치원 고적에는 한 번도 다루어진 사실이 없으나 필자가 우연히 '다솔사 역사 인물' 편에 기록되어 있는 것을 발견하고 여기에 소개해 본다.

한편, 다솔사를 개창한 도선국사(827~898년)는 우리나라 풍수지리의

사천시 곤명면에 있는 다솔사

개조開祖로서 최치원의 활동기와 비슷한 통일신라 후대의 인물이다. 풍수 사상에도 박식했던 최치원과 어떤 관계에 있었는지, 도선과 친분으로 이 절에 왔는지 궁금하다. 도선국사는 경북 의성에 있는 고운사孤雲寺(당시는 고운사高雲寺)에서도 수도하면서 절을 크게 일으켜 세웠는데, 최치원도 이 절에 머물면서 여지如智와 여사如事라는 두 대사와 함께 가허루와 우화루를 세웠다고 기록하고 있다. '다솔사와 고운사', '초치원과 도선국사' 두 사람이 두 사찰에 동시에 머물렀을 가능성과 두 사람이 풍수지리 사상과 관련하여 어떤 교류가 있었는지 자못 궁금하다 하지 않을 수 없다.

남해와 최치원

남해군은 통일신라 때부터 남해군으로 명명했으며 그 밑에 난포현과 평산현을 두고 있었다. 최치원과 남해에 관한 기록으로는 조선시대 실학자 이중환(1690~1752년)이 지은 우리나라의 지리서인 《택리지擇里志》의 '복거

총론 산수조'에 의하면 '남해에 금산동천錦山洞天이 있으며 고운 최 선생께서 유상하시던 곳으로서 석벽에 고운 선생의 친필 〈금산동천〉 석각이 남아 있다'라 기록하고 있는 것으로 보아 당시까지만 해도 친필 각석이 남아 있었던 것으로 보인다.

아울러 금산동천 인근에 있는 삼동면 관내에는 동천이라는 마을 이름이 있는데 최치원과 어떤 관계가 있는지 이것 또한 흥미롭기만 하다. 남해와 최치원에 관련한 기록은 《택리지》의 기록이 유일하다. 최치원이 남해에 오게 된 것을 추측해 보면, 하동 쌍계사에서 은둔 생활을 하던 중에 남해의 향유 또는 선비들의 초빙을 받아 온 것이 아닌가 싶다. 지금의 남해 금산이나 삼동면 동천 마을 어딘가에 〈금산동천〉이란 네 글자의 최치원 친필 석각이 있을 것으로 확신하는 바 발굴이 꼭 이루어지기 바란다.

남해군 상주면에 있는 〈금산동천〉

part 1

최치원의 영정 이야기

경남 지역에서 발원되다

최초의 최치원 영정은 경남 지역의 〈진감선사대공령탑비〉를 지은 하동 쌍계사와 말년에 은둔 세월을 보낸 합천 가야산 해인사 두 사찰에서 발원되었다.

국립중앙박물관장을 지낸 최순우崔淳雨(1916~1984년)는 「고운 최치원 선생 존영에 대하여」란 연구 논문에서 최치원의 영정을 크게 해인사본과 쌍계사본으로 나눌 수 있다고 발표한 바 있다.

신라 말기 최치원 사망 후에 그의 공덕을 기리기 위해 두 사찰에서 처음 발원된 것이 영정 조성의 연유가 되었던 것이다. 그러던 것이 고려 건국 후 그가 내사령內史令과 문창후文昌侯에 추봉되고, 유학자 유종장으로서 공자 문묘文廟에 배향되면서부터 영정 봉안이 점차 늘어나기 시작했다. 조선 시대에 들어와서는 서원書院과 새로운 사당祠堂이 많이 생기고 각 최씨 문중에서도 앞다투어 영정 봉안이 확대되면서 영정은 두 사찰의 모본 영정으로부터 이모移模되어 전국적으로 퍼져나가게 되었다.

오늘날 최치원 영정을 봉안하거나 소장하고 있는 대표적인 곳으로는 안동 용강서원, 청도 학남서원, 옥구 문창서원, 정읍 무성서원, 진주 서악서원, 경주 상서장, 대구 구회당, 영덕 금운사, 서산 부성사, 서천 도충사, 익산 단동사, 포천 청성사, 순창 지산사, 대구 대곡영당, 광산 지산영당, 하동 운암영당, 창원 두곡영당, 울진 아산영당, 국립박물관 등이 있으며 1981년에는 정부 표준 영정(남계 이규선 화백)이 조성되어 현재 '국립현대미술관'이 소장하고 있다.

그 외 외국에 있는 영정으로는 중국에서 관직 생활을 하던 강소성 양조우시揚州市 당성唐城 '최치원기념관'과 율수현위로 근무하던 지금의 강소성 남경시 '율수영수탑'에 전시된 것이 있고, 일본에서는 '천리대학'에서 소장하고 있다. 현재 총 25여 종의 최치원 초상화가 존재하고 있으며 그 형상形像 또한 유학자 모습에서부터 관료, 신선에 이르기까지 다양하게 묘사되어 있다.

현대에 들어와서는 영정 봉안뿐 아니라 흉상 조성이 활발해지고 있다. 1984년 부산광역시 해운대 동백섬에 최치원 동상 건립을 시작으로, 2018년 4월 그가 태수(군수)로 재직하던 경남 지역의 함양군 상림공원 내 '최치원 기념관'에 동상을 건립하였다.

최치원이 유학하여 관직 생활을 하던 중국에서도 동상이 건립되었다. 선주 율수현위로 재직하던 옛 관아 터와 회남절도사 관하에서 도통순관으로 재직하던 양조우의 당성唐城 내 광장과 '최치원 기념관'에도 2000~2007년에 3개의 동상을 건립하여 그를 추모하고 있으며, 앞으로도 국내외에서 동상 건립이 늘어날 전망이다.

해인사본 영정

합천 해인사에서 최치원 영정을 조성한 사실은 《동국여지승람東國輿地勝覽》에 전하고 있다. "그가 모든 관직에서 물러나(898년) 합천 가야산에서 가족과 함께 은둔 세월을 하다가 어느 날 아침에 일찍 일어나서 집을 나간 뒤에 갓과 신발만 숲속에 남겨 놓고 어디로 갔는지 알 수 없어 해인사의 스님들이 그날을 받아 영정을 독서당에 봉안하고 명복을 천도했다"는 기록이 그것이다.

해인사에서 봉안하게 된 동기는 《법장화상전》 등 많은 사찰 관련 저술서를 남기고 최후 여생을 가야산에서 보냄에 따라 해인사찰에 남긴 공덕을 찬양하기 위해서였다. 스님들이 나서서 영정을 조성하여 봉안하게 되었지만, 이후에 영정이 다시 개모되어 갔는지에 대하여는 현재로서는 알 길이 없다.

해인사본 영정을 안치한 장소에 대하여는 《동국여지승람》에는 해인사 독서당에 모셨다고 되어 있으나 뒷날 기록에는 해인사 진상전眞常殿(탈해당)에 안치되었다는 기록이 나오고 있는 것으로 보아 중간에 영정 봉안 장소를 옮겨 왔음을 보여 주고 있다.

이에 대한 기록으로 조선시대 문신·학자 최흥원(1705~1786년)은 「유가야산록」에서 '해인사 진상전의 북쪽 벽 끝에 고운 최치원의 화상이 있는데, 한가로운 듯 보인다'고 기록하고 있으며, 조선시대 문신 김상정(1722~1788년)과 같은 시대 실학자 이덕무(1741~1793년)도 다 같이 「가야산기」에서 진상전(탈해당)에 최치원 영정이 봉안되어 있었음을 기록하고 있어 영정 안치 장소의 변경 사실을 입증하고 있다.

이 해인사본 영정은 사찰에서 계속 봉안되어 오던 중 구한말 일본인들이 약탈해 갈 것을 우려한 나머지 경북 청도군 각남면 일곡리 '경주 최씨

문중'에서 해인사 측과 협의하여 낮실(日舍) 마을에 정각을 세우고 영정을 옮겨 봉안하다가 다시 동일 관내에 있는 '학남서원'으로 이관하여 그곳에 '계동사啓東祠'라는 재실을 창건하여 봉안하였다는 기록이 있다. 이 영정은 현재, '경북유형문화재' 제166호(1983. 6. 20.)로 지정되어 있는데 원래 해인사본의 모본으로 추정하고 있다.

해인사 모본 영정

　해인사본 영정은 주로 경북과 대구 지방으로 이모되어 갔으며, 그중에 한 점은 '경북유형문화재 제116호'로 지정되어 대구광역시 동구 도동 '문창공영당'에 봉안하고 있다. 이 영정은 당초 대구광역시 동구 지저동에 있는 '계림사'에서 봉안해 왔으나 1912년 그곳에 비행장이 건설되어 현 위치로 옮겼다는 것 외에는 모사 영정에 대한 정확한 기록(화기畵記)은 남아 있지 않은 상태이다. 해인사계 영정의 형상은 주로 신선상 형식의 모습에 불교적 색채를 약간 가미한 것으로 보아 최치원이 가야산에서 도교적 은둔 생활을 한 데서 기인된 것으로 보인다.

쌍계사본 영정

　쌍계사본의 최치원 영정에 대하여는 영정을 전문적으로 연구해 온 국립중앙박물관장을 지낸 최순우崔淳雨의 연구를 빼놓을 수 없다. 그는 하동 쌍계사에 봉안된 원본 영정의 조성 시기는 신라 말에서 고려 초로 추정할 수 있다고 보고한 바 있어, 쌍계사본 영정은 9백여 년간 줄곧 쌍계사에서 봉안되어 왔음을 알 수 있다.

　또한 그는 현존하는 최치원의 영정 70%가 쌍계사본에서 발원된 것으로 볼 수 있으며 쌍계사본 영정은 묘사 기법의 특징과 설채법으로 보아 원숙한 화승의 작품으로 추정된다고 하고 중간에 새로 이루어졌을 가능성도 있다고 보고했다.

　쌍계사본 영정의 조성 연유에 대해서는, 쌍계사를 창건한 혜소 스님의 공덕을 기리는 〈진감선사대령공탑비명〉을 최치원이 편찬하고 말년에 이곳에서 은둔한 것을 추모하는 뜻에서 해인사와 함께 쌍계사에서도 스님들이 영정을 조성하여 추배해 왔을 것으로 보는 시각이 많다.

　서산대사西山大師(1520~1604년)는 그의 나이 15세 때인 1534년에 하동 화개에 들어와서 쌍계사와 신흥사, 칠불암을 오가며 불경을 공부하였는데 어느 날(1550년경으로 추정) 쌍계사 봉래각에 봉안되어 있는 최치원 영정을 보면서 느낀 점을 한시로 나타내었는데, 《청허당집》에서 이를 찾아볼 수 있다.

　　　　어느 때 항아리 속에서 나온다면　　　時自壺中出
　　　　사람들은 흰 머리를 슬퍼하리　　　　向人悲白頭
　　　　성품은 산처럼 고요하고　　　　　　　性隨山空寂
　　　　몸은 학과 더불어 노닐었네　　　　　身與鶴同歸

　　　　　　　　　　　　　—서산대사「고운 영정을 보고崔孤雲圖」전문

위의 시는 쌍계사본 영정이 아주 오래전부터 봉안되어 왔음을 보여주는 아주 중요한 근거가 되고 있다. 이렇게 쌍계사본의 원영정은 쌍계사에서 오랜 세월을 두고 봉안해 왔으나 조선시대에 내려와서 숭유억불崇儒抑佛 정책에 따라 다른 곳으로 이관되는 아픔을 맛보게 되었다. 즉, '동방 유학의 종장東方儒學宗匠'이라 칭하는 대유학자인 최치원 영정을 절간의 뭇 나한羅漢의 스님 영

쌍계사 모본 영정

정들과 함께 있는 것을 좋지 않게 여기던 영호남 향유鄕儒들의 뜻에 따라, 최치원이 태산군 태수(정읍군수)로 재직했던 전북 정읍에 있는 '무성서원(1615년 창립)'에 최치원 영정을 봉안하기로 결의하고 1783년에 중수하여 1784년에 무성서원으로 강제로 이관해 가게 되었던 것이다.

한편 하동 쌍계사 측은 기존 영정을 '무성서원'으로 이관해 가 버리자 9년 후인 1793년에 다시 새 영정을 조성하여 32여 년간을 봉안해 왔으나 이 영정마저도 지방 유림들이 하동 화개면 덕은리에 '금천사琴川祠'라는 서원을 창건하여 1825년 그곳으로 강제로 이관해 가 버렸다. 이렇게 되자 하동 쌍계사에서는 세 번째 영정을 1830년에 다시 조성하여 현재 필자가 현지

쌍계사 두 번째 조성 영정 쌍계사 세 번째 조성 영정

확인한 결과 '쌍계사 성보전(쌍계사 박물관)'에서 전시하고 있었다.

한편, 1784년에 쌍계사에서 전북 무성서원으로 옮겨간 첫 번째 쌍계사 원본 영정은 1830년대까지 서원에서 관리해 왔으나, 영정이 낡아감에 따라 자체적으로 이 영정을 모태로 하여 1831년에 1차 모사하고, 1924년에 2차로 석지 채용신(1850~1941년) 화백이 모사하여 당초 쌍계사에서 가져간 원본과 함께 3점의 영정을 무성서원에서 소장 관리하고 있던 중 1967년에 국립중앙박물관의 당시 최순우 미술과장이 구성서원에 내려와서 영정의 보전 관리 문제와 문화재 지정 필요성을 강조하면서 하동 쌍계사에서 가져온 원본과 1831년 1차 이모한 영정 두 점을 국립중앙박물관으로 이관해 갔다. 그러나 2015년 이후까지 문화재 지정도 되지 않은 채 반환되지

무성서원 1차 모사 영정   무성서원 2차 모사 영정(채용신 화백 작)

않아 무성서원에서 영정 반환 요구를 하였으나 쌍계사 원본은 행방불명 상태라는 답변과 함께 다른 한 점은 '정읍시립박물관'에서 국립중앙박물관에 장기 대여 형식으로 빌려와 보관 중이며 현재 무성서원에 있는 영정은 복사본이다.

  쌍계사본 영정의 형상은 해인사의 신선 형상에 비해 엄숙한 선비, 유학자, 문인 풍모에다 약간의 불교적 요소를 가미하여 조성된 점이 특징이다. 이 쌍계사본 영정은 호남 지방과 경남 지역의 서원이나 문중 영당으로 많이 개모되어 갔음을 알 수 있는 기록들이 비교적 상세하게 남아 있으며, 현재 대부분 그 지역의 지방 문화재로 지정되어 잘 보전되고 있다.

쌍계사본 두 번째 영정의 이동 경로와 정밀 감정

●두 번째 조성 영정의 이동 경로

하동 쌍계사의 기존 영정을 1784년 무성서원으로 이관해 간 9년 후에 다시 두 번째로 영정을 조성하여 봉안하였음은 앞서 말한 바와 같다. 그러나 이 영정도 지방 유림들이 1825년 쌍계사 인근의 '금천사琴川祠'로 이관하여 갔다. 금천사에서는 1868년까지 43여 년간 이 영정을 모셔 왔으나 흥선대원군의 '서원 철폐령'에 따라 금천사가 폐쇄되고 모시던 영정은 1868년 하동향교에서 회수하여 1902년까지 34년간을 임시적으로 봉안하였다. 하동향교에서 보관 중이던 1901년에는 창원 '두곡영당'에서 본 영정을 모사할 것을 하동군수에게 승인을 받아서 이모해 갔다고 《두곡세지》에 기록하고 있다. 현재 두곡영당에 봉안된 영정과 모습이 유사하여 이 사실이 입증되고 있다.

하동향교에서 보관 중이던 이 영정은 다시 다른 데로 이관되는 운명을 맞게 되었다. 1902년 4월 하동군내 유림들의 후원을 받아 하동군 횡천면에 있는 '경주최씨문중'에서 새로운 묘실廟室인 '광천영당'을 창건하면서 이 영정을 여기에 모시게 되었던 것이다. 이날 이관식에는 면암 최익현 선생도 참석하였는데, 광천영당에서는 1924년 초까지 22년간을 봉안했다. 이 지역은 지세가 험난한 데다 유지 관리가 어렵게 되자 다른 곳으로 이전할 것을 설득하여 지금의 하동군 양보면 운암리에 있는 '경주최씨문중'의 후손인 병선柄善, 병훈柄訓(필자 증조부) 두 형제가 주축이 되어 〈운암영당〉을 새로 창건하여 1924년에 최치원 존영과 면암 최익현崔益鉉 선생의 영정을 동시에 안치하여 추배해 온 지 90여 년(2018년 기준)에 이르고 있다.

한동안 이 영정의 조성 연대와 진가에 대하여 전연 알려지지 않은 상태로 봉안되어 오던 중에 후손 정현廷顯이 뜻을 가지고 1978년도에 당시 부산 동아대학교 정중환丁仲煥 교수와 부산시립박물관 박경원朴敬源 관장에게 의뢰하여 현지 감정을 실시한 결과 그 진가가 사학계에 보고되고, 지방문화재심의위원회의 심의를 거쳐 '경상남도유형문화재 제187호(1978. 12. 29.)'로 지정되었다.

그후 도난의 우려가 있다 하여 후손 재윤在潤의 주선으로 '부산광역시립박물관'에 위탁하여 1980년~2000년까지 30여 년간을 보존해 왔으나 경상남도문화재를 부산에서 관리한다는 것은 문제가 있다 하여 2008년에 후손인 건국대학교 교수 정표廷杓가 진주에 있는 '국립진주박물관'에 의뢰하여 2009년에 본 영정을 '부산광역시립박물관'에서 '국립진주박물관'으로 이관해 의탁 관리하게 되었다.

● 두 번째 조성 영정의 정밀 감정 실시

본 영정의 관리를 맡아 오던 국립진주박물관 측이 2009년 11월 한국박물관 개관 100주년을 맞아 기획 특별전 '민족의 영산, 지리산' 전시회에 고운 최치원 영정을 출품하기로 하고 출품 준비를 위해 사전 정밀 감정을 실시했다. X-선 투과와 적외선 촬영 조사를 실시한 결과 초상에 대한 놀라운 사실을 발견할 수 있었다.

X-선 조사에서는 영정의 화기畵記(그림의 기록)가 발견되었던 것이다. 영정의 주인공은 '최고운 진영崔孤雲眞影'이라 적혀 있었고, 제작 연대가 건륭乾隆 58년(1793년)이고 제작 화가는 평일, 찰호畵師比丘評一察昊스님, 기록자는 찬연贊演이며 기타 시주자 등에 관련한 정보가 수록되어 있었다.

적외선 촬영에서는 영정 표면 일부에 덧칠한 흔적을 발견하고 정밀 조사를 실시한 결과 영정 좌우 양쪽에 두 명의 동자승이 최치원에게 공양하는 모습이 있었음을 확인할 수 있었다.

이 덧칠은 영정 속에 있는 두 동자승을 가리기 위한 목적이었으며 이것

'운암영당' 영정 X-선 및 적외선 촬영 화면(진주박물관 보도 화면 인용)

은 1825년 하동 쌍계사에서 화개 '금천사'로 이관하는 과정에서 불교나 도교적 색채를 완전히 지우고 순수한 유학자로 모시기 위한 것으로 보인다.

영정의 정밀 감정 기관인 '국립진주박물관' 측은 이 영정은 1793년에 제작되어 '현존하는 최치원 초상화 중에서 제작 시기가 가장 이른 것으로 판단된다'고 발표하고 문화재적 가치가 높다고 공표했다. 이렇게 영정의 화기가 정확하게 밝혀짐에 따라서 영정의 이동 경로도 확실해졌다.

- 영정 제작자 : 하동 쌍계사 화사畵師 비구比丘 평일平一 찰호察昊
- 제작 연도 : 건륭乾隆 58년(1793년)
- 영정 장소별 봉안 연수
   · 하동 쌍계사 '봉래각' : 32년(1793~1825년)
   · 하동 화개 '금천사' : 43년(1825~1868년)
   · 하동 향교 : 34년(1868~1902년)
   · 하동 횡천 '광천영당' : 22년(1902~1924년)
   · 하동 양보 '운암영당' : 94년(1924~2018년)

총 보존 연수 : 225년(1793~2018년)

금후 본 영정을 국보급이나 국가 보물로 격상하여 문화적 가치를 더욱 높일 수 있게 하는 것이 바람직할 것으로 보인다.

현존 영정의 전수 조사와 정밀 감정 필요성

전국적으로 산재해 있는 25여 종의 최치원 영정을 봉안하거나 소장하고 있는 기관을 살펴보면 서원이나 사찰, 문중, 사당 또는 국립박물관, 국립미술관, 중국, 일본 등 국내외적으로 다양하다. 영정의 형태별로는 경남 지역의 합천 해인사 원본 영정, 하동 쌍계사 원본 영정, 그리고 두 사찰의 원본 영정에서 모사한 각종 영정, '80년대 조성된 정부 표준 영정으로 분류할 수 있다.

전국적으로 산재해 있는 영정들의 문화재적 가치를 살펴보면, 관내 시도市道의 문화재로 지정되어 있는 몇몇 영정을 제외하고는 대부분 조성 내력과 이동 경로 등 정확한 화기畵記(그림의 기록)도 없이 구전 형식으로 내려오는 내용을 개략적으로 알고 있을 뿐 영정에 대한 상세한 진가를 모르는 상태에서 소장되고 있다.

앞으로 이 영정들에 대한 문화재적, 학술적 가치를 높이기 위해서는 국가 차원에서 전수 정밀 조사를 실시하여 영정마다 조성 내력을 알 수 있도록 화기를 작성하고, 정밀 감정을 병행 실시하여 결과에 따라 지방 또는 국가 문화재로 등록하여 후대에 전하는 것이 바람직하다. 이것이 곧 영정의 문화재적 가치를 높이는 방법이다.

동상을 세워 추모하다

최치원 유적지에는 영정에 이어서 동상도 건립되고 있는 추세이다. 1984년 부산광역시 해운대 동백섬에 최치원 동상을 시작으로 2000년에는 중국 강소성 남경시에서 최치원이 율수현위로 재직하던 관아 터에 동상을 건립했고, 2007년에는 중국 강소성 양조우시에서 최치원이 종사관으로 근무하던 당성唐城 내에 '최치원 기념관'을 건립하고 경내에 흉상을 안치하여 추모하고 있다.

2018년에는 함양군에서도 최치원이 치산치수 사업으로 조성한 상림에 '최치원 공원'을 지정하고 그 안에 기념관과 아울러 동상을 건립하여 길이

❶ 부산광역시 해운대
동백섬 동상
❷ 중국 남경시 율수현
관아 터에 세워진 동상

추모하기로 했다. 그 외 최치원의 유적이 있는 각 지방에서는 앞다투어 공원 조성과 동상을 건립하는 추세에 있다. 최치원의 많은 유적과 영정, 동상을 통하여 그가 이루고자 했던 이상이 무엇인가를 다시 한 번 이해하는 시간을 가졌으면 좋겠다.

최치원 영정과 동상의 다양한 모습들

❶ 안동 용강서원
❷ 경주 상서장
❸ 대구 대곡영당
❹ 옥구 문창서원

❺ 순창 지산사
❻ 포천 청성사
❼ 광산 지산영당
❽ 울진 아산영당

⑨ 익산 부성사
⑩ 서천 도충사
⑪ 청도 학남서원
⑫ 익산 단동사

⑬	⑭
⑮	⑯

⑬ 진주 남악서원
⑭ 합천 학사당
⑮ 국립중앙박물관
⑯ 국립현대미술관(정부 표준 영정)

| part 1 경남과 최치원 |

⑰ 창원 두곡영당
⑱ 영덕 금운사
⑲ 하동 쌍계사
⑳ 하동 운암영당

㉑ 부산광역시 해운대 동상
㉒ 중국 양주시 최치원기념관 동상
㉓ 중국 율수현 동상
㉔ 경남 함양 최치원기념관 내 동상

part 2

최치원, 그는 누구인가

part 2

출생과 고향

최치원崔致遠은 857년(신라 헌안왕 원년) 사량부沙梁部(경주)에서 최견일崔肩逸의 아들로 태어났으며 자字를 고운孤雲 혹은 해운海雲, 해부海夫라 한다.

최치원의 원조는 신라를 건국한 박혁거세를 왕으로 옹립한 주체 세력이 살던 여섯 부락 중 최씨 득성촌得姓村인 '돌산고허촌突山高墟村'(후에 이름을 사량부沙梁部로 바꿈)의 촌장 소벌도리蘇伐都利 최공의 24대 손이라고 《대한민국성씨변천사》(1980년, 역사편찬회)에서 밝히고 있다. 그러나 '경주최씨 중앙종친회'에서는 신빙성이 없다고 이 세보를 채택하지 않고 있으며 오늘날 최씨의 거의 모든 분파는 최치원을 1세로 하는 '경주 최씨'에 그 근원을 두고 있다.

최치원의 출생에 대해서 김부식金富軾(1075~1151년)의 《삼국사기三國史記》(1145년) 권 제46 '최치원 열전'에서는 다음과 같이 기록하고 있다.

최치원은 왕경王京의 사량부沙梁部 사람으로 자세한 가계家系는 전하지 않는다(史傳泯滅不知其世系). 하지만, 사량부가 신라 개국의 원훈 소벌도리蘇伐都

> 利공이 최崔씨를 득성得姓한 곳인 점으로 보아 그의 후예이다.
>
> ─김부식 《삼국사기》(이강래 역) 중 일부

최치원의 출생에 대한 입장은 《삼국사기》와 '경주최씨중앙종친회'가 동일한 반면, 《삼국유사》의 그것과는 다르다. 《삼국사기》를 지은 김부식보다 131년 후에 태어난 일연一然(1206~1289년) 스님이 저술한 《삼국유사三國遺事》의 제1권 '기이紀異 제1편, 혁거세왕조'에서는 다음과 같이 기록되어 있어 《삼국사기》와 차이가 나는 것이다.

> 최치원은 본피부(사량부) 사람으로서 지금의 황룡사皇龍寺 남쪽과 미탄사味呑寺 남쪽에 옛터가 있다. 이것이 최치원의 옛집이이라는 설이 거의 확실하다[致遠乃本彼部人也今皇龍寺南 味呑寺南有古墟云是崔侯古宅也]. …(중략)… 6부 중 자산진지촌장觜山珍支村長 지백호智伯虎가 화산花山에 내려와 본피부(사량부) 최씨의 조상이 되었다.
>
> ─일연 《삼국유사》(김원중 역) 중 일부

최초의 최씨 조상에 대해서는 《삼국사기》에는 '소벌도리 촌장'을 지목하고, 《삼국유사》에서는 취산진지촌장觜山珍支村長 '지백호 촌장'으로 되어 있어 두 기록이 상반되고 있다. 그러나 전반적으로 《삼국사기》의 '소벌도리 촌장'의 최씨 득성설에 따르고 있으며 '경주최씨종앙종친회'도 《삼국사기》에 준하고 있다.

한편, 득성 유래에 대해서는 두 책자 모두가 신라 개국의 원훈 6촌장 중 한 명이 최씨 조상이며, 최치원도 이의 후손으로서 출생지는 신라 사량부(경주)로 일치하고 있다.

또한 《삼국유사》에서는 최치원의 옛집이 미탄사 남쪽에 있었던 것이 확실하다고 기록하고 있으나 그동안 그 위치가 확인되지 않았다. 그러다가

〈독서당〉에 있는 최치원이 사용했다는 우물

2014년에 경주 황룡사지 앞쪽의 절터에서 '미탄味呑'이라 새겨진 기와 파편이 여럿 발견되면서 삼층석탑이 서 있던 곳이 미탄사 터라는 것이 밝혀졌다. 이런 사실들을 근거로 하여, 학계에서는 그곳을 중심으로 동남쪽에 위치하고 있는 현 경북 경주시 배반동 낭산에 위치하고 있는 〈독서당〉이 최치원의 옛 집터임을 방증하는 중요한 증거가 된다고 발표했다. 독서당 안에는 최치원 가족이 사용했다는 둥근 돌로 두른 작은 우물(古井)이 현존하고 있는데, 물이 찰랑이며 맑아 지금도 식수로 가능할 정도이다.

최치원의 출생지에 대해서는 시대를 내려오면서 다양한 기록들을 생산해 냈다. 조선시대 호남관찰사 서유구徐有榘가 1834년(순조 34년)에 쓴, 《교인校印 계원필경집桂苑筆耕集》 서문序文에 고운의 고향이 '호남 옥구沃溝 출신이다'고 기술하고 있다.

고운이 노닐었다는 전라북도 옥구군 옥구읍 읍내리에 세워진 '자천대중건기념비紫泉臺重建記念碑(1967년 건립)'에 의하면 "고운 선생은 본래 신라 서울(경주) 사량부인沙梁部人의 계통에 속하나 일찍이 조두순趙斗淳 상국相國과 이창호李昌鎬 현감縣監이 쓴 「삼현사중수기三賢祀重修記」에서 엄친嚴親이 본현本縣의 지현사知縣事로 있을 때에 최치원이 출생한 듯하다"는 내용이 있어 옥구 출생설을 주장한 것이다.

또 다른 기록으로, 전북 익산군 웅포면 웅포리 최치원의 영정을 모신 단동사丹洞祠의 '문창후고운선생신도비문文昌侯孤雲先生神道碑文'에는 최치원은 '신라 사량부인으로 당 건부 원년唐乾符元年 단기 3129년 갑오甲午 신라 헌안왕 원년에 전라우도 문창현금全羅右道文昌縣今 옥구군沃溝郡 미면米面 초도草島에서 탄생하셨다'라는 기록이 있고, 한말韓末 이능화李能和(1869~1943년)의 《조선무속고朝鮮巫俗考》의 요재지이聊齋志異에는 '신라 말에 최충이란 사람이 이 고을의 수령으로 와 있었는데, 그 처가 아들을 낳으니 이름을 치원이라 하였는데, 어려서부터 남달리 총명하였다'는 설화가 전해오고 있다고 하여 '호남 옥구 사람' 혹은 '고군산군도 출생'을 주장하였다.

또 다른 출생지로 경남 창원에는 최치원 부친이 부사로 재직하고 있을 당시에 최치원이 태어났다는 '최치원 창원 탄생 설화'가 전해 내려오고 있기도 한다.

현재로서는 최치원의 출생을 주장하고 있는 지역 모두가 사실을 뒷받침할 수 있는 정확한 근거도 없는 상태이다. 이것은 그가 역사적으로 유명한 인물이다 보니 그와 관련한 역사나 유적, 전설이 조금이라도 남아 있는 곳에서는 그 지역의 인물로 만들려는 욕심 때문인 것 같다. 이러한 현상은 옛날이나 지금이나 마찬가지로 나타나고 있다.

part 2

가족 관계

최치원 아버지의 이름이 견일肩逸이라는 것은 최치원 자신이 쓴 〈대숭복사비명大崇福寺碑銘〉에 기록해 놓았다.

임금(헌강왕)이 나 치원致遠에게 이르시되 선왕께서 이 절을 지으실 당초에 큰 서원誓願을 밝히셨는데 김순행과 그대의 아비若父 견일肩逸이 일찍이 이 일에 종사했다. 그러니 그대는 마땅히 명銘을 짓도록 하라.

―최치원 〈대숭복사비명〉(이상현 역) 중 일부

이 글은 최치원의 부친 이름이 견일이라는 것을 처음 알게 하는 대목이다. 아버지에 대해서 《계원필경집》 서문에는 '12세의 나이에 당으로 유학을 떠날 즈음에 망부亡父가 뱃머리에서 훈계하기를 십 년 안에 과거에 급제하지 못하면 내 아들이 아니다. … 가서 힘써 공부하라'고 독려했다는 기록이 나온다. 또한 최치원이 중국에서 귀국한 885년에는 망부라고 호칭하고 있어 귀국하기 전에 부친이 이미 사망한 것을 알 수 있다. 아버지 최견일은 신라 왕실 사찰인 대숭복사 창건에 직간접으로 관여하였고 원성왕의 극락왕생 천도를 위한 발원문까지 지었다는 기록을 볼 때, 아버지도 상당한 문장가였으며 왕이 이름을 알 정도로 왕실과 밀접한 관계에 있었음을 알 수 있다.

어머니에 대해서는 미상이다. 《태평통재》, 《최고운전》 등에서 최치원 탄생과 결혼담 등이 설화로 전해올 뿐이고, 최치원이 천령天嶺(함양)군 태수太守를 지낸 《함양군지咸陽郡誌》에는 다음과 같은 기록이 있다.

> 고운 선생이 천령태수로 있을 시에 홀어머니를 모시고 있었는데 효성이 지극하여 조석으로 문안드리며 어머니의 뜻에 조금도 어긋남이 없는 효를 행하였다.

이 기록으로 보아 천령군 태수 재직 시에 어머니를 모시고 있었음을 알 수 있다. 부인이나 자식에 대하여 최치원 본인이 직접 밝힌 기록은 현재로서는 발견된 것이 없으며, 중국의 《전당시일全唐詩逸》권중卷中에 최치원이 지은 〈사제를 엄부로 보냄送舍弟嚴府〉이란 7언 연구시七言聯句詩에 다음과 같은 시구가 있다.

> 구름 깔린 저 하늘엔 엄하신 어버이 모습　　雲布長天龍勢逸
> 바람 높은 가을달에 형제들 가지런하리.　　風高秋月체行弟
> ─최치원 〈사제를 엄부로 보냄送舍弟嚴府〉 시 일부

이 시에서 보면 최치원은 엄격한 부모님을 비롯하여 형제들이 다수 있으나 장남인지 차남인지에 대해서는 알 길이 없다. 해인사 현준 스님을 모형(중국에서는 외삼촌이라는 학자도 있음)으로 부르고 있어 현준 스님이 큰형님이었으면 출가하였기 때문에 최치원이 장자로 승계될 수 있었다.

중국에서 신라 귀국 목적이 부모님을 봉양하기 위해서라고 스스로 밝히고 있고 천령(함양)군 태수 재직 시는 어머니를 모시고 있었다는 기록이 있음을 볼 때 최견일崔肩逸의 장남이었을 가능성이 있다.

그 외 가족 동향으로서는 진성여왕 10년인 898년에 가족을 데리고 합천 가야산으로 은둔해 들어가 여생을 보냈다고 《삼국사기三國史記》가 전하고 있으나, 구체적인 동행 가족이 누구였는지는 기록이 없는 상태이다.

부인에 대해서도 직접적인 언급은 없고, 《한국구비문학대계》(3집 3책)에 '최치원이 공부하고 장가든 이야기'가 구비설화로 전해지고 있을 따름이다. 884년 중국에서 신라로 오는 귀국선에는 최치원을 비롯하여 김인규와 사촌 동생 최서원 등 3명이 타고 출발하였다는 기록으로 보아 중국에서 미혼 상태로 신라로 온 것이 분명해 보인다.

이것으로 볼 때 최치원은 29세에 미혼으로 귀국하여 한림학사 관직에 있을 당시에 결혼한 것으로 추측된다. 합천 가야산에 은둔할 때 남긴 시로 보이는 〈춘효우서春曉偶書〉란 시에 다음과 같은 시구詩句가 있다.

> 난리 때라 좋은 경치 주인이 없고
> 뜬 세상 명리도 쓸 데 없는 것
> 아내는 원망스레 소매를 붙들고
> 구태 어이 술잔 자주 못 들게 하나
>
> —최치원 〈춘효우서春曉偶書〉 번역시 전문

이 시에는 최치원이 모든 관직을 버리고 멀리 가야산에 들어와 보니, 신라의 정치 상황이 돌이킬 수 없는 길로 접어들고 있어 그가 무척 힘겹고 괴로운 나날을 술로써 마음을 추스르고 있음이 잘 드러나고, 그런 그를 곁에서 지켜보는 아내의 안타까운 마음이 묻어 있다. 이 시는 비록 중국의 애주가 유령劉伶을 인용하고 있으나 최치원 자신에게 닥친 현실이 아니고 무엇이랴? 지금도 최치원이 가족과 함께 살았다는 현재 합천군 가야산 기슭의 집터에는 해인사 스님들이 '고운암'을 창건하여 보전하고 있다.

기타 최치원의 친족으로는 885년 최치원이 중국에서 신라로 귀국할 때 그를 영접하기 위해 신라가 중국으로 파견한 사촌 아우 최서원崔栖遠에 대한 기록이《계원필경집》제20권에 실려 있다.

> 아무는 아룁니다. 아무의 사촌 아우인 서원栖遠이 집안의 편지를 가지고 와서 동쪽으로 돌아가는 일을 영접하려고 드디어 신라국 입회사 녹사新羅國入淮使錄事의 관직명을 빌려서 큰 땅에 나왔다가 장차 고국으로 돌아가려 하는데 어제 특별히 돈 30관을 내려 주시는 큰 은혜를 입었습니다. …(중략)… 돌아가는 길의 영광스러운 일은 모두 어르신께서 내려주신 것입니다. 아랫사람의 심정으로 은혜에 감사하여 뛸 듯이 기쁘고 공경스러움을 이기지 못하겠습니다.
>
> ─최치원〈아우 서원에게 금전을 하사받은 것을 사례하는 장문〉(이상현 역) 일부

또 다른 기록에는 '1대一代 3최三崔'란 기록이 나온다. 최치원崔致遠·최승우崔承祐·최신지崔愼之를 말한다. 1대란 한 조부祖父 밑이므로 세 사람이 모두 사촌간으로 보인다. 최승우는 890년에 당나라에 유학하여 893년에 시랑侍郎 양섭楊涉 문하에서 빈공과에 급제하였으며, 당에서 귀국하여 낸《사륙집四六集》5권(호본집)이 있다. 후에 견훤의 책사가 되어 왕건에게 격서檄書(꾸짖어 따지는 글)를 지어 보냈다는 기록이 있을 뿐 정사正史에서 그의 이름을 더 이상 찾을 길이 없다. 그것은 후백제가 망했기 때문이다. 일명 최승우를 최치원이 당에서 귀국할 때 영접하기 위해 중국에 파견했던 최서원이 개명한 동일인으로 보는 기록도 있다.

한편《삼국유사》에서는 927년에 견훤이 왕건에게 보낸 답서를 최치원이 지었다고 기록하고 있으나, 이때는 이미 최치원은 사망한 것으로 추정되

는 시기여서 답신을 대필하였다는 것은 모순이 많아 필자 견해로는 왕건의 책사이던 최신지가 썼을 가능성이 더 높아 보인다.

최신지(일명 언위, 인연)는 최치원이 귀국하던 해인 885년에 18세 나이로 당나라에 유학하여 예부시랑 설정규薛廷珪 문하에서 과거 급제 후 909년에 신라에 귀국하여 집사성시랑執事省侍郎을 지냈다. 최신지는 인연仁兗으로 개명하여 935년 11월 3일에 고려에 항복하는 신라 경순왕을 따라서 고려 조정에 귀순한 뒤에 다시 최언위崔彦撝로 이름을 바꾸었는데, 열한 분의 고승에 대한 비문을 지었다.

'1대 삼최'라는 말은 1918년 일본에 의해 경복궁으로 옮겨 놓은 최언위가 지은 「태자사 낭공대사 백월서운탑비太子寺朗空大師白月栖雲塔碑」의 내력에 '한 세대 세 최씨가 금방金榜(문과를 '금방'이라 함)으로 급제하고 돌아왔다'고 기록해 놓은 데서 유래하는 것이다. 또한 최신지(언위, 인연)는 최치원이 지은 〈낭혜화상비문〉을 최신지가 쓰면서 비문 댄 끝에 '사촌아우 조청대부 전수집사시랑 사 자금어대 신 최인연이 교지를 받들어 쓴다從弟朝請大夫前守執事侍郎賜紫金魚袋臣崔仁兗奉教書'라고 기록하고 있어 최치원과 사촌인 것을 알 수 있다. 그 외에 최치원의 혈족으로 보이는 사람으로는 진성여왕이 당나라 황제에게 올리는 국자감의 입학과 장학금 지원을 부탁하는 장문에 나오는 최영, 최환, 최광유 등이 있다. 이들은 최치원과 어떤 관계에 있었는지는 알 수 없으나 같은 혈족이 아닌가 하고 생각된다. 이렇게 당시 최치원 집안은 수재들이 많은 큰 집안이었던 것으로 보인다.

최치원이 시조인 '경주최씨대종보慶州崔氏大宗譜'에서는 후손이 2세世~4세까지는 공란으로 비어 있고, 5세 후손인 최선지崔善之를 고려 문종文宗 28년인 1074년 9월에 도염서사都染署史로 삼았다는 기록이 '경주최씨대종보'에 있다. 이로 보아 최치원을 경주 최씨 시조로 모신 것은 사후에 상당한 세월이 흐른 후에 이루어졌을 가능성이 있다고 하겠다.

part 2

유년기와 중국 유학

유년기

최치원은 어릴 때부터 풍의가 아름답고 성품이 정민하며 학문을 좋아하는 재사才士였다고 한다. 이미 다섯 살에 아버지에게서 천자문千字文과 사서삼경四書三經을 배우고 익혔다고 전해 내려오고 있다. 아버지는 신라에 신동이 났다고 기뻐했다고 한다. 전해져 내려오는 구비·설화집에는 최치원이 신동임을 알리는 여러 이야기가 있다. 《삼국사기》에는 '공은 풍의風儀가 아름다웠으며, 어려서부터 정민精敏하고 학문을 좋아하였다'고 소개하고 있다. 《최문헌전崔文獻傳》에 전해 내려오는 설화에는 '하늘에서 온 학자天儒 수십인이 아이(최치원)를 가르치어 아이는 날로 학식을 쌓고 언제나 아버지가 준 쇠지팡이로 모래 위에다 글씨 공부를 하였다. 나중에 그 쇠지팡이가 반절이나 닳았고 글 읽는 소리는 구름 밖을 꿰뚫어 멀리 중국 황제의 귓전에까지 이르렀으니 이것은 그가 겨우 세 살 때의 일이었다'라고 신동임을 말해 주고 있다. 최치원 아버지는 치원이 천재적인 자품과 유교적 깨달음이 생지生知에 이르고 모든 면에서 정민하그 민첩함을 볼 때 장차 큰 인물이 될 것으로 기대가 컸다고 한다.

조선조 정홍명鄭弘溟(1592~1650년)이 지은 '청학동비靑鶴洞碑'에는 고운 최치원은 '천명을 따라 탄생하여, 집에 상서가 있자 육지에서 연꽃이 나왔다. 인품은 바다와 산악의 정기를 받았고 재주는 진한秦漢에 뛰어났으며 요전堯典과 순전舜典의 문장을 배웠다'고 기록되어 있다. 천여 년 세월이 지난 오늘날 최치원의 출생이나 가족 관계, 유년기를 알아내기란 매우 어려운 실정이다. 유일하게 남아 있는 최치원 본인의 문집인 《계원필경집》을 근거로 하고 그 외 후대의 역사 기록과 전설, 유적에 의존할 수밖에 없는 일이다.

12살 어린이의 유학길

최치원의 자질을 보면서 아버지 견일은 신동에 가까운 아들이 6두품이라는 신분의 한계를 벗어나 높은 출세를 보장받을 수 있는 길은, 오로지 중국의 과거 급제만이 유일한 출구라 생각하였을 것이다. 이리하여 최치원 아버지는 유학 보낼 결심을 하고 미리 예비 공부를 시켰으며, 최치원이 어린 나이지만 부모 곁을 떠나 충분히 유학 생활을 해낼 것으로 믿었다.

신라의 골품제도骨品制度에서는 왕도 성골과 진골이 번갈아 가면서 세습되었고, 조정의 높은 벼슬도 그들이 독차지하였다. 6두품 신분으로서는 관부의 장관도 될 수 없었으며, 대大아찬(정5품) 이상에는 오르지 못하도록 되어 있었다. 당시 신라는 주변국 중에서 중국에 유학생을 가장 많이 보내는 나라로 한 해에 많게는 216명의 유학생을 파견한 때도 있었다고 기록되어 있다.

　최치원 아버지 견일은 6두품 출신이었지만 비교적 부유한 집안으로서 지배층의 일익을 담당하는, 우대를 받고 있었던 사람인 것으로 보인다. 신라 경문왕은 최치원 아버지 견일肩逸을 신라 왕실의 사찰인 '대숭복사' 창건에 참여시킬 정도로 왕실과 가까웠으며, 또한 아버지가 옥구(지금의 전북 군산시)에서 지현사知縣事로 재직하였고 창원에서는 현의 부사라는 벼슬을 하였다는 전설이 내려오고 있는 것으로 보아 6두품 중에서 상위에 있었음을 알게 된다. 최치원이 국비 유학생으로 선정되는 과정에서도 이러한 배경이 참작이 될 것으로 보인다.

　최치원은 868년(경문왕 8년) 그의 나이 12살이 되자 유학길에 오르게 된다. 아버지를 따라 경주를 출발하여 지금의 울산, 부산, 경남 지역을 거쳐 중국으로 가는 뱃길이 있는 전남 영암靈巖의 상대포 뱃머리에 도착하여 아버지의 엄명을 받는다. 최치원은 《계원필경집》 서문에 다음과 같이 당부하였다고 기록하고 있다.

> 신이 열두 살에 집을 떠나 서쪽(중국)으로 배를 타려 할제, 아버지께서 훈계하시기를 네가 10년 공부하여 과거科擧하지 못하면 나의 아들이라 하지 말라. 나도 아들을 두었다 하지 않을 터이니, 그곳에 가서 부지런히 공부에 힘을 다하여라.
>
> ―최치원《계원필경집》《한글번역 고운최치원문집》) 서문 중 일부

　12살 어린 아들을 머나먼 이국땅으로 유학 보내는 이별의 길목에서 아버지가 이렇게 엄하게 다그치는 것은 최치원에게 걸었던 기대가 그만큼 컸기 때문일 것이다. 상대포上臺浦는 당시 중국, 일본 등 동아시아의 국제무역항이었다. 이곳에서 아버지와 헤어진 최치원을 태운 상선商船은 영산강 하구와 신안의 비금도, 우이도를 거쳐 홍도 대풍리大風里에 정박한 후

계절풍을 이용하여 당나라에 들어갔다고 중국에서 추정한 바 있는데, 이런 얘기는 신안군 어부들 사이에 구전되어 오는 것이기도 하다.

당시 유학길에는 신라에 최초로 도교를 전한 사람으로 알려진 김가기金可記와 최승우崔承祐도 함께 지금의 전남 영암에서 상선商船을 타고 중국으로 건너갔다고 조선시대 이중환李重煥이 저술한 《택리지》(1751년)에 적고 있다. 그러나 김가기는 시대적으로 매우 앞선 사람이고, 최승우는 최치원보다 훨씬 뒤에 중국으로 갔기 때문에 같은 배를 타고 중국으로 건너갔다는 기록은 착오이다.

part 3

중국과 최치원

part 3

국자감 유학 생활과 최치원의 각오

아버지와 헤어진 최치원을 태운 상선商船은 중국을 향해 가고 있었다. 신라 유학생들은 매년 북서풍이 부는 10월부터 이듬해 2월까지 계절풍을 이용하여 중국으로 출발하는데 뱃길이 1천5백 리, 뱃머리에서 장안까지 3천리 길을 무려 3개월 동안 가야 비로소 장안에 도착하게 되었다고 한다. 거기다가 풍랑이라도 만나면 목숨을 잃을 수 있을 정도로 위험한 길이었다. 이런 난관을 무릅쓰고 12살 소년 최치원, 지금의 초등학교 5학년 어린이가 부모 곁을 떠나서 머나먼 이국으로 유학을 떠나는 모습은 상상만 해도 놀랍고 대견스럽다.

최치원이 유학하였던 당시 당나라의 국자감 입학 연령은 최저 14세에서 최고 19세로 제한되어 9학제로 운영되었으며 유학 기간은 최대 10년으로 한정되어 있었다. 이 기간이 차도 과거 급제나 학제를 수료하지 못하는 유학생은 강제 귀국시키고 이어 다른 학생을 파견하도록 규정하고 있었다. 유학 경비는 도서 구입비는 신라가, 의복비·숙식비 등은 중국에서 부담하는 조건도 있었다.

최치원 아버지가 10년 안에 과거 급제하라는 당부도 10년이란 규정된 기간 내에 기필코 합격하라는 뜻으로 해석된다. 국자감 입학 연령이 14세인데도 불구하고 최치원이 12세에 유학했다는 기록에 대하여는 조기에 사비로 유학시켰다는 설도 있다. 그러나 최치원의 경우는 중국 입국 당년에 바로 국자감에 입학한 것이 아니라, 도착 소요 기간을 감안하고 중국 언어와 생활 적응 능력을 기르기 위해서 입학에 앞서 미리 보내어 사전 예비 훈련을 시킨 것으로 보인다.

당시 당나라 수도였던 장안長安을 중심으로 한 양조우나 추조우 등에는 신라인이 집단적으로 거주하는 신라방, 신라원, 신라촌이라 부르는 신라인 집단 거주 지역이 여러 곳에 있었다. 아버지는 최치원을 아마 이곳에 사는 친척집이나 아는 민가에 미리 보낸 것으로 추측되며, 이때 체재 경비는 아버지가 사비私費로 부담한 것으로 보인다. 당시 중국에 체재하던 신라인들은 주로 염전업과 선박 수리, 석탄, 항운 및 무역업 등에 종사하면서 아주 활발하게 활동하였다고 기록하고 있다.

《최치원 설화집》에는 장안長安의 위偉승상 댁에서 최치원이 기거하면서 공부도 하고 위승상의 몸종처럼 심부름도 하였다는 설화와 함께 위승상의 딸과 사랑 이야기가 나오는 것을 보면 입학 전 민가에서 적응 기간을 거쳤음을 뒷받침하고 있다. 당시 수도 장안은 문물이 풍족하고 근대적인 요소를 갖춘 인구 100만 명에 육박하는 세계적인 도시로서 당의 정치, 경제, 사회, 문화의 중심지였으며 외국 사절과 유학생이 몰려드는 국제 도시였다. 우리나라를 비롯하여 일본, 베트남, 페르시아, 타지키스탄 등 동아시아를 넘어 멀리는 인도차이나, 버마까지 영향을 미치는 서양의 그리스와 대등한 수준의 국가로서 인구도 5,300만 명에 이르는 세계에서 유일한 초강대제국의 수도였다.

기록에 의하면 당唐은 845년 기준하여 황제 소유의 절과 사원만도 4,660개였고 승려와 비구니 수가 26만5천 명에 달했으며 장안에는 세계 각지에서 몰려든 각양각색의 복장과 기이한 생김새의 사람들로 넘쳐났으며, 그들은 당의 문화를 열광적으로 숭배하고 모방하려고 했다고 역사에 기록되어 있다. 이런 어마어마한 수도 장안에 12살배기 어린이가 유학을 왔다는 사실은 오늘날 생각하여도 전설 같은 이야기이다.

최치원이 유학한 중국의 국자감國子監 교육제도는 중앙 관학으로서 중국의 고대 교육 체계 중에서 최고의 학부였다. 국자감 안에는 국자학, 태학, 율학, 서학, 산학, 광문학, 사문학 등 7개의 학관이 설치되어 있었는데, 최치원이 수학한 학과는 태학으로서 자격은 중국의 5품 이상의 귀족 자제와 외국의 추천 유학생으로 제한하고 있었다.

당시 국자감 소재지는 서울 장안성長安城 무본방에 위치해 있었다. 학생의 구성은 중국의 우수 학생뿐 아니라 신라, 발해, 일본을 비롯하여 동아시아 여러 나라에서 선발된 수재들이었다. 국자감에서 공부하는 것만으로도 명성을 날렸다고 한다. 오늘날 같으면 수재들이 모여드는 북경대학이나 미국의 하버드대학 정도의 교육 기관이었다고 보면 될 것 같다.

당시 국자감에서 공부하는 학생 수는 무려 8천 명이 넘었고 가르치는 선생이 천2백여 명이었다고 하며, 당태종 때는 학생들을 수용하기 위한 기숙사를 1,200여 동을 새로 신축하여 숙식을 제공하였다고 한다. 최치원이 수학한 태학은 종합적인 인재 양성을 목표로 하여 유가 경전을 중심으로 학습하였으며, 수업 내용으로는 경학經學을 대·중·소로 나누어 대경은 예기·좌전, 중경은 시경·주례·의례로, 소경은 역易·상서·공양전·곡량전으로 나누어 공부시켰다.

수업은 통 2경通二經, 통 3경, 통 5경으로 나눠졌다. 통 2경은 대경과 소경을 각각 1종씩 배워야 하고, 때로는 중경 2종이 첨가되었다. 통 3경은 대경·중경·소경을 각각 1종씩 배우고, 통 5경은 대경을 전부 이수하고 중경과 소경을 1종씩 배웠다.

이 밖에도 효경孝經과 논어論語를 공통 필수 과목으로 이수해야 하며 효경과 논어는 1년, 상서·공양·곡량전은 각각 1년 반씩을, 역·시·주례·의례는 각각 2년씩을, 예기·좌전은 3년간에 걸쳐 이수해야 했으며, 경학을 배우는 여가에 부수적으로 예서隸書, 시부詩賦, 책문策問을 익혀야 했다. 또한 당나라의 숭도 정책崇道政策에 따라 기존 과목의 유가 경전의 상서와 논어를 줄이고 노자, 장자를 추가하여 도교 경전을 필수적으로 추가로 이수하도록 하였다. 이러한 교육 정책에 따라 최치원이 후에 유가, 도가, 불교 경전에 두루 정통한 것은 국자감에서 체계적인 종교·철학 공부를 하였기 때문일 것이다.

국자감을 졸업하기 위해서는 학교를 관할하는 고시관이 주관하는 소정의 시험을 통과해야만 했다. 모든 학생은 1년 동안 배운 범위 안에서 구두시험으로 10문제를 질문을 받아, 8문제 이상을 맞히면 상등, 6문제 이하는 하등으로 평정받는다. 당시 국자감 규정에 의하면, 1년 안에 상등이 못 되면 공비公費의 지급이 중지되고, 3년 동안 계속 하등에 머물면 제적되었다 한다.

학관學館의 학생들이 졸업 후 출사出仕하려면 국자감에서 시행하는 간시簡試에 응시해야 하는데, 매년 간시에 응시한 학생이 때로는 1천여 명에 이르렀고, 그중 7~8할은 도태되었다고 한다. 간시에 합격하면 국자감에서는 예부禮部에 명단을 통보하고, 다시 예부에서 시행하는 과거 시험에 합격해야 비로소 벼슬할 자격이 주어졌다고 한다. 수학 기간도 10년을 넘지 못하도록 제한하고 있어서 최치원의 머릿속에는 아버지가 떠나올 때 뱃머리에서 하교한 10년 안에 진사에 급제하라는 훈시가 하루도 떠나지 않았을 것이다. 어린 최치원의 각오도 그의 아버지 못지않았음을 짐작해 볼 수 있다.

　최치원은 아버지의 염원을 풀어 드리기 위해서 매년, 5월과 9월에 있었던 한 달 동안의 방학 기간에도 한 번도 신라 본가에 귀국하지 않고 중국에 남아서 그야말로 인백기천人百己千(남이 백의 노력을 하면 자신은 천의 노력을 함)의 자세로 오로지 공부에만 열중하였다. 최치원의 유학 목표는 오로지 과거 급제에 있었다. 공부하면서 고향과 부모님을 그리워하는 〈추야우중秋夜雨中〉이라는 시는 이런 과정을 떠올리며 지었을 것이다.

part 3

인백기천의 노력과 장원 급제

    과거 시험 준비에 온 정성을 다한 최치원은 중국에 유학온 지 6년 만인 874년 9월에 예부시랑禮部侍郞 배찬裵瓚이 주관하는 과거에 응시하여 단번에 급제하였다. 부친이 정하여 준 10년의 시한보다 무려 4년을 앞당겨 그것도 장원으로 합격한 것이다. 당시 최치원은 그 기쁨을《계원필경집》에서 '전해의 신라가 발해인에게 장원 급제를 빼앗긴 수치를 씻었다'라고 적고 있어 장원 급제했음을 알려 주고 있다. 당시 그의 나이 겨우 18세, 낯설고 물선 이국인으로서는 최고의 성취였다. 최치원은 그때 상황을《계원필경집》서문에서 다음과 같이 적고 있다

    …(중략)… 저는 그 엄격하신 부친의 훈계를 마음에 새겨 조금도 잊지 않고 쉴 새 없이 현자懸刺하여 오로지 부친의 뜻을 받들기 위한 바, 진실로 인백기천人百己千한 노력으로 관광한 지 6년 만에 이름을 금방金榜에 걸게 되었사옵니다.
                  —최치원《계원필경집》《한글번역 고운최치원선생문집》서문 중 일부

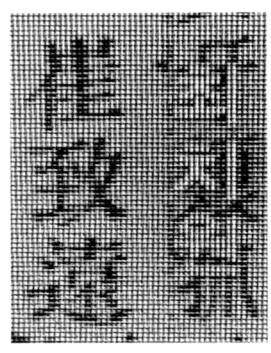

중국의 '등과고기' 과거 합격자 명단(출처 : KBS)

과거 급제는 아버지 뜻에 부응하기 위한 피나는 노력의 결과였다. 소원을 이루기 위해 한나라 손경孫敬이 상투를 대들보에 걸어 매고 공부했던 일과, 전국시대의 소진蘇秦이 송곳으로 무릎을 찔러 졸음을 쫓아 가며 공부했다는 고사를 본받아 노력하였다고 본인이 밝히고 있다. 중국의 기록에 의하면 최치원이 급제한 해의 과거 시험에는 무려 천여 명 이상의 응시자가 몰려와 합격률이 그야말로 하늘에 별따기보다 어려웠다고 한다. 자랑스럽게도 그때 과거 시험에 합격한 자의 이름이 중국의 '등과고기'에 '최치원' 이름 석자가 지금까지 선명하게 기록되어 전하여 내려오고 있다.

당시 과거 시험이 얼마나 어려웠던가를 보여주는 속담이 있다. '3십노경 5십소진사三十老經五十少進士' 즉 과거 예비시험 합격은 30에 따면 늙은 편이고 과거 시험 합격은 50에 따도 젊은 편이란 속담이다. 과거 시험장에는 솜털이 다 없어지지 않은 16세의 동자童子에서부터 백발이 성성한 72세의 노인도 있었다고 한다. 최치원의 스승 격으로 친히 교류하였던 24살 위의 연배였던 당말의 유명 시인 나은도 과거 시험에 10번을 도전하여 실패하고 은거 생활을 하였다고 한다.

한편, 최치원이 합격한 과거 급제 종목에 대하여는 의견이 분분하다. 송나라의 《신당서》 '예문지'에 《계원필경집》을 소개하면서 저자인 최치원을 '고려인, 빈공 급제, 고변의 회남종사'라 소개하고 있어 최치원이 합격한 과거 시험이 '빈공과냐, 진사과냐?'에 대한 논쟁이 있다. 국내 기록에도 대부분 빈공과라 표기하고 있다. 그러나 당시 국비 유학생 출신의 과거 시험 합격자를 통상적으로 빈공과賓貢科라 불렀다고 중국의 학자들은 말하고 있다.

당나라 과거 시험의 종류에는 정책적 안목을 보는 수재과와 시문 능력을 보는 진사과, 경서의 지식과 이의 암송을 보는 명경과 등이 있었고 그 중에서 진사과가 가장 비중 높고 명성이 높았던 과거였다고 한다. 빈공과라는 뜻은 말 그대로 공貢은 추천, 또는 천거를 뜻하는 것으로서 외국에서 추천되어 온 유학생을 말하고 있으나 이들에 대한 과거 시험을 중국 자국 학생의 응시자와 별도로 구분하여 출제한 문제로 따로 뽑았다는 기록은 보이지 않는다. 따라서 유학생의 과거 시험도 중국 학생들과 같은 시기에 똑같은 시험 문제지로 치러지고 나서, 합격선에 들어간 외국의 유학생 합격자 명단을 따로 추려서 중국인 합격자 명단의 하단 위치에 게재하였다 한다.

이를 증명하고 있는 것은 《계원필경집》 서문에서 최치원은 '금명방미金名牓尾를 걸게 되었다'고 표현하고 있으며, 《계원필경집》 권18에서도 율수현위를 사직하면서 '나의 본래의 소망은 과거 급제자 명단의 말미에 끼어 강회江淮의 한 현령이 되는 것일 뿐입니다'라는 기록이 있다.

중국의 학자들은 최치원을 진사과 합격자로 표기하고 있으며, 최치원과 같이 과거 급제한 6살 연배 친구 고운도 국자감 동창으로 같은 해에 최치원과 함께 진사과에 급제하였다고 말하고 있다. 당시 최치원과 같이 합격한 중국인 국자감 동기생으로 진사과에 합격한 학생으로는 고운顧雲 외 11명의 중국 동창생이 더 있었다고 한다. 여기에서 우리는 빈공과냐, 진사과냐에 대한 논쟁은 큰 의미가 없다는 것을 알 수 있을 것이다. 최치원 자신도 '빈공'이란 용어를 한 번도 쓴 일이 없기 때문이다.

이런 논쟁에 대해 고려시대 이인로李仁老(1152~1220년)는 그의 《파한집》 권23에서 '이빈공以賓貢 입중조入中朝 탁제擢第'라고 했다. 이것을 풀이하면 빈공으로 중국에 들어가 과거에 급제했다는 뜻이다. 빈공이란 표현을 굳이 쓰는 것은 사실은 사족蛇足이다. 외국인이면 모두 빈공이니 그냥 과거 급제, 또는 진사 급제로 표현하는 것이 쓸데없는 오해를 피하는 바른 표현이라 할 것이다'라고 적고 있다.

이와 함께 최근에는 최치원이 과거 급제한 당시 연령을 기존의 18세가 아닌 20세로 주장하는 학자가 있어 주목받고 있다. 중국에서 최치원을 연구하는 번광춘樊光春 산시성 사회과학연구원은 당시 최치원이 유학한 국자감 태학의 입학 연령은 14세에서 최고 19세까지로 제한되어 있어 최치원이 12세에 중국에 들어왔어도 실제 유학생이 된 것은 14세이며 유학한 지 6년 만에 합격되었다면 18세가 아닌 20세가 된다는 이론이다.

이 이론의 근거는 《계원필경집》 제17권 〈태위에게 처음 올린 글(初投獻太尉啓)〉(《한글번역 고운최치원선생문집》 참조)에서 '12세에 계림雞林을 떠났고 스무 살에 앵곡鶯谷을 옮기게 되어 바야흐로 청금의 벗을 접할 수 있었습니다'라는 기록을 근거로 '최치원이 과거에 합격한 연령이 20세로 볼 수 있다'고 주장하고 있다. 이것은 앞으로 더욱 규명되어야 할 연구 과제라 하겠다.

중국에서는 과거 시험 합격자 발표가 있고 나면 이어서 축하 의식이 벌어진다. 먼저, 시험 주재자인 지공거知貢擧 댁에 가서 인사를 하고 재상宰相 집무실을 방문하여 신고를 하고 다음으로 장안 곳곳에서 열리는 축하연에 초대되어 시간을 보내게 되며, 마지막 절정으로 황제 주최 대연大宴에 참석한다. 이 대연회는 4월에 곡강지曲江池라는 왕실 연못가에서 열리는데 '곡강지대연曲江池大宴'이라 부르며 황제로부터 장안의 일반 남녀노소에 이르기까지 많은 저명 인사들이 대거 참석하여 음식과 술, 음악과 춤, 꽃구경과 각종 연회를 즐겼다고 한다. 이날은 연회장 인근의 길에는 마차가 밀리고 시내는 텅텅 빌 정도가 된다고 한다. 이후에도 공식 소연小宴과 사적으로 초대받는 축하연이 서너 달 더 이어진다고 한다. 이는 과거 급제가 얼마나 영광스러운가를 말해 주는 대목이다. 최치원도 아마 이 축제에 참석하여 즐거움을 같이 나누었으리라 생각된다.

  최치원은 당 장안長安에서 반년여에 걸친 진사 급제 축제 행사 기간을 보내고 나서는 일정 기간을 벼슬 대기 기간으로 보내야만 했다. 이 기간은 외국인 처지라 고독과 착잡함 속에서 앞으로의 향로를 어떻게 설계해야 할지 고뇌하면서 과거 급제 후에도 책을 놓지 않고 공부에 열중하였다고 한다. 그때의 고독과 자신의 외로운 처지를 시로 표현했다.

대국에서 타향살이 하도 오래 하니	上國羈棲久
만리 저편 가족들에게 무척 부끄럽구나.	多慚萬里人
타향이라 지기가 별로 없으니	他鄕少知己
그대 자주 찾는 것 귀찮다 마시라.	莫厭訪君頻

              ―최치원〈장안의 여사旅舍에서 이웃에 사는 우신미于愼微 장관에게〉시 전문

동과 서로 떠도는 먼지 나는 길에서	東飄西轉路歧塵
홀로 여윈 말을 타고 얼마나 고생했나.	獨策羸驂幾苦辛
돌아감이 좋은 줄 모르는 바 아니지만	不是不知歸去好
다만 돌아가 봐도 집 또한 가난하다네.	只緣歸去又家貧

                               ―최치원〈도중작途中作〉시 전문

  최치원은 과거 급제 후 중국의 관리 등용을 꿈꾸면서 당분간을 장안에서 다시 동도東都라 불리던 낙양洛陽 등으로 유랑하며 관광과 문필로 생계를 연명해야 했다. 이때에 일시적으로 경제적 곤란을 받게 된 최치원은 양양襄陽, 이위李蔚의 문객門客이 되어 그들에게 신세지기도 했다고 기록하고 있다. 이 시기에 지은 작품이 《금체시 5수 1권》《오언칠언 금체시詩 100수 1권》《잡시부雜詩賦 30수 1권》을 모아 3편으로 묶어 문집을 만들었다고 본인이 밝혔다. 이 작품들은 신라 귀국 후 헌강왕께 《계원필경집》과 함께 올리게 된다.

part 3

중국에서의 관직 생활

율수현위 임관과 사직

  최치원은 과거 급제 후 일정 기간을 장안과 낙양洛陽 등지로 옮겨다니며 시詩 창작과 문필 생활을 하면서 관직 대기 기간으로 하루하루 시간을 보내고 있던 876년(당희종唐僖宗 건부乾符 3년, 신라 헌강왕 2년) 그의 나이 20세 때에 관직 제수 통지서를 받게 된다. 최치원이 중국에서 처음 임명된 관직은 강남서도江南西道 선주宣州 관할에 있는 율수현溧水縣(현, 강소성江蘇省 금릉도金陵道 율양현溧陽縣의 옛 이름)의 현위縣尉였다.

  우리나라 사서에는 최치원이 과거 급제 후 2년 동안을 관직에 임명되지 못하고 유랑하였다며 그것은 외국인에 대한 차별 때문이라고 적고 있으나 이는 중국 학자들의 주장대로 20세에 과거에 합격했다면 최치원은 과거 급제한 후에 일정 기간을 대기하다 관리에 임명되었다고 보아야 할 것이다. 당시 당唐의 지방 관제는 전국을 10개의 도道로 나누어 관찰사, 몇 개의 도를 묶어서 절도사를 두고, 도의 하부 기관으로 다시 부府·주州·현縣으로 나누고 부속 기관장으로는 부윤府尹, 자사刺史, 현령縣令을 두는 것이었는데, 모두 중앙 조정에서 임명하였다.

최치원이 임명된 현위縣尉라는 직위는 한 주州 관할에 10여 개의 현이 있었고 현의 조직은 현령 1인, 현위 2명이 있었는데 최치원은 그중 한 사람이었다. 당시 중국에는 1,551개의 현이 있었으며 최치원이 발령받은 율수현은 중국의 전한지리지前漢地理志에 의하면 가구 수가 1만 호였다고 한다. 이것을 오늘날 지방 도시에 비교한다면 율수현은 지금 우리나라 인구 5만 명 정도 규모의 군 단위에 해당되는 아주 큰 고을이었다. 최치원은 《계원필경집》에서 본인이 받은 직책에 대하여 다음과 같이 적고 있다.

현위는 그 직급은 낮으나 그 임무는 매우 중해서	其官雖卑其務甚重
죄수들을 살펴야 하고 피로한 백성을 위무하고	推詳滯獄撫無疲
동료 공직자는 그 직언을 겁내고	佐僚能憚其直聲
지방 수령들도 두려운 마음을 가진다.	宰尹亦懷其畏色

— 최치원 《계원필경집》 내용 중 일부

최치원의 직책은 밖으로는 율수현의 주민 치안과 복지 분야 업무를 관장했던 것으로 추측되며, 사무실 안에서는 공직자의 근무 동향을 파악하여 상부 기관에 직보直報할 수 있는 현縣 전체의 사정司正 관련 업무도 겸하여 맡아 본 것으로 보인다.

율수현은 오늘날 율양으로 이름이 바뀌어 인구 41만 명의 큰 도시로 발전했다. 최치원이 근무했던 옛 율수현 관아 터에는 그의 동상을 세워 '민정을 체찰體察하고 각지를 순방했다'라는 글을 새겨 추억하고 있다. 그리고 인근 '율수현 영수탑'에서는 최치원의 초상화를 소장하며 그를 기리고

옛 율수현 관아에 세워진 최치원 동상

있다. 약관 20세의 신라인을 중국의 관리로 바로 발탁한 것은 매우 이례적인 우대였다. 이것은 과거 시험 결과에서 나타난 우수 인재로 보았기 때문이 아닌가 싶다. 율수현위로 등용된 최치원은 관내를 순찰하며 민정을 살피는 등 의욕적으로 근무에 임했다. 말단 관직이었으나 연간 200석에 가까운 녹을 받아 배고픔에서도 벗어나게 되고 생활이 안정되어 업무에 충실하면서도 여가를 이용하여 마음 놓고 시詩도 쓰고 공부도 할 수 있었다. 최치원은 《계원필경집》 서문에서 다음과 같이 기록하고 있다.

  선주 율수현위宣州溧水縣尉에 제수되어 급료가 많고 일은 한가하여 배부르게 먹고 하루해를 마칠 수도 있었습니다. 벼슬을 하면서 여가가 있으면 학문을 해야 한다는 생각에 촌음寸陰도 허비하지 않으면서 공적으로나 사적으로 지은 것들을 모아 문집 5권을 만들었습니다. 거기에 산을 만든다는 뜻으로 이름을 복궤覆簣라 하고 그 지방을 중산中山이라 하므로 그 복궤覆簣에 중산中山을 부쳤사옵니다.

―최치원《계원필경집》서문 일부

현위에 임명된 최치원은 근무에 충실하면서도 틈틈이 작품 활동을 하여 《중산복궤집中山覆匱集》 5권을 저술하였음을 밝히고 있다. 이 작품은 신라 귀국 후 헌강왕에게 진상하였다.

최치원이 율수현위로 재ᄌ하던 때에 전해져 내려오는 전설이 있다. 하루는 인근 고순현에 출장하여 역관에서 묵게 되었는데 관계자로부터 '쌍녀분雙女墳'에 대한 슬픈 사연을 듣게 된다. 이 전설의 주인공으로 나오는 장씨 자매의 운명을 슬퍼하면서 최치원은 약 20여 수의 〈쌍

중국 고순현에 있는 쌍녀분 비석

녀분雙女墳〉이라는 한시를 주고받으며 하룻밤 정을 나누었다는 인귀교환설화人鬼交歡說話가 그것이다. 이 쌍녀분의 설화는 이렇다. 최치원이 근무하고 있던 율수현에 초성향 장씨라는 사람이 있었는데 오직 부자 되기만을 바라던 사람이었다. 그는 열여덟, 열여섯 살 된 두 딸을 소금 장사와 차茶 상인에게 각각 강제 결혼을 시키려 하자 이에 반대하여 두 딸이 함께 자결하였다. 그런데 최치원이 그 자매의 원혼을 달래주었다는 것이다.

최치원은 묘비도 없고 찾는 사람도 없이 잡초만 무성한 쌍녀분을 보게 되자 동정심과 연민의 정이 발동하였던 것이다. 최치원은 순간에 주위의 돌를 주워서 땅바닥에 칠언율시를 써 내려갔다.

어느 집 두 여자가 이 버려진 무덤에 깃들어	誰家二女此遺墳
쓸쓸한 지하에서 몇 번이나 봄을 원망했나요.	寂寂泉局幾怨春
그 모습이 시냇가 달에 부질없이 남아 있으나	形影空留溪畔月
이름을 무덤 머리 먼지에게 묻기 어려워라.	姓名難問塚頭塵
고운 그대들 그윽한 꿈에서 만날 수 있다면	芳情儻許通幽夢
긴긴밤 나그네 위로함이 무슨 허물이 되리오.	永夜何妨慰旅人
외로운 여관에서 운우를 즐긴다면	孤館若逢雲雨會
함께 낙천신을 이어 부른들 어떠리오.	與君繼賦洛川神.

—《한글번역 고운최치원선생문집》 중 일부

 이렇게 시작되는 20여 수의 시를 꿈속에서 두 여인과 서로 주고받으면서 그들의 영혼을 달래 주었다는 설화說話가 전해오고 있다. 현재 난징시南京市 고순현高淳縣에는 '쌍녀분雙女墳'이 실제로 완벽하게 보존되어 있고, 20세기 말에 중국 고고학계의 전문가들에 의해 유적 발굴을 시도한 결과 그곳에서 당나라 때 유물이 출토되어 최치원의 설화에 나오는 쌍녀분으로 판단됐다. 이 사례는 문학으로서의 가치도 있을 뿐만 아니라, 자기가 재직하고 있는 관하의 주민들과의 소통을 통하여 백성들의 어려운 사정과 원한을 풀어 주고 시정을 따뜻하게 보살핀 목민관의 좋은 사례라고 볼 수 있다. 지금도 고순현 마을 사람들은 최치원 현위에 대한 미담이 회자되고 있으며 '쌍녀분'에는 영험한 기운이 있다고 믿어 이곳을 찾아와서 기도와 제사를 지내며 소원과 복을 빌고 있다고 한다.

 이 무덤으로 가는 길목에는 최치원의 이름을 딴 '치원교致遠橋'가 설치되어 있다. 현재 이 '쌍녀분'은 지방의 중요 유명 관광지 유물로 지정되어 많은 관광객이 찾아오고 있으며 최근 들어서는 한국 관광객 수도 늘어나고 있다 한다.

 최치원은 1년 남짓하게 율수현위로 재직하는 동안에 조정의 이전 장관

쌍녀분으로 가는 〈치원교〉

을 비롯한 두순학 등 당대 유명 시인과 시를 주고받으면서 교류하였다. 두 보杜甫의 후손으로 알려진 두순학은 '율수 최소부에게 바치는 시'를 지어 최치원에게 줄 정도로 가까웠으며 최치원은 틈만 있으면 당대 수많은 문장가들이 모여드는 강남 제일 산이라 부르는 강소성 우이현 회산에 들러 당의 문인들과 같이 시를 짓고 교유했는데, 그때 회산을 둘러보고 지은 시가 20여 편이 넘었다고 전한다.

우리나라 《삼국사 본전》에는 최치원이 율수현위로 재직하면서 특진하였다는 기록이 있는데 이 기록에 의하면 '최치원은 20세에 과거에 급제하고 처음에 율수현위가 되었는데 나라에서 업적을 상고하여 승천시켜 승무랑시어사承務郎侍御使 내공봉內供奉이 되고 자금어대紫金魚袋를 하사받았다'고 적고 있다. 최치원이 1년 남짓 근무한 율수현위 때에 특진과 자금어대까지 받았다는 것은 무리가 있으며 자신의 《계원필경집》에서도 율수현위 재직 시에 승진하였다는 기록이 전연 없는 것으로 보아 착오일 가능성이 높다. 우리나라 《삼국사 본전》의 특진 기록은 최치원이 〈격황소서〉를 써서 받은 특진과 비어대를 율수현위 재직 시 받은 것으로 착오한 것으로 보인다. 반면에 《삼국사 본전》에는 〈격황소서〉 공로로 특진한 것과 비어대를 받은 것은 누락되어 있다. 이것은 분명한 착오임이 틀림없다.

율수현위로 1년 정도 재직하던 최치원은 현위에 만족하지 않고 또 다른 꿈이 있었다. 그것은 현위보다 높은 관직에 올라가기 위한 자기 발전을 위하여 더욱 공부하기로 마음먹고 877년 겨울에 율수 현위직을 사직한 일이다. 최치원은 《계원필경집》 권18에서 다음과 같이 기록하고 있다.

> 나의 본래의 소망은 과거 급제자 명단의 말미에 끼어 강회江淮의 한 현령이 되는 것일 뿐입니다. 그래서 전년 겨울에 말단의 현위縣尉를 그만두고서 굉사과宏詞科에 응시할 목적으로 산속에 거처할 결심을 하고는 잠시 은퇴하여, 학업이 바다에 이르기를 기약하며 다시 자신을 탁마琢磨하였습니다.
> ─최치원 《계원필경집》 내용 중 일부

이리하여 최치원은 율수현위직 사직과 동시에 승진 과거시험인 박학굉사과博學宏詞科 시험 준비를 위해 종남산終南山에 입산하여 공부에 몰두하였다. '박학굉사博學宏詞'라는 제도는 당대唐代에 하급 관원이 일정한 기한이 차기 전에 더 높은 지위로 오르려 할 때 응시했던 이부吏部 주관의 과목선科目選 시험을 말하는데, 시詩·부賦·논論의 3편을 작성하여 우수작으로 뽑히면 기한에 구애받지 않고 바로 높은 관직을 제수받을 수 있는 제도였다.

당시 현령縣令은 종6품, 현위는 종9품이었다. 이렇게 하여 최치원은 현위직을 사직하고 입산 수학하게 된 것이다. 하지만 당의 시대 상황은 매우 복잡하였다. 황소의 난으로 정국은 매우 불안정하여 황제 희종의 권위가 무너지고 각 지방의 절도사의 반발이 크게 일어나, 인재 등용이 나라에서 정한 절차에 따라 이루어질 수 없는 형편이었다. 이러한 환경에서 최치원이 준비하고 있던 박학굉사 시험 제도가 879년에 일시 중단된 데다가 설상

가상으로 관직을 그만둔 탓에 녹봉이 끊겨 경제적인 어려움에 시달렸고, 특히 황소의 반란군이 율수현에서 가까운 여주를 약탈하면서 더 이상 입산 수학을 유지할 수 있는 형편이 못 되었다. 가난과 난리로 절박한 상황에서 혈혈단신의 최치원이 더 이상 공부에 전념한다는 것은 매우 힘든 일이었다.

최치원은 다급한 나머지 현위 시절 함께 교류하던 이위李尉의 문객이 되어 신세를 지기도 했다. 878년에 들어와서는 황소黃巢의 반란 군대가 밀어닥쳐 이듬해 6월 12일에는 율수의 주도主都인 선주宣州가 함락당하는 사태가 벌어졌다. 최치원에게는 생계가 문제가 아니라 생사 자체가 걸린 절체절명의 급박한 상황이었다. '황소의 난'의 피바람이 본인의 신변까지 위협해 들어오고 있었다. 《계원필경집》에서 그는 다음과 같이 기록하고 있다

> 녹봉은 남은 것이 없고 글 읽을 양식이 모자랐으며 '하늘이 높으니 물을 곳이 없고 날이 저무니 어디로 가야 할까[天高莫問日暮何歸].' 어디로 향해야 생을 안존할 수 있을까[指何門而欲安生計].
>
> ─최치원《계원필경집》내용 중 일부

이 기록은 최치원이 얼마나 급박했는가를 증명해 주고도 남음이 있다. 이런 상황까지 이르게 되자 최치원은 다급해지기 시작한다.

회남절도사 종사관이 되다

도통순관에 임명되다

최치원은 1년 반 이상을 승진 과거시험 준비에 매달려 왔으나 이 시험

제도가 없어진 데다가 돈도 이미 바닥이 나 의식주 해결마저도 어렵게 되었다. 게다가 '황소의 난'으로 신변까지 위협받게 되어 재취업을 하지 않고서는 해결책이 없는 것이 현실이었다. 이때에 회남절도사 고변高駢 휘하에서 관직 생활을 하고 있던 국자감 동창이자 과거 동기생이었던 고운顧雲(한자의 음이 최치원의 호와 같았음)을 찾아가 자기의 어려운 처지를 이야기하게 되었다. 친구 고운顧雲은 찾아온 최치원의 딱한 사정을 듣고 자기 상관인 고변 절도사에게 최치원을 영입할 것을 적극적으로 천거하고, 최치원에게는 소개서를 써서 고변 절도사에게 올리도록 권유하기도 했다.

그때 고변은 진해절도사에서 양주대도독부장사揚州大都督府長史 겸 회남절도사로 왔으며 12월에는 '황소의 난'을 토벌하는 동면제도행영병마도통東面諸道行營兵馬都統을 겸직하고 있었다. 고변은 '황소의 난'을 평정하는 군사령관까지 겸직하게 되자 일을 처리할 수 있는 유능한 문재文才들이 필요하였다. 최치원이 이것을 알고 친구 고운을 찾아갔는지에 대하여는 기록이 없다.

최치원은 자기소개서를 두 번씩이나 써서 고변 절도사에게 올리면서 100여 수의 시를 지어 동봉하기도 했다. 당시에 회남절도사 관아는 양조우성(揚州城)에 두고 7개 주州의 병권과 경제권을 손에 쥐고 있었다. 회남 지역은 정부의 주요 군사 요지로 장강長江의 삼각주와 연결되어 있고, 특히 관내 강남은 나라의 필요 자원을 대부분 조달하던 중요한 요충지였다.

절도사라는 직책은 대규모 용병을 지휘하는 장수로 2~10개 주州를 묶어 40~50만 명의 대군을 지휘·통솔하고 그 지역의 병권과 행정, 사법, 조세권까지도 장악하는 정승급 장수로서 막강한 권력을 가졌으며 경우에 따라서는 외교권도 부여되어 독자적인 세력을 갖춘 그 지역의 군주나 마찬가지였다. 고변 절도사는 《신당서》에 그의 열전이 나올 정도로 중국 역사에서 알려진 인물이다. 이런 어마어마한 권력을 가지고 있는 고관대작에게 20대 신라 청년 최치원이 자기소개서와 시를 지어서 두 번씩이나 보낼 수 있었다는 것은 최치원의 실력과 용기, 패기와 자신감이 어떠했는가를 단적으로 보여 주는 대목이기도 하다. 고변에게 올린 두 번의 자기소개서가 《계원필경집》 권17에 수록되어 있는데 모두가 고변 휘하의 문객으로 들어갈 수 있게 간절히 바라는 서신이었다. 그때의 다급함을 두 번째 서신에서 찾아볼 수 있다.

> 차디찬 베개에 마음이 상해서 외로운 등불 아래 그림자와 짝하노라면, 겨울밤의 물시계 소리는 이별의 눈물을 자꾸만 떨어뜨리는 듯하고, 멀리서 들리는 다듬이 소리는 나그네의 마음을 마구 짓찧는 듯합니다. 부질없이 영척甯戚의 슬픈 노래만 뇌까릴 뿐, 육기陸機의 편안한 잠을 이을 길이 없습니다. 그러니 천 갈래의 울적함이 쌓이는 가운데, 5경更의 밤을 적막하게 보내는 것을 또한 상상할 수 있을 것입니다. 그러고 보면 지사志士의 간절한 뜻이 이미 이와 같고, 수인愁人의 애타는 마음이 또 이와 같다고 할 것인데, 여기에 또 모某의 고향 집이 해 뜨는 곳에 멀리 떨어져 있고, 가는 길이 하늘 못에 가로막혀 있으니 더 말할 나위가 있겠습니까. 객사客舍에 투숙하려면 원수怨讎보다도 더 싫어지는데, 어느 문을 찾아가서 생계를 도모해야 하겠습니까.
>
> ─최치원《계원필경집》(이상현 역) 내용 중 일부

이렇게 보낸 서신에는 최치원의 절박한 심정이 그대로 묻어 있다. 서신을 본 고변은 매우 감동하였다고 한다. 이런 최치원의 노력은 헛되지 않았고 그 기회는 오고야 말았다. 879년(헌강왕 5년) 10월에 고변 회남절도사 추천으로 그의 휘하의 관역순관館驛巡官으로 임명되어 율수현위에 이어 다시 관직 생활을 시작하게 되는 행운이 찾아왔던 것이다. 관역순관이란 관직은 당제唐制에 의하면 30리마다 하나씩 관역을 설치했는데, 대로는 역驛이라 하고 소로는 관館이라 했으며, 관역순관은 관역을 순찰하는 막료幕僚의 직책이었다. 관역순관의 임명 절차는 절도사가 당의 황실에 추천하면

황제가 제수하는 방식으로 되어 있었으며 공식적인 임용권자는 황제였다. 《계원필경집》 제17권에 〈관직에 임명된 것을 감사한 글(謝攝職狀)〉이라는 서신이 실려 있다.

> 모某가 금월 25일에 삼가 공첩公牒을 받들건대, 특별히 은사를 내려 관역순관館驛巡官에 임명한다는 내용이었습니다. 태계台階에서 은혜가 내려오니, 여사旅舍가 환히 빛이 납니다. …(중략)… 각화刻畫해 주신 은혜가 깊어 성가聲價가 이미 높이 올랐으니, 탁마琢磨의 뜻을 절실히 하여 끝내 공을 이루고자 합니다. 몸을 닦음에 있어서는 물을 마시며 얼음을 품고, 시상詩想을 가다듬을 때에는 연무를 읊고 이슬을 노래하면서, 오직 지절志節을 분발하여 은혜를 갚으려고 생각합니다. 삼가 아문衙門에 나아가 문후問候하며 감사하는 말씀을 올리려니, 그지없이 감격스럽고 방황하며 송구한 심정을 금할 수 없습니다.
>
> ─최치원 《계원필경집》 〈사직장謝攝職狀〉 중 일부

이러한 내용은 최치원이 마음속에 우러나오는 진정한 감사의 편지였다. 하나도 주저하거나 비굴함이 없이 떳떳하게 열심히 공무에 임하여 은혜에 보답하겠다고 다짐하고 있다. 최치원의 임지는 당시 회남절도사 관할 양조우(揚州)의 외곽지인 고우우성高郵盂城이었다. 이 관역은 현재 중국에 남아 있는 '가장 완전하게 정비된(現存最完整) 우역郵驛 유적지'로 지정되어 있다고 한다. 최치원은 관역순관으로 임용되자 맡은 바 정무에 근면 성실하고 더없이 충실하였다. 충성을 다하여 복무 중이던 때에 절도사 고변高騈이 정승급인 태위로 승급되고 절도사 관아 본부에는 업무량이 많아짐으로써 우수한 문사가 더욱더 필요하게 되었는데 이때에 여러 막료들이 최치원이 근면 성실함과 깊은 학식이 있음을 알고 고변에게 발탁해 줄 것을 적극적으로 추천하였다 한다.

1만여 편의 작품을 쓰다

이리하여 최치원은 880년 여름에 관역순관 직책에서 사령부의 군서 담당 직책으로 발령받아 고변 절도사를 옆에서 직접 모시게 되었다. 최치원은 〈직책을 바꿔 준 것을 사례한 장문(謝改職狀)〉을 써서 고변에게 그 고마움을 표시하였다. 그 내용이 《계원필경집》에 다음과 같이 기록되어 있다.

> 모(某)가 삼가 인은(仁恩)께서 특별히 내리신 공첩(公牒)을 받아 보건대, 관역순관(館驛巡官)의 직책을 바꾸고 대장의 깃발을 따라 서쪽으로 떠나게 하신 내용이었습니다.
>
> ─최치원 《계원필경집》 〈사개직장(謝改職狀)〉 중 일부

이 글은 최치원이 고변(高騈)을 수행하는 종군(從軍)으로 직책이 변경되었음을 알 수 있는 정확한 기록이다. 발령이 나자 최치원은 사령부에서 마련해 준 배편으로 전 근무지인 고우우성(高郵盂城)을 떠나 양조우 교외 부둣가인 동당(東塘)(지금의 수유만茱萸灣공원 부근)까지 약 40여 km를 달려가 그곳 군막에 출정 나온 고변 절도사를 직접 대면하게 되었다. 그 자리에서 고변은 전입 신고를 마친 최치원에게 고변 자신이 태위로 승급한 데 대한 〈황제께 올리는 감사의 글(謝加太尉表)〉을 쓰도록 명을 내리고, 그 외 당면한 문서를 작성하도록 하였다.

최치원은 절도사 고변(高騈)이 지시한 문장을 정성을 다하여 작성해 보고하게 된다. 고변은 최치원이 올린 글들을 보고 그 식견과 문장에 매료되어 모든 문서에 관해서는 경유 절차를 생략하고 절도사에게 직보하도록 특별히 배려했다.

보람과 영광이 교차되는 순간이었다. 이렇게 최치원은 회남절도사 겸 제도행영병마도통(諸道行營兵馬都統) 관아 문서 담당 종사관으로 884년 8월

〈격황소서〉를 작성한 사령부가 있었던 당성

신라 귀국 전까지 약 4년간에 걸쳐 재직하였다. 황제에게 올리는 글에서부터 표表·장狀·서계書啓·격문檄文·위곡委曲·거첩擧牒·제문祭文·소계장疏啓狀·잡서雜書·시詩 등 지은 글들이 1만여 수首가 넘었다고 한다.

회남절도사 관아 4년 동안의 재직은 최치원 본인은 물론 신라인으로서 능력과 재능을 중국인에게 마음껏 보여줄 수 있었던 기간이었고 기회라고 할 수 있다. 이 기간은 최치원의 일생 중 문학성이 가장 풍부했던 시기였으며 작품을 가장 많이 남긴 기간이기도 했다. 이때부터 최치원은 언젠가는 조국 신라에 돌아갈 날을 꿈꾸면서, 중국에서 익힌 다양한 경험들이 조국을 위해 쓰이기를 기대하면서 수많은 글 중에서 우수 작품을 선별하여 계원필경집, 시집, 산문집으로 분류하여 신라에 귀국하면 왕에게 올릴 문집을 미리 준비하였다고 한다. 회남절도사 관아에서 보낸 4년간은 최치원을 국제적인 문장가로 우뚝 서게 한 시기라고 할 수 있다.

중국인을 감동시킨 〈격황소서檄黃巢書〉

황소가 놀라 평상에서 떨어지다

　당이 멸망하는 직접적인 계기가 되었던, 875년부터 불붙기 시작한 '황소의 난黃巢亂'은 산동山東으로부터 시작하였다. 수많은 농민이 이 난에 가세하자 그 세력은 더욱 커졌다. 회남淮南의 제주諸州와 절동浙東의 정부군이 격파당하고 879년 10월에는 수도 장안이 점령당하자, 881년에는 당 황제 희종僖宗이 서천으로 피신까지 하게 되었다.

　이에 황소는 황궁을 탈취한 뒤 스스로 황제에 등극하여 대제大齊라는 국호까지 쓰면서 항복한 관리를 자기 밑으로 기용하여 통치를 굳히려고 하였다. 나라가 이렇게 위급하게 되자, 회남절도사 겸 제도행영병마도통諸道行營兵馬都統 고변은 최치원을 불러 황소에게 항복을 종용하고 그를 따르는 무리들에게 심리적 자극과 압박을 가하여 위세를 꺾어 놓고 나아가 백성들의 동조를 방지하는 포고문을 작성하도록 지시하였다. 이것이 바로 881년 7월 8일 중국 천지에 나붙은 최치원의 그 유명한 〈격황소서檄黃巢書〉(일명 토황소격문討黃巢檄文)이다.

> 　무릇 바른 것을 지키고 떳떳함을 행하는 것을 도리라 하고 위험한 때를 당하는 것을 권權이라 한다(夫守正修常曰道臨危制變曰權). …(중략)… 천하의 모든 사람들이 모두 너를 죽여야 한다고 할 뿐 아니라 저 땅 밑에 있는 귀신들까지도 이미 너를 죽이기로 의논했을 것이다(不唯天下之人皆思顯戮抑亦地中之鬼已議陰誅).
>
> ─최치원 〈토황소서〉(이상현 역) 중 일부

　황소가 격문을 읽어 내려가다가 이 문장에서 너무 놀라 부지불식중에 평상 아래로 굴러떨어졌다는 일화가 전해 내려오고 있다. 〈격황소서檄黃巢書〉 포고문이 중국 곳곳에 나붙게 되자 이에 놀란 반란군 고위층들이 속속 투항해 왔다. 황소도 극도로 위축된 상태에 빠져들었고, 반란 세력이 급속도로 와해 분열되기 시작하면서 수세에 몰리던 당唐의 정부군이 전세를 바꾸는 결정적인 계기를 마련하게 되었다.

이렇게 전세가 역전되면서 884년에는 안문절도사 이극용李克用이 이끌던 4만 기병의 정부군이 합세하여 반란군에게 점령당했던 장안을 공격하여 수복함으로써 '황소의 난'은 진압되었고, 황소는 진주陳州(하남 회양) 전투에서 패한 후 낭호곡狼虎谷에서 자결했다. 황소가 토벌되자 서천으로 피신 갔던 황제 희종도 885년에 장안으로 다시 돌아왔다. 당시 중국인들의 입에는 '황소를 토벌한 것은 칼의 힘이 아니라 최치원의 글의 힘이었다'는 말이 나돌 정도였다. 24세 젊디젊은 신라 청년 최치원이 붓 한 자루로 60만 반란군의 우두머리 충천대장군衝天大將軍 황소를 친 글의 위력은 최치원을 당의 최고 문장가 반열에 올려놓았으며 신라에까지 이 사실이 퍼졌다.

이 격문 작성으로 최치원을 모르는 사람이 없을 정도로 유명해졌으며 당 황제 희종까지도 글을 지은 사람이 신라 출신 최치원이라는 것을 알 정도였고, 이 글은 천하 명문으로 중국인들이 혀를 내두를 정도로 온 중국인들을 감동시켰다고 한다. 절도사 고변은 이 〈격황소서檄黃巢書〉로 황제 희종으로부터 더욱 신임을 받게 되고 최치원도 고변의 일급 참모로 거듭나게 되었다. 중국에서 편찬한 《중국인명대사전》 고변高駢란에는 다음과 같이 기록되어 있다.

> 고변高駢이 천하에 황소 토벌 격문을 뿌려 위세가 일시에 떨쳤다. 그래서 황제가 심히 그를 중히 여겼다.

또한, 조선시대 홍만종洪萬宗이 쓴 《시화총림詩話叢林》에서는 최치원을 이렇게 격찬하고 있다.

> 만일 귀신을 울리고 놀라게 하는 솜씨가 아니라면 어찌 능히 그러한 경지에까지 도달할 수 있었겠는가.
>
> ─홍만종 《시화총림》 내용 일부

이 〈황소격문〉은 최치원이 중국에서 작성한 많은 글 중에서 가장 유명한 글로서 내용이 세련되고 기백과 논리 정연한 수사적 표현으로 구성되어 오늘날 우리가 읽어 보아도 오장육부가 서늘해 옴을 느낄 수 있다. 이 격문은 《계원필경집》 권11에 기록되어 있다.

단계를 뛰어넘는 초고속 승진을 하다

최치원은 〈격황소서〉를 지은 공로로 황제의 칙명勅命으로 관역순관에서 도통순관都統巡官으로 승차되고 겸하여 승무랑 전중시어사 내공봉承務郎殿中侍御史內供奉에 임명되어 동시에 4가지 조정의 벼슬을 겸임했으며 포상으로 비은어대緋銀魚袋까지 하사받았다.

최치원이 특진된 4가지 벼슬 내용을 살펴보면 도통순관은 관역순관보다 한두 계급 위의 직급이며 승무랑承務郎은 조정의 6부 소속의 낭관郎官이며 전중시어사殿中侍御史는 신당서에 의하면 어사대御史臺 소속으로 백관을 조사하고 감찰할 수 있는 규찰糾察 권한까지 갖고 있었다고 한다. 내공봉內供奉은 대전大殿의 도장道場에 물품을 조달하는 벼슬이다. 포장으로 받은 비어대는 금 또는 은으로 장식한 물고기 모양의 패로서 황실을 출입할 때는 관복에 패용해 출입증으로 사용되고 보통 때는 주머니[袋]에 넣고 다녔으므로 어대라 하였다. 이 어대는 조정을 출입하는 데 특권이 주어졌다.

최치원이 특진한 벼슬을 오늘날의 우리나라 관직에 비교한다면 청와대,

감사원, 국방부 등 4부처의 직함을 동시에 갖게 된 것에 견주어진다. 이렇게 최치원은 고속 승진에다, 4가지의 직책과 함께 비어대까지 하사받게 되어 자기 자신도 놀랐다. 외국인으로서 더할 수 없는 영광이었던 것이다. 최치원은 이를 '단계를 뛰어넘는 초고속 승진超昇'이라 표현하면서 다음과 같이 《계원필경집》에 기록하고 있다.

> 지방의 한 현위로부터 곧바로 내전內殿의 직함을 받고 또 장휴(인끈)마저 겸했다(내공봉·전중시어사와 어대魚袋 받음을 말함). 이 나라에 벼슬하는 빛나는 젊은 사람들을 볼 때 등용 20~30년에도 남루한 도포를 입는 이가 많거늘, 항차 나와 같은 외국인에게 이런 일이 있다니 …(중략)… 옛날에 하루에 벼슬이 아홉 번이나 올라감(한漢나라 전천추田千秋의 고사)도 이렇게 영광일 수는 없었을 것이다.
>
> ─최치원 《계원필경집》 초승超昇 중 일부

최치원은 이러한 파격적인 특진에 스스로도 놀라움을 표하면서 극구 사양했다. 이것은 최치원의 진심이었다. 여러 차례 사양의 편지를 고변 절도사에게 올리고 사령장까지 반납하기도 했다. 《계원필경집》 권18에 관직을 사양하는 장계章啓에 이렇게 적고 있다

> 짧은 두레박줄은 깊은 우물물을 길을 수 없고(短不可以汲深), 무딘 창은 굳은 것을 뚫을 수가 없습니다(頑鋒不可以). 공자님으로부터 벼슬을 해 보라는 권유를 받은 칠조개漆雕開가 '벼슬에 나아가는 길은 능히 그 깊은 뜻을 잘 익히지 않았으므로 할 수 없습니다'라고 대답한 것을 저는 일찍이 논어에서 읽었습니다. 공자님은 칠조개의 뜻을 기뻐하셨는데 저는 비록 불민한 것이 부끄러우나 몰래 이것을 사모하고 있었습니다. 어제 발령을 받으매 곧 장계章啓를 갖춰 사양 말씀을 드리고 공첩公牒을 반납했더니, 회답에 '이것은 황제의 칙명勅命이니 오직 받아들이라' 하셨습니다. 저는 이제 지성至誠을 허락받

지 못하고 엄지嚴旨를 따르지만 근심이 일어 등에 땀방울이 솟습니다. …(중략)… 지금이라도 엄한 질책을 각오하고 진심을 말씀드린다면, 저의 직책을 풀어 주심이 옳습니다. 제 소망은 저를 용원元員(하급 관직)에 보임해 주시고 낮은 봉급을 주셨으면 하는 것입니다. 나뭇가지 한 줄기, 곡식 몇 알이면 (새의) 날개와 깃털을 기를 수 있고[一枝數粒可養羽毛] 한 말의 물, 한 치의 파도에도 (물고기의) 비늘과 지느러미를 편히 할 수 있습니다[斗水尺波得安]. 청렴함을 과시하고 사양함을 꾸며서 이를 요구함이 아니고, 정말 분수를 헤아려서 은덕에 누를 끼치지 않았으면 하는 소원에서입니다.

— 최치원《계원필경집》〈관직을 사양하는 장계〉 중 일부

이 글 또한 〈격황소서〉 못지않은 가슴에 감동을 주는 명문으로 출세만이 지향하는 목표가 아니었음을 알 수 있게 하는 대목이다. 그래서 관역순관이 되었을 때도 '권세에 아부하는 영광[附勢之榮]을 버리고, 도를 지키고 가난함을 편안히 여겨[守道安貧] 한가로움을 사랑하는 즐거움[愛閑之樂]을 넉넉히 얻겠다'고 다짐했었다.

승진을 한사코 사양했으나 '칙명勅命'이라는 이유로 받아들여지지 않았다. 최치원의 본심을 아는 고변은 최치원을 더없이 신뢰하게 된다. 이 글에서 최치원이 황실에 직접 들어가서 특진 사령장을 받았음을 알 수 있으며 자신은 영광이지만 여타 종사관들의 사기도 생각하여 승진을 반납하려는 최치원의 양심은 사표가 될 만하다. 〈토황소서〉 이후 고변 절도사와 최치원 두 사람은 더욱더 가까워졌다. 두 사람의 연령은 61세와 25세로 큰 차가 나지만 인간적인 관계로 글벗으로 크게 발전되었다. 고변 절도사의 조부 숭문崇文이 고구려인이었다는 설도 있다.

오늘날 학자들은 최치원이 승진한 연도에 대해서 여러 설이 있으나, 필자가 추정컨대 881년 7월 8일에 〈격황소서〉를 써서 난이 수그러들고 온 중국인을 감동시킨 후인 881년 후반기이거나 이듬해인 882년 초가 아닌가

생각한다.

이와 함께 일부 국내 기록에서는 이 공로로 882년에 중국 황제로부터 자금어대를 하사받았다는 기록이 있으나 이 기록들은 잘못된 것으로 최치원이 중국에서 하사받은 어대魚袋는 〈격황소서〉 공로로 받은 '비어대'가 유일하며, 자신이 쓴 《계원필경집》 등 어디에서도 중국에서 자금어대를 받았다는 기록은 없다. 최치원의 자금어대는 신라에 귀국하여 헌강왕으로부터 시독겸한림학사侍讀兼翰林學士에 제수될 때에 하사받은 자금어대紫金魚袋를 중국에서 받은 것으로 착각하여 후세에 기록된 것으로 보인다. 이것을 입증하는 또 하나의 기록으로는 최치원이 신라에 영구 귀국한 다음 해인 886년에 헌강왕께 직접 올린 《계원필경집》 서문이 있다.

> 중화中和 6년 정월에 전, 도통순관 승무랑 시어사 내공봉으로서 자금어대를 하사받은 신 최치원은 아뢰옵니다.
> ─최치원 〈계원필경집〉(이상현 역) 서문 중 일부

여기에 나오는 '자금어대를 하사받은 최치원'이란 표기는 신라에 귀국하여 헌강왕으로부터 받은 자금어대를 말하는 것으로서 최치원이 중국에서의 전 관직과 혼용하여 표기해 놓았기 때문에 후세인들이 착각한 것으로 보인다. 또 다른 입증 근거로는 884년 8월에 신라 귀국길에 올라 중국의 대주산大珠山 밑에서 풍랑을 멎게 해 달라는 고사告祀를 지냈는데, 그 고사 제문에 최치원의 중국에서의 최종 관직명이 정확하게 기록되어 있다. 여기에는 '회남입신라 겸 송국신등사淮南入新羅兼送國信等使·전동면도통순관前東面都統巡官·승무랑承務郎·전중시어사殿中侍御史·내공봉內供奉, 사賜 비어대緋魚袋 최치원崔致遠'이라고 관직명의 말미에 본인이 《계원필경집》 권20에 기록해 놓았다. 이것으로 볼 때 자금어대는 귀국 후에 신라왕으로부터 받은 것이 분명해진다.

중국의 명사들과 교우하다

884년 황소가 자결함으로써 '황소의 난'이 평정되고 피신 갔던 희종도 다시 장안의 황궁으로 돌아와 당나라는 정치적으로 안정을 되찾은 듯했다. 최치원은 황소 격문 작성을 계기로 더 많은 당말唐末 저명 인사와 교류하였고, 이미 교류하던 인사들은 더욱더 친밀하게 지내게 되어 교류 인맥 네트워크가 크게 넓어졌다.

고변을 비롯한 당唐 조정의 관리, 배찬, 배료, 우신미于愼微, 장의부張義府, 이관李琯, 이전李展, 장영蔣泳, 송현宋絢, 고언휴高彦休, 장웅張雄, 이복李福 그리고 저명 시인 고운顧雲, 나은羅隱, 장교張喬, 양섬楊贍, 오만吳巒, 주번周繁, 두순학杜荀鶴, 배졸裴拙 등 기라성 같은 시인을 비롯하여 양조우의 일류 명사, 스님과 도교의 도사까지 교우하면서 그의 글재주는 더욱 빛나게 되었으며 이들로부터 많은 보살핌도 받았다고 전한다. 최치원은 이들과 인간적인 교우를 맺어 시 작품을 주고받으며 문학, 학문, 행정·정치, 외교, 사상적 교류를 통하여 나당羅唐 문화 교류의 주역이 되었다. 이것은 최치원이 스스로의 성실함과 노력으로 일구어 낸 결과이지만, 나아가 나당羅唐 양국 간의 문화를 교차시키는 역할로 이어졌다.

이에 대해 중국의 남경사범대학 당은평黨銀平 교수는 '최치원은 통일신라 시기의 걸출한 인재이자 학자이며 문학가이다. 그는 일생 동안 당唐과 신라 후기의 양국에서 활약하였고, 인생이 기이하며 비범한 성취를 이루었다. 그는 유학과 불교, 도교와 중국 문화에 두루 정통하여 당나라 인사들과 광범위하게 교류하였고, 가장 특징 있는 문학 작품을 남겨, 동아시아의 교류사, 문학, 학술 사상에서 모두 매우 높은 국제적 명성과 문화적 영향을 향유하였다'고 「최치원 연구」 보고서에서 밝히고 있다.

최치원은 '황소의 난'이 평정되고, 이때의 성취감을 조국에 금의환향錦衣

최치원이 자주 왕래하던 길 표지석(저자 부부)

還鄕할 수 있는 좋은 기회와 명분으로 삼아 신라로 돌아갈 결심을 굳힌 것으로 보인다. 당시 최치원이 근무하였던 회남절도사 사령부가 있었던 양조우(揚州)에는 천 년을 훌쩍 뛰어넘은 현재에도 당시의 고성古城이 그대로 잘 보존되어 있으며 2007년에는 그 성 내城內에 '최치원 기념관'과 박물관을 함께 건립하여 추억하고 있다. 최치원이 출퇴근하면서 자주 왕래하던 관아에서부터 보성촌寶姓村 나루터까지 이르는 5백m 길을 '최치원 선생이 왕래했던 길(崔致遠先生經行處)'이란 비석을 세워 기념하고 있다. 현재 이곳 전체는 중국의 중요한 유적지일 뿐 아니라 유명 관광지로 지정되어 있다. 외국인으로서 유적지 내 개인 기념관 조성은 매우 이례적인 것으로 최치원이 최초이며 파격적인 대우라고 한다.

현재 중국 정부는 한·중 고대 관계사와 문화 교류사의 원류를 최치원으로부터 찾고 있으며 양국의 중요한 고대 문화 명사로 취급하면서 이곳에서는 해마다 한·중 공동으로 최치원을 기리는 각종 행사가 열리고 있다.

part 3

신라 귀국을 결심하다

귀국 결심과 출국 준비

최치원이 신라로 영구 귀국하는 것은 그리 간단하지가 않았다. 884년 6월에 황소가 토벌되고 장안長安이 수복되자 서천으로 피신 갔던 황제가 장안으로 복귀하는 등 정치가 안정되는 듯해 보였다. 이에 최치원도 〈격황소서檄黃巢書〉의 명문으로 도통순관에다 4가지의 벼슬을 겸직하는 초고속 특진과 비어대까지 하사받아 개인의 영광과 아울러 당나라 내의 문장가로서의 위상이 최고조에 달했다. 그러나 당나라 국내 정치 상황은 한 치 앞을 내다 볼 수 없는 불안의 연속이었다. 당나라 집권 세력의 부패와 권력 다툼, 갖가지 병리 현상이 도처에서 벌어지고 있는 가운데 절도사들의 부정부패로 군부 상호간 참소와 무고를 서슴지 않았으며 심지어는 우군 간에 관할지를 놓고 전투까지 벌어지는 난맥상을 보이기도 했다. 이런 상황에서 황제조차도 누가 충신이고 간신인지 갈피를 잡지 못한 채, 통치자로서의 권위가 제대로 작동할 수 없는 지경까지 왔다. 황제가 지역 총사령관인 도통都統과 국방비 담당 총수인 염철전운사鹽鐵轉運使를 수시로 바꾸는 일까지 벌어지면서 최치원이 모시고 있던 고변 절도사도 도통과 염철전운사 직책을 박탈당했다가 다시 회복하는 등 어려운 고비를 여러 차례 겪었다. 이러한 당나라의 정치 상황에서 20대 후반의 최치원은 초조감과 미래에 대한 불안감이 만연해 앞이 깜깜했을 것이다.

이런데다가 고변마저도 도교의 단약 제조 기술에 심취되어 도교 방사方士인 여용지呂用之를 등용하여 그가 시키는 대로 밤낮으로 군막에서 단약 제조에만 몰두하여 군사 업무는 여용지에게 일임하고 군사 규율에도 따르지 아니했다. 이에 권세를 거머쥔 여용지는 충신을 모함하고 온갖 만행을 저질렀다. 이런 상황 속에서 최치원은 그 누구를 믿을 수도, 배겨 낼 수도 없는 처지에 놓이게 되었다. 더 이상 당나라에 머무르는 것은 경우에 따라 생명까지 위협받게 될 상황이었다. 최치원이 귀국한 연유에 대해 조선시대 서유구(1764~1845년)는 《계원필경집》의 중간重刊 서문에서 다음과 같이 적고 있다.

> 고변이 큰 일을 하는 데 부족하고 방사方士 여용지呂用之, 제갈은諸葛殷 등이 탄망誕妄하여 반드시 패할 것임을 최치원은 알고 초연히 떠났는데, 떠난 지 3년 만에 회남淮南에서 난리가 났으니(고변高駢 피살 사건), 기미幾微를 아는 명철한 군자다움이 있다.
>
> ─서유구 《계원필경집》 중간重刊 서문 중 일부

다른 한편으로는 귀국 동기를 부모 봉양에 무게를 두고 있다. 《계원필경집》에서 고변에게 올린 장狀의 기록을 보면 〈약을 사 집에 부쳤으면 한다謝探請料錢狀〉라는 내용이 보이고 최치원 본인은 신라 귀국을 '귀근歸覲'이라 표현했으며 귀국을 허락해 준 데 대한 고마움을 표시하는 〈사허귀근계

謝許歸覲啓〉를 고변에게 올렸는데 그 목적을 보면 어버이를 뵈러 집으로 돌아간다는 뜻으로서 귀국의 직접적인 사유를 표면상으로는 부모 상봉이라 내세우고 있다. 하지만 그 이면에는 신라 헌강왕의 부름이 있었음도 알 수 있다. 그것은 최치원 귀국을 영접하기 위한 단원 자격으로 그의 사촌 서원棲遠에게 신라국입회해사록사新羅國入淮海使錄事라는 직명을 주어 집안 편지를 가지고 당나라에 파견한 점이다. 여러 가지 정황을 종합해 볼 때, 귀국의 동기는 당나라의 정치적 혼란과 함께 신라 헌강왕의 부름, 부모 봉양 등 복합적인 원인이 있었음을 알 수 있다. 이리하여 최치원은 884년에 고변이 황제에게 올리는 〈황소 죽인 것을 하례 드리는 표表〉문을 끝내고 황실의 승낙을 받아내어 본격적인 귀국 준비에 들어가게 되었다.

> 모某는 아룁니다. 원외랑員外郞 군이 일찍 와서 존지尊旨를 전하기에 삼가 살펴보니, 은자恩慈께서 모가 오래도록 부모님 곁을 떠난 것을 생각하시어 귀근歸覲하도록 허락해 주신 내용이었으므로, 우러러 금낙金諾을 받들고서 경건히 옥음玉音에 감복하였습니다. 비록 고금古今에 견줄 바 없이 영광스럽게 해도海島를 향해 돌아가게 되었지만, 머물기도 어렵고 떠나기도 어려운 심정이라서 연파煙波를 바라보며 울먹일 따름입니다.
>
> 삼가 생각건대, 모某는 12세에 집을 떠난 뒤로 지금 벌써 18년의 세월이 흘렀습니다. …(중략)… 오직 바라는 바는 동쪽으로 돌아갈 꾀를 잠시 내었다가, 서쪽으로 돌아와 다시 영후迎候하고 시봉侍奉하면서, 우러러 인자한 봉강封疆에 의탁하여 영원히 비천한 자취를 편안하게 하는 것입니다.
>
> ─최치원《계원필경집》권20,
> 〈귀근歸覲하도록 허락해 준 데 대해 사례한 계문啓文(謝許歸覲啓)〉 중 일부

여기에 기록된 글 끝머리에서는 당나라에 다시 돌아와서 고변을 잘 보필하겠다는 내용을 볼 때 여의치 않으면 당에 다시 돌아올 수도 있다는 심정도 내비치고 있어 그때의 심정은 당에 머물기도, 그대로 떠나기도 어려

운 것이었다. 당에 다시 돌아올 수 있는 여지는 〈양섬 수재의 송별시에 답하다〉라는 시에서 '우리 마음 변하지 말고 뒤에 만나서, 광릉의 풍월 속에 술잔을 나누세(好把壯心謨後會廣陵風月待銜杯)'라는 대목에서 확인할 수 있을 듯하다.

최치원에 대한 고변 절도사의 배려

최치원에게는 12살까지는 신라에 아버지 견일이 있었다면 당나라에는 고변 회남 절도사가 있었다. 고변과 최치원과의 나이 차이는 20대에서 60대로 고변은 아버지와 같은 존재였다. 이런 관계에서 4년 동안 고변이 이끄는 회남절도사 겸 도통都統사령관 직속 관아에서 고변을 대신하여 수많은 글을 지었으며, 특히 황제에게 올렸던 많은 글들은 그 내용을 어떻게 쓸 것인가 서로 대면하여 의논하고 작성했을 것이다.

이 과정에서 두 사람은 인간 대 인간으로서 교감이 오갔으며 절도사와 사령관의 관계를 뛰어넘는 부자父子 이상의 정을 느낄 수 있었을 것으로 보이며, 고변도 최치원에 대하여 이역만리 단신의 부하를 친자식처럼 아끼고 사랑했을 것은 두말할 여지가 없다. 특히 〈격황소서檄黃巢書〉가 중국 천지를 뒤흔들고 황제로부터 징찬을 받았을 때는 두 사람의 관계가 어떠했을지는 짐작하고도 남음이 있다.

고변이 최치원을 얼마나 배려했는지는 《계원필경집》 곳곳에서 찾아볼 수 있다. 관사를 대여해 준 것을 감사한 글(謝借宅狀)에서부터 신라 부모님 봉양을 배려하여 봉급 외 매달 요전料錢 20관貫을 더 지급해 준 것을 사례한 장문(謝加料錢狀), 옷감을 준 것을 사례한 장문(謝衣段狀), 요전을 미리 지급해 주기를 청하면서 올린 장문, 심지어는 차茶와 앵두를 선물 받은 것까지 보고하고 있음을 볼 때 고변이 최치원에게 베푼 사랑은 대단한 것이었다고 하겠다. 최치원과 고변은 관직으로는 상하 관계였으면서도 동시에 글벗이었고 부자父子간의 관계였다. 이런 최치원이 자기 곁을 떠나게 됨을 매우 아쉬워하고 그에게 최대한 지원을 아끼지 않은 고변이었다.

 고변은 당 황제의 윤허를 받아 귀국하는 최치원에게 회남입신라겸송국신등사淮南入新羅兼送國信等使라는 관직에 명하여 신라에 조서詔書를 가지고 가는 사신使臣으로 특별히 대우했으며 200관에 달하는 별도의 여비와 함께 행장을 넉넉하게 챙겨 주고 귀국선까지 마련해 주었으니, 그야말로 최선을 다하여 최치원이 금의환향錦衣還鄕 하도록 도와주었던 것이다.

 《계원필경집》에 최치원이 고변에게 사례한 장문에 다음과 같은 기록이 있다.

> 삼가 인은仁恩께서 전錢 200관貫을 특별히 하사하시고, 또 행장行裝을 마련하게 하신 바, 이들을 모두 처분하신 대로 잘 수령하였습니다.
> 삼가 생각건대, 모는 학문을 힘써 행하지 못했는데도, 결과는 마음의 기대를 넘어섰습니다. …(중략)… 어버이를 뵈러 가면서 이미 은장銀章을 찼으니 금의환향錦衣還鄕하는 것보다도 갑절이나 영광스러운바, 인덕仁德을 연모하며 주루珠淚를 드리워 매초賣綃의 은혜를 갚고 싶을 뿐입니다.
> 그지없이 감격하고 환희하고 체읍涕泣하며 황송한 심정을 가누지 못하겠습니다. 운운.
> ─최치원《계원필경집》〈사행장전장謝行裝錢狀〉 중 일부

> 어제 사령부 경리 직원이 8월 분 봉급을 보내왔습니다. 저는 이미 귀국 허가에 따라 특별히 노자路資를 받았었는데 어찌 다시 봉급을 받음이 합당하겠습니까. 그래서 반납했더니 도리어 재송부 명령을 내렸습니다. 집을 윤택하게 하는 데 쓰라는 말씀에 놀라 삼가 감사히 받습니다.
> ─최치원《계원필경집》〈사재송원료장〉 중 일부

저의 사촌 아우인 서원이 신라국新羅國 사신 단원의 자격으로 집안 편지를 가지고 저를 영접하러 왔습니다. 장차 고국으로 돌아가려 하는데 이러한 제 동생에게 어제 특별히 돈 30관을 내려주시는 큰 은혜를 주셔서 감사합니다.
— 최치원《계원필경집》〈사장제서원전장謝賜棲弟遠錢狀〉 중 일부

작일에 향사鄕使(고향의 사신)인 김인규金仁圭 원외員外가 귀국할 날이 임박하였으나 돌아가는 배편을 구하지 못해서 동행하기를 간절히 청하기에 우러러 존지尊旨를 여쭈었더니 상공相公께서 비천한 정성을 굽어 살펴 윤허해 주셨습니다. 그래서 지금 함께 회성(淮城 회남淮南)을 떠나 해함海艦에 나란히 오르게 되었습니다.
— 최치원《계원필경집》〈태위에게 올린 별지〉 중 일부

삼가 손수 쓰신 글월을 받들건대, 일행의 사람들이 모두 몸을 잘 보중하며 풍도風濤에 편안하기를 당부하시는 내용이었습니다.
— 최치원《계원필경집》〈태위에게 올린 별지〉 중 일부

고변은 금전적 배려는 물론, 돌아가는 배편(해함海艦)까지도 마련해 주고 뱃길에서 주의를 요하는 글과 약주머니까지 주면서 뱃길의 무사를 축원해 주었음을 볼 때, 자식을 보내는 어버이 심정으로 최치원에게 금전적, 물질적, 정신적 지원을 아끼지 않았음을 알 수 있다.

최치원과의 이별을 아쉬워하다

최치원이 중국에 온 지 어언 17년이란 세월이 흘렀다. 그동안 교류하였던 황실을 비롯한 많은 관료와 문인, 스님, 도교 도사 등 여러 명사들은 최치원과의 이별을 아쉬워하면서 모임을 갖고 송별의 정을 나누었다. 특히,

국자감과 진사 동기생으로 가장 친하게 지냈던 고운顧雲은 다음과 같은 송별시를 지어 주며 석별을 아쉬워했다.

    계림鷄林나라 삼신산三神山 맑은 정기로 태어난 기이한 사람
    열두 살에 배를 타고 바다를 건너와서〔十二乘船渡海來〕
    문장은 중국인을 감동케 했네〔文章感動中華國〕
    18세에 과거마당 들어가 단번에 급제 한 장 따낸 이라네
              —고운顧雲 〈증별시贈別詩인 유선가儒仙歌〉 번역시 전문

다음은 최치원의 회답시이다.

    나이 열두 살 되던 해에   巫峽重峰之歲
    한미한 몸으로 중국에 들어가   絲入中華
    스물 여덟 살 되는 해에   銀河列宿之年
    입신하여 돌아가네   錦還故國
              —최치원 〈고운顧雲 증별시贈別詩 화답〉 시 전문

이어서 당말唐末의 유명 시인인 양섬楊贍, 오만吳巒의 송별시를 받아 보고 화답한 시와 도교의 여 도사와의 애틋한 이별을 노래한 시詩가 《계원필경집》에 수록되어 있다.

    해산은 저 멀리 짙은 새벽 안개 속에   海山遙望曉煙濃
    백 폭의 돛은 만 리의 바람에 펄럭펄럭 百幅帆張萬里風
    최고의 슬픔 운운은 아녀자의 일   悲莫悲兮兒女事
    이별한다고 굳이 풀 죽을 것까지야   不須怊悵別離中
              —최치원 〈진사 양섬의 송별시에 답하다〉 시 전문

석양에 변방 기러기 높이 떠서 선명하고	殘日塞鴻高的的
물가 숲엔 저녁연기 저 멀리 아른아른	暮煙汀樹遠依依
지금 돌아보는 정경 어찌 한이 있으랴만	此時回首情何限
물결 헤치고 날아가는 하늘 끝 돛배 하나	天際孤帆窣浪飛

─최치원 〈오만 수재의 석별 시에 답한 절구시〉 전문

진세의 벼슬길 쪼들려 한스러운 중에	每恨塵中厄宦塗
몇 년 동안 마고를 알아 매우 기뻤소	數年深喜識麻姑
떠나기 앞서 진심으로 말 좀 해 주오	臨行與爲眞心說
바닷물이 어느 때나 모조리 마를는지	海水何時得盡枯

─최치원 〈여 도사에게 작별 선물로 주다留別女道士〉 시 전문

이처럼 최치원은 외국인이었지만 당나라 명사들과 시와 학문으로 어깨를 겨뤄도 조금도 뒤지지 않았다.

귀국선에 오르다

최치원의 신라 귀국은 868년(신라 경문왕 8년) 유학 온 지 17년 만인 884년(헌강왕 10년) 8월에 이루어졌다. 28세의 성년이 되어 회남절도사 군막을 출발하여 신라 사신으로 회남에 왔던 김인규와 고국 소식을 전해 온 사촌 동생 서원과 함께였다. 신라로 가는 뱃머리로 이동하여 10월에 대주산大珠山(지금의 산동성 교남 시내에 있는 해발 486m의 산) 밑에서 배를 띄우게 되었다. 이때에 참산신巉山神에게 풍랑을 멎게 허 달라는 고사告祀를 지냈는데, 그 내용이 《계원필경집》에 기록되어 있다.

모년 모월 모일에 …(중략)… 회남입신라겸송국신등사淮南入新羅兼送國信等
使 전前 도통순관都統巡官 승무랑承務郎 전중시어사殿中侍御史 내공봉內供奉 사
비어대賜緋魚袋 최치원崔致遠 등은 삼가 청작淸酌과 생뢰牲牢 희생犧牲의 제물
을 올려 경건히 참산대왕巉山大王의 영전靈前에 정성을 바칩니다.
　…(중략)… 오늘 부모님 뵈러 고향에 가려 합니다. 삼가 부주薄酒로서 감
히 도움을 바라오니, 산신께서는 가만히 명하셔서 파도 귀신으로 하여금 팔
짱을 끼게 해 주십시오. 편안히 물에 떠서 순식간에 '군자의 나라(君子之國)에
돌아가는 것은 오직 산신께서 바람을 어떻게 불게 하느냐에 달려 있습니다.
　　　　　　─ 최치원 〈참산의 신령에게 제사 지낸 글(祭巉山神文)〉 일부

　여기에 나오는 회남입신라겸송국신등사淮南入新羅兼送國信等使는 당의 사
신 자격이었으며 전前 도통순관都統巡官 승무랑承務郎 전중시어사殿中侍御史
내공봉內供奉 사비어대賜緋魚袋는 최치원의 당나라 최종 관직명이었다. 귀
국 배는 유산(지금의 산동성 소속의 시)에 이르자 풍랑이 너무 심해져 더
나아갈 수 없게 되자 바람 멎기를 10여 일간 기다렸으나 풍랑이 멈추지 않
아 인근 곡포曲浦에 배를 정박시키고 겨울을 보내야만 했다. 신라로 가는
배는 매년 북서풍이 부는 10월부터 익년 2월까지 계절풍을 이용하여 출발
하는데 아마도 이 해에는 풍랑이 오랫동안 거셌던 것으로 보인다. 곡포에
서 바람 멎기를 기다리는 반년 동안 최치원은 고국으로 하루라도 빨리 돌
아가고 싶은 금의환향錦衣還鄕의 꿈을 시詩로써 달랬다. 《계원필경집》에 고
변高駢에게 올리는 많은 글들이 있다.

　　고향을 이별한 지 오래되고 바다에 뜰 길이 먼지라, 머물려니 부모를 봉
양하고 싶은 마음에 가슴이 저리고, 떠나려니 모셨던 일이 그립습니다. 저
희 일행이 탄 배가 유산乳山에 이르러 10여 일간 바람이 잔잔해지기를 기다
리던 중 겨울이 닥쳤습니다. 뱃사공이 출항하기 어려우니 좀 더 머물러야
한다고 요청했습니다. 무서운 풍파를 만나니 어쩔 수 없군요. 지금 곡포라

는 곳에 돛을 내려서는 띠를 엮어 몸을 가리고 미역을 끓여 배를 채우고 있습니다. 겨울이 지난 뒤에 출발 일자를 정하겠습니다. 따뜻한 봄이 되면 바람도 잘 테니 그때 고향으로 떠나겠습니다.

—최치원 〈진정상태위 서신〉 중 일부

이듬해 봄이 되자 바다가 좀 잔잔해져 귀국선은 다시 돛을 높이 올리고 서서히 배가 움직이기 시작했다. 이때 최치원은 멀리 보이는 고향 산천을 그리면서 시 한 수를 남긴다.

안개 물결 아득한 너머 눈 들어 바라보니	目極煙波浩渺間
새벽 까마귀 날아가는 저기가 바로 고향	曉烏飛處認鄕關
머리털 새는 객지의 시름도 이제는 그만	旅愁從此休凋鬢
행색도 활짝 웃을 일이 유난히 많아졌네	行色偏能助破顔
물결에 밀리는 모래톱은 꽃이 해안에 부딪치고	浪蹙沙頭花撲岸
구름이 장식한 바위산은 잎이 봉우리 가렸어라	雲糚石頂葉籠山
오고가는 솔개에게 말을 부치노니	寄言來往鴟夷子
누가 천금으로 한가함 살 줄 아시는지	誰把千金解買閒

—최치원 〈해동으로 돌아올 즈음에 참산의 봄 경치를 바라보며〉 시 전문

884년 8월 회남절도사 막부를 출발한 최치원 일행은 반 년 세월을 풍랑을 피해 머물다가 해가 바뀐 885년 봄에 다시 배를 띄워 파도를 헤치면서 신라를 향해 가고 있었다.

part 4

신라에 돌아온 최치원

part 4

금의환향과 관직 제수

884년 가을 중국 산동성 곡포에서 바람 멈추기를 6개월이나 기다리던 최치원은 이듬해인 885년(헌강왕 11년) 다시 배를 띄워 3월에 '회남입신라겸송국신등사淮南入新羅兼送國信等使'라는 당나라 사신使臣 자격으로 신라에 귀국하였다. 그때 최치원 나이가 29세였다. 《삼국사기》에도 '헌강왕 11년 3월에 최치원이 돌아왔다'고 기록하고 있다.

최치원의 귀국은 그가 당나라 유학길에 오른 지 꼭 17년 만이었다. 10년이면 강산도 변한다고 하였으니 고국이지만 모든 것이 낯설었다. 그동안 두 왕이 바뀌고 그렇게도 보고 싶어했고 오늘의 이 영광을 바치려고 그날만 기다렸던 아버지는 돌아가시고 없었다. 그때 심정이 그가 편찬한 〈대숭복사 비명〉에 잘 기록되어 있다.

나는 중국에서 과거에 급제했지만 우구자虞丘子의 긴 통곡만 해야 했다. 제 부모 가신 뒤의 부질없는 영광만 누릴 뿐이다.

—최치원 〈대숭복사 비명〉 일부

이 기록으로 보아서 아마 최치원이 귀국 도중에 아버지가 별세한 듯하다고 '경주최씨종앙종친회'에서는 보고 있으며, 학계에서도 최치원이 귀국하기 전에 부친이 이미 타계했다는 것을 받아들이고 있다. 최치원은 귀국과 동시에 곧바로 왕실을 찾아 헌강왕을 알현하고 귀국 신고를 하게 된다. 이 자리에서 헌강왕은 최치원에게 조정의 '시독侍讀 겸 한림학사翰林學士 수병부시랑守兵部侍郞 지서서감知瑞書監'이라는 벼슬을 제수하고 자금어대를 하사하는 등 최치원에게 각별히 배려하고 큰 기대를 걸었다.

임명받은 시독 겸 한림학사라는 관직은 경서經書를 강의하고 왕을 대신하여 국서를 작성하는 직책이었으며 지서서감은 문필 기관의 부副책임자 격이고, 수병부시랑의 병부시랑은 오늘날 국방차관 또는 서리, 대리란 뜻이다. 당시 병부시랑이나 수병부시랑 직책은 수 명이었기 때문에 그 기관이나 병권에 큰 영향력을 미치는 자리보다는 당나라 있을 때 고변의 절도사 종사관으로 근무한 경력에 대한 예우나 경험 활용 차원이라고 보면 될 것 같다. 이것이 6두품의 한계였다.

최치원에게 주어진 여러 벼슬의 겸직은 그 직위가 높고 낮음을 떠나, 중국에서 활동한 경험들을 인정하여 최치원을 왕의 최측근에 두고서 중국과의 외교 관계와 국정 운영의 일급 신하로 활용하려는 헌강왕의 의도가 있었을 것으로 보인다. 이렇게 되자 최치원은 헌강왕에게 보답하는 마음으로 왕을 잘 보필하여 즐거이 나라를 위하여 경륜을 바탕으로 한 번 마음껏 펼쳐보려는 꿈에 부풀어 있었다. 신라 조정으로서는 29세의 혈기 왕성한 나이에 중국에서 문장가로 이름을 떨쳤고 도통순관 등 4가지의 벼슬에다 비어대까지 황제로부터 받은 최치원이 신기루같이 등장하자 모두가 놀랐을 것이다.

헌강왕은 이를 참작하여 문한文翰 기구의 비중을 높이면서 최치원을 각별히 존경하고 중하게 여겨 장차 국정에 크게 기여해 줄 것으로 기대하였다 한다. 일반 백성들도 중국에서 문장으로 명성을 떨치고 돌아온 최치원에게 신라를 다시 일으켜 세울 인물로 큰 희망을 걸고 있었다. 조선 선조 때 오운吳澐이 지은 《동사찬요東史纂要》에서는 '최치원은 여염의 소인과 시골 구석의 아녀자까지도 이름을 모르는 사람이 없었다'고 기록하고 있다. 이 기록들을 보아 최치원을 지지하던 계층은 글을 아는 학자나 선비, 문인들뿐 아니라 글을 모르는 나무꾼에서 아녀자들에 이르기까지 신분의 격차를 불문하고 모든 백성이 그를 신임하고 추앙하였는데, 이것은 그만큼 최치원에 대한 기대가 컸기 때문일 것이다.

귀국한 최치원에게 헌강왕이 내린 첫 번째 하명은 신라 고승高僧 중에서 명망이 높았고 당대를 대표하다 입적한 선승禪僧들의 덕행과 교화 치적을 기록한 선승에 대한 '공덕 비문'을 짓는 일이었다. 귀국 첫 해인 885년(헌강왕 11년) 12월에 봉암사를 개산한 지증대사의 공적을 찬양한 〈봉암사지증대사적조탑비명鳳巖寺智證大師寂照塔碑銘〉을 짓도록 하명하고, 다음 해인 886년(헌강왕 12년)에는 지리산 쌍계사를 창건한 혜소 스님에 대한 〈쌍계사진감선사대공령탑비명〉과 이어 왕실의 사찰이던 경주 초월산 숭복사崇福寺 중창을 기념하고 신라 역대 왕을 찬양하는 〈대숭복사비명大崇福寺碑銘〉을 찬술토록 헌강왕이 직접 최치원을 불러 하명하였다고 〈대숭복사비명〉에 상세히 기록해 놓았다.

> 선조先朝에서 처음 사원을 세울 적에 큰 서원을 발하였는데, 당시에 김순행金純行과 그대의 부친 견일肩逸이 이 일에 종사하였다. 명을 지어 한 번 일컬으면, 과인이나 그대나 모두 효성을 바칠 수 있게 될 것이니, 그대는 명을 짓도록 하라.
> ─ 최치원 〈대숭복사비명大崇福寺碑銘〉 중 일부

본 기록에 근거하여 최치원의 아버지가 견일肩逸이고 숭복사 중창에 관여했음도 알 수 있다.

part 4

《계원필경》 문집을 왕께 올리다

최치원은 귀국한 이듬해인 886년(헌강왕 12년) 정월에 중국에서 과거 급제를 하고서 관직 대기 중 동도를 유랑하면서 지은 시부詩賦인《사시금체시私詩今體詩》5수 1권,《오언칠언금체시五言七言今體詩》100수 1권과 중국 율수현위 재직시 지은《중산복궤집中山覆簣集》5권, 그리고 회남절도사 고변의 사령부에 재직하면서 쓴 각종 문서 중에 우수 작품만을 모은《계원필경집桂苑筆耕集》20권을 편집하여 28권의 문집으로 엮어서 헌강왕에게 진헌하였다. 최치원은《계원필경》서문에 다음과 같이 기록하고 있다.

　…(중략)… 회남의 군직을 맡으면서부터 고시중高侍中의 필연筆硯의 일을 전담하게 되었습니다. 그리하여 군서軍書가 폭주하는 속에서 있는 힘껏 담당하며 4년 동안 마음을 써서 이룬 작품이 1만 수首도 넘었습니다만, 이를 도태淘汰하며 정리하고 보니 열에 한둘도 남지 않았습니다.
　이것을 어찌 모래를 파헤치고 보배를 발견하는 것[披沙見寶]에 비유하겠습니까마는, 그래도 기왓장을 깨뜨리고 벽토를 긁어 놓은 것[毀瓦畫墁]보다는 나으리라고 여겼습니다. 그래서 마침내 《계원집》 20권을 우겨서 만들게 되었습니다.

—최치원 《계원필경집》(이상현 역) 서문 중 일부

평소 시詩 짓기와 글 읽기를 좋아하던 헌강왕은 최치원에게 받은 문집을 보고 많은 칭찬을 하였다고 한다. 그중 온전하게 전해 오는 것은 《계원필경집桂苑筆耕集》 20권뿐인데, 이는 우리나라에서 가장 오래된 개인 문집이며 오늘날 한국은 물론 중국에서까지 높이 평가받고 있는 업적이다. 헌강왕께 올린 이 28권의 귀중한 작품집들이 다 전해지고 있지 않는 것은 아마도 신라의 멸망 과정에서 신라 왕실의 문헌들이 고려 왕조에 제대로 인계되지 못하고 인멸되었기 때문일 것이다. 매우 안타까운 일이라 하지 않을 수 없다.

최치원은 《계원필경집》 서문에 왕께 충정衷情 어린 소망의 글을 과감하게 담아서 왕이 직접 보도록 하였다.

신이 가만히 지난 시대를 살피고 옛 경전을 참고하건대 국가를 편안히 다스리려면 죽임으로써 죽임을 막는 것이 필요하고 사직을 보존하려면 아무리 기꺼워도 기꺼워하지 않는 것에 있사온지라 그러므로 무력이란 마지못해서 써야 하고 모든 처사란 사심이 없어야 하는 것이옵니다(臣竊窺曩代 旁探前經 靜理邦家 必以殺止殺 保安社稷 固在雖休勿休 是故不得已而軍兵 無所私而煦物).

—최치원 《계원필경집》(이상현 역) 서문 중 일부

최치원이 왕께 올리는 문집의 서문에 왜 이런 무시무시한 거침없는 내용의 글을 써서 올렸는가 오늘날 생각하여도 그의 용기와 곧은 충의에 경탄하게 된다. 최치원이 귀국할 당시 신라는, 서울 경주의 민가에는 모두가 기와로 덮고 숯으로 밥을 짓는 등 사치와 환락의 시대로 접어들었고, 지방

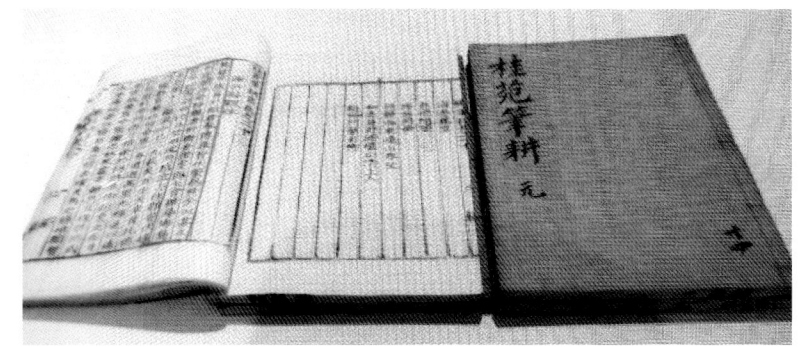

《계원필경》 권 20 중 1권

호족들의 세력화로 다투는 상황에서 농민들의 불만이 고조되어 신라가 점차 쇠퇴기를 맞고 있었다. 이에 최치원은 왕에게 치국의 일깨움을 진언한 것으로 보인다.

이 해에 왕비 김씨(김대성金大成의 3세 손녀)의 〈위고수석가여래상번찬병서爲考繡釋迦如來像幡撰竝序〉를 지었다고 기록하고 있다. 최치원은 귀국 후부터 왕의 총애를 받으면서 모든 면에서 의욕과 보람을 가지고 하나하나 자기의 위치를 굳혀 나가며 위상이 높아져 왕실을 둘러싸고 있는 진골眞骨 세력들에게는 두려움과 견제 대상이 되었다. 이런 분위기에서 최치원이 품고 있던 능력 발휘의 어려움과 처신의 한계가 서서히 드러나기 시작했다.《삼국사기》열전의 '최치원 조'에는 다음과 같은 기록이 있다.

> 치원은 중국에 유학한 이래 얻은 바가 많았으므로 신라에 돌아왔을 때 자기의 품은 뜻을 펴고자 했으나 말세에 의심하고 꺼리는 게 많아 용납되지 못했다.
>
> ─김부식《삼국사기》열전 최치원 조(이강래 역) 중 일부

최치원은 급기야 진골 출신의 견제 세력들에게 일거수일투족을 감시당

하는 처지가 되었으며 이런 여건에서 자신의 능력을 발휘하기란 불가능했다. 설상가상으로 최치원을 믿고 좋아하던 헌강왕이 886년(헌강왕 12년) 7월에 갑자기 세상을 떠나게 되었다. 최치원에게는 청천벽력과 같은 일이었다. 후임 왕으로 헌강왕의 세자가 너무 어려서 왕위 계승을 차후로 미루게 됨으로써 동생 정강왕定康王이 왕위를 이어받았는데, 이 왕도 비교적 최치원을 신임하였다. 그러나 왕위에 오른 지 얼마 되지 않아 정강왕마저 887년 7월에 갑자기 죽게 되었다.

자기를 신임하던 두 왕이 차례로 승하하자 최치원의 상심은 이만저만이 아니었다. 죽은 정강왕 뒤를 여동생인 진성여왕眞聖女王이 임시로 받게 되었다. 잦은 왕의 교체로 왕권이 제대로 안정될 수가 없었으며 권력이 진골 세력들에 의해 좌우지되었다. 이런 왕위 변동 사태는 최치원의 입지를 더욱 어렵게 하는 결과를 초래하였다. 오빠로부터 왕위를 계승받은 진성여왕은 권력 기반이 취약하여 자기 숙부인 각간角干 위홍魏弘과 통정하면서 왕권을 이에 의존하게 되었다. 그러나 위홍이 죽자 젊은 미남자들을 궁중으로 불러들여 매일 연회와 음란 행위를 일삼고 그들에게 요직을 맡기면서 왕정이 문란해지게 되었는데, 국정의 혼란은 지방 행정에까지도 크게 영향을 미쳤다.

신라 말기의 혼란은 진성여왕 집권기(887~897년)에 극에 달하였다. 중앙 귀족들은 부패하고 사치와 향락에 젖어 있었으며, 국가 재정은 궁핍해지고 지방에 대한 위령도 제대로 서지 않아 왕권은 점점 무기력해지고 있었다.

최치원은 이 와중에도 887년 정월에 〈대화엄종불국사비로차나(진흥왕소주불)문수보현상찬병서大華嚴宗佛國寺毘盧遮那(眞興王所鑄佛)文殊普賢像撰並序〉를 편찬하고, 7월에는 헌강왕 때 하명받은 지리산 쌍계사의 〈진감선사대공령탑비명〉을 직접 짓고 써서 쌍계사 경내에 세우고, 11월에는 〈왕비김씨위선고급망형추복시곡원문王妃金氏爲先考及亡兄追福施穀願文〉을 지었다.

888년(진성여왕 2년)에 들어와서는 초월산初月山의 〈대숭복사비명大崇福寺碑銘〉 작성을 완료하였다. 889년 진성여왕 3년에 들어와서는 국내 정세가 더욱 악화되어 전국적으로 흉년이 들고 기근이 생겼다. 그러자 백성들이 납세를 거부하는 사태가 벌어졌고, 공부貢賦가 수송되지 않자 국고가 바닥이 나서 국용國用이 궁핍해졌다. 그러자 왕은 관리들을 지방에 파견하여 조세를 독촉하였으나, 위령은 이미 땅에 떨어져서 곳곳에 농민 봉기가 일어나 납세를 거부하고 정부에 반항했다. 이렇게 되자 견훤과 궁예의 반란이 일어났고 지방 토호들은 이들과 합세하여 반란은 전국적으로 점점 확산되어 갔으며, 거리에는 국정을 비판하는 글이 나붙을 정도로 민심이 크게 동요했다고 역사에 기록하고 있다.

이런 가운데서도 최치원은 890년(진성왕 4년)에 들어 진성여왕으로부터 하명받은 보령 성주사에서 입적한 고승 무염의 〈낭혜화상비문朗慧和尙碑文〉(백월보광탑비명) 찬술을 마치고(지방 태수로 나가기 직전임) 탑비를 건립하였다. 이때 국내 정치 상황은 더욱 복잡해지면서 견훤과 궁예에게 정권을 수립하는 빌미를 주게 됨으로써 나라가 더욱 위난에 빠져들어 갔다. 이런 여건에서 나라를 바로 세워 보려고 개혁을 요구하며 노력했던 최치원에 대한 진골 세력들의 견제는 더욱 심해졌다. 이에 최치원은 철저하게 소외됨으로써 더 이상 중앙 조정에서의 직무 수행은 불가능하다고 판단하여 지방 관직을 자청하게 되었다. 이때가 중국에서 귀국하여 조정의 '한림학사'로 재직한 지 5년 만인 890년이었다.

part 4

외직을 자청하여 지방의 태수가 되다

　최치원은 890년(진성여왕 4년)에 태산군太山郡(현, 전북 태인) 태수를 시작으로 천령군天嶺郡(현, 경남 함양), 부성군富城郡(현, 충남 서산) 등 3개 군의 태수太守(군수)로 임명되어 5여 년간을 일선에서 수령으로 직접 백성을 다스렸다. 학자들 간에는 지방직으로 나온 데 대해 왕실에서 내몰린 것이라는 설과, 본인의 요구에 의한 것이라는 설이 있으나, 종합해 보면 최치원은 원래 중국에서부터 '지방의 현령을 맡아 보는 것이 꿈이었으므로 이를 위해 율수현위직마저 사직하였다고 《계월필경집》에 기록하고 있으므로 지방직으로 나간 것은 본인의 희망이었을 가능성이 더 높아 보인다. 《계원필경집》에는 어진 지방관이란 옛날에도 드물었다(良二千石古難其人)며, 〈여주廬州자사에게 한탄을 고하면서〉란 글에서 적고 있듯 지방 백성 다스림에 대한 중요성을 최치원은 강조해 왔다. 《삼국사기》 '최치원 열전'은 다음과 같이 기록하고 있다.

> 치원은 중국에 유학한 이래 얻은 바가 많았으므로 신라에 돌아왔을 때 자기의 숨은 뜻을 펴고자 했으나, 말세에 의심하고 꺼리는 게 많아 용납되지 못하고 외직으로 나가 태산군 태수가 되었다.
>
> ─김부식《삼국사기》열전 제6 최치원 조 중 일부

《동국여지승람》에서도 '최치원이 서학(중국 유학)하여 많은 학문을 얻어 환국(신라에 옴)하여 자기 뜻을 펴려고 하였으나 쇠망해가는 말기라 의심하고 용납이 되지 않았다. 드디어 외직으로 나와 태산군 태수가 되었다'라고 기록하고 있다. 지방 태수직으로 관직을 바꾼 최치원은 선정善政과 위민爲民을 제1 덕목으로 삼아 맡은 바 직무에 부단한 노력을 기울였음을 그가 근무한 지역의 각종 기록과 유적에서 찾아볼 수 있다.

890~891년까지 2년 남짓한 태산군 태수로 재임하는 동안 최치원은 유교주의적 덕치를 통한 교화를 지방 백성들에게 베풀었고 유상대流觴臺를 조성하여 유상곡수연流觴曲水宴을 열어 지역 백성들과 소통하고 즐기면서 한시 문학과 지방 유학儒學 발전에 치적治績이 높아 태산 군민들이 그를 사모하는 뜻으로 태산사泰山祠를 세우는 등 그의 치적을 높이 찬양하였다고 기록하고 있다. 현재 전북 정읍시 칠보면 무성리 원촌에 있는 무성서원武城書院의 '창건 유래비'에 다음과 같이 기록되어 있다.

> 신라 말에 고운 최치원이 이곳 태산태수泰山太守로 재직 중 치적治績이 큰 그가 함양咸陽(천령天嶺) 태수로 전임하니, 그를 사모하는 뜻으로 생사당生祠堂을 세우고 태산사泰山祠라 하였다.
>
> ─무성서원武城書院 창건 유래 비문 중 일부

이어서 두 번째 태수는 천령군(현, 경남 함양)의 태수이다. 무성서원 창건 유래 비문은 태산군 태수에서 천령군 태수로 전보 사실을 알 수 있는 근거가 되기도 한다. 함양군의 함양 역사 연표咸陽歷史年表에서도 '최치원이 891~892년 함양군 태수를 지냈다'고 기록되어 있어 무성서원 창건 유래비의 내용과 일치한다. 이 기록은 또한 최치원의 천령군 태수 재직 시기를 가늠해 볼 수 있게 한다. 최치원이 태산군 태수에서 천령군(함양군) 태수로 전보된 사유에 대해서는 892년에 견훤이 완산完山(현, 전주全州)에서 후백제後百濟를 건국하여 '천령군 태수마저 봉직이 어려워졌다'는 기록이 있는 것으로 보아, 후백제 근거지의 인근에 있던 태산군(태안군)은 이미 후백제 견훤에게 관할권이 넘어감에 따라 태수직을 수행할 수 없게 되자 다음으로 천령(함양)군 태수로 전보되어 온 것으로 학자들은 보고 있다.

천령군 태수로 재직하였음을 알려주는 또 다른 기록으로는, 앞에서 거론한 바 있는, 최치원과 지우 관계에 있던 해인사 희랑希朗 스님의 화엄경 강론講論에 반란군 방어로 참석이 어렵다는 내용의 서신과 함께 보낸 6편의 시문詩文 끝머리에 '천령군 태수 최치원'이라는 본인 관직명을 기록해 놓은 것이다. 천령군 태수 재직 기간도 짧았던 것은 태산군에 이어 천령군도 견훤에게 관할 구역이 차례로 점령되어 태수직을 수행할 수 없게 된 것이 아닌가 하고 추정하게 만든다. 최치원은 짧은 기간이지만 천령군 태수로서의 재직 기간에는 〈대관림(일명 상림)〉을 조성하여 홍수 피해를 줄이고 〈학사루〉를 지어 시를 짓고 후학 교육에 힘쓴 선정善政의 흔적들이 남아 있다.

최치원의 세 번째의 태수 재직은 부성군富城郡(서산) 태수太守다. 부성군 태수 재직 시기에 대해서도 정확한 기록은 없으나,《삼국사기》에서 최치원이 '진성여왕 7년(893년)에 부성 태수로 있으면서 당나라 황제에게 보내는 하정사賀正使(신년 하례 사신)에 임명되었으나 흉년이 들고 사방에서 도적이 날뛰고 길이 막혀 부득이 중지하였다'고 하였으며 그 후에 다시 하정사로 중국에 갔으나 언제 갔는지는 알 수가 없다는 기록에서 태수 부임 사실을 확인할 수 있다. 최치원이 893년 진성여왕 7년에 지은 〈지증대사비명〉의 찬술자 관직명 표시에 '입조하정入朝賀正'이라고 명기하고 있는 것으로 보아 후에 다시 하정사 자격으로 당에 갔다 왔음을 알 수 있다. 그 시기에 대해서는 〈경주최씨중앙종친회〉 자료는 부성군 태수로 재직하던 893년 말이나 894년 초로 추정된다고 하였다.

최치원이 중국 하정사로 오갈 때 이용한 뱃길로 추정되는 전남 신안군 비금도 선착장이 있는 수대마을 뒷산에는 최치원이 출항 전 머무는 동안에 파놓았다는 '고운정孤雲井'이란 샘물이 전설로 전해지고 있는데, 지금도 맑은 물이 솟구치고 있다고 한다.

당시 최치원이 하정사로 갔을 때의 당나라 정세는 그야말로 비참했다고 한다. 본인이 모셨던 고변 절도사는 부하 여용지에 의해 피살되었으며, 과거 동기이자 친구였던 고운顧雲도 벼슬을 떠나 야인이 되었고 당나라 사직이 저물어가고 있었던 것이다. 충남 《보령군지保寧郡誌》에는 최치원이 부성군 태수로 재직 시에 사신으로 당나라에 갔다 와서 '산성 아래 초막을 짓고 비운의 당나라와 신라를 비관했다'는 한 야사가 전해지는 것으로 보아, 최치원이 중국에 다녀와서 조국 신라와 자기가 있었던 당나라가 처해 있는 현실을 보고서 두문불출 한탄하였음을 알 수 있다.

또한 최치원이 부성군 태수로 재직 중이던 893년(진성왕 7년)에는 〈봉암사 지증대사적조탑비명鳳巖寺智證大師寂照塔碑銘〉을 마무리하였다고 기록하고 있다. 그러나 이 탑비는 원인 모를 이유로 오랫동안 건립하지 못하고 있다가 최치원의 생사를 확인할 수도 없고, 비문을 완료한 지 31년 후나 되는 924년 6월에 비로소 건립되었다. 이 탑비가 세워질 때까지 최치원이 살아 있었다는 주장이 나오고 있어, 만약에 살아 있었다면 이때 그의 나이는 67세가 되겠다. 이것을 볼 때, 최치원은 지방 태수로 나와 있어도 중앙 조정의 주요한 글들은 계속적으로 최치원에게 맡겨져 왔음을 알 수 있다.

이 외에도 《동문선東文選》에 실려 있는 당나라 조정에 보내는 〈숙위 학생과 수령 등을 보내어 조정에 들어가게 하는 장계(遣宿衛學生首領等入朝狀)〉 등도 부성군 태수 재임 시기에 조정의 글을 작성했음을 입증해 주는 자료라 하겠다.

…(중략)… 당나라가 문덕文德(학문의 덕, 문교의 힘)을 널리 펼침을 만났으니 바라건대 종 칠 힘이 없는 것을 용서하시고 경쇠 칠 마음이 있는 것을 가련하게 생각하시어 자석磁石이 바늘을 끌어가듯이 자비를 내리시고 시룻번이 시루에 생기듯 급함을 구해 주십시오. 특별히 홍려시鴻臚寺(외교를 담당하는 관청)에 선지宣旨(임금의 뜻)를 내리시어 지난 용기龍紀 3년(891년) 하등극사賀登極使 판관 검교사부랑중判官檢校司部郎中 최원崔元을 따라 입조했던 학생 최영崔霙 등의 사례에 따라 경조부京兆府로 하여금 달마다 글 읽을 양식을 지급하게 해 주시고 겸해서 겨울과 봄에 시절 의복을 내려 주시기를 바랍니다.

— 최치원 〈숙위 학생과 수령 등을 보내어 조정에 들어가게 하는 장계(遣宿衛學生首領等入朝狀)〉(이상현 역) 일부

part 4

〈시무 10여조〉 국정 개혁의
좌절과 관직 은퇴

　최치원이 부성군 태수로 재직하고 있었던 893년을 전후하여 신라 정세는 걷잡을 수 없는 소용돌이 속으로 들어가고 있었다. 견훤과 궁예의 반란 세력이 점점 확대되어 많은 지방의 왕정 단위 조직들이 그들에게 탈취당하고 신라 왕실을 향해 압박해 들어오고 있었으나, 조정은 무력할 뿐 난국을 수습할 수 있는 능력이 왕에게도 조정 대신들에게도 없었다. 오직 왕위 쟁탈과 서로의 이익에 집착할 따름이었다. 이런 상황을 멀리서 지켜보던 부성군 태수 최치원은 그 상황을 '악 중 악'이라고 표현하기도 했다. 그러나 최치원은 자나깨나 나라 걱정으로 894년(진성여왕 8년) 2월에 나라가 시급히 해결해야 할 획기적인 국정 개혁안 〈시무 10여조時務十餘條〉를 작성하여 진성여왕에게 상소하였다. 이것은 최치원이 무너져 가는 신라의 천년 사직을 구해 보려는 마지막 충정의 몸부림이었다. 《삼국사기》에는 이를 다음과 같이 기록하고 있다.

진성여왕 8년(894년) 봄 2월에 최치원이 시급히 해야 할 일 10여 조목을 지어서 올렸다. 왕은 그것을 기꺼이 받아들이고 치원을 임명하여 아찬으로 삼았다.

— 김부식 《삼국사기》 '신라본기'(이강래 역) 중 일부

　　진성여왕은 최치원의 우국충정의 상소문을 접수하고, 6두품으로서 받을 수 있는 최고의 작위인 아찬阿飡 벼슬을 내리고 그것을 실행해 보려고 하였으나 알려진 대로 진골 세력들의 무차별한 반발로 시무책은 일조도 빛을 보지 못하였다. 이 개혁안의 구체적인 내용은 전해지지 않고 있지만, 최치원이 중국에서 얻은 경륜과 역사를 교훈 삼아 나라가 처해 있는 모순에 대한 경고와 아울러 공정한 인재 등용 등 대수술을 요구하는 것으로 추측할 뿐이지만, 부패한 군주와 탐욕스러운 조정의 진골 세력들이 받아들이기는 만무했을 것이다. 이후 최치원의 행적은 정확하게는 알 수 없으나 〈시무 10여조〉 개혁안이 좌절되자 상심한 나머지 관직에서 사직하고 합천 해인사로 칩거하여 불교 관련 저술에 들어간 것으로 보인다. 이를 뒷받침할 수 있는 것으로서 895년(진성여왕 9년) 7월 16일에 내란으로 죄 없이 목숨을 잃은 고혼들의 명복을 빌기 위한 해인사 〈묘길상탑기妙吉祥塔記〉를 찬술한 것을 들 수 있다.

　　최치원이 짓다. 당나라 19대 황제昭宗가 중흥中興하던 때에 전쟁과 흉년 두 가지 재앙이 서쪽(당)에서 멈추자 동쪽(신라)으로 와서 흉악한 중에 흉악한 것이 없는 곳이 없다. 굶주려 죽은 시체와 싸우다 죽은 시체가 들판에 별처럼 흩어져 있으니 해인사에 있던 별대덕別大德(승려의 지위) 승훈僧訓이 이를 슬퍼하였다. 이에 도사導師(중생을 해탈로 이끌어 가는 법사)의 힘을 베풀어 시중豕衆(돼지처럼 욕심 많고 어리석은 중생)의 마음을 유인하니 각각 상수리 한 말씩을 희사하여 함께 3층 옥탑을 이루었다. 그 소원하는 간절한 뜻은 크게 말해서 나라를 보호하는 것으로 우선을 삼는다 하겠다. 이 중에

나아가서 특별히 원통하게 비명횡사하여 지옥에 빠진 혼백들을 건져 내었으니 제사에 화답하여 복을 받고 영원히 이곳에 있으라. 건녕乾寧 2년(895년) 신월申月(7월) 기망旣望(16일)에 쓴다.

— 최치원 해인사 〈묘길상탑기〉 전문

이 탑은 당시 사회의 비참한 상황을 알려주는 주요한 기록물이며 탑기를 쓴 최치원 본인의 관직명을 밝히지 않고 이름 석자만 표기하고 있는 것으로 보아서 895년 이 탑기를 쓰기 전에 이미 태수직을 사퇴하고 합천 해인사로 은거한 것으로 보인다.

《삼국사기》에 '898년에 최치원이 아찬에서 면직되었다'라고 적고 있어 태수직 사퇴 후에도 아찬 관직은 당분간 유지하고 있었음을 알 수 있다.

최치원의 신라 관직 경력을 총정리해 보면 다음과 같다. 885년 귀국하여 곧바로 조정의 한림학사翰林學士에 임명되어 889년까지 5년간은 왕실 조정에서 근무하였다. 890년부터 5년 동안은 지방의 태산군 태수를 시작으로 천령군 태수, 부성군 태수로 재직하다가 부성군 태수로 재직 중이던 894년 2월에 〈시무 10여조〉를 진성여왕께 상소하여 실행이 좌절되자 부성군 태수직을 사직한다. 894년 말이나 895년 초에 해인사에 들어가 불교 관련 저술 활동을 하던 중인 896년(진성왕 10년) 헌강왕 때 하명한 〈초월산대숭복사탑비〉를 세우고 아찬 관직이 면직되던 해인 898년에 전 가족을 데리고 합천 가야산 홍류동으로 이주하였다. 따라서 그의 관직 은퇴 형식은, 태수직은 자진 사퇴이고 아찬은 왕으로부터 직권 면직된 것으로 볼 수 있다.

part 4

은둔의 세월과 은자의 길

최치원은 마지막 관직인 부성군 태수에서 물러난 후 해인사에 칩거하여 불교에 관한 책을 쓰고 있던 898년(효공왕 2년)에는 아찬에서조차 면직당하자 완전한 자유인이 되었다. 《삼국사기》에서는 최치원을 '스스로 불우함을 한탄하고 다시 벼슬길에 나갈 뜻이 없었다(自傷不遇無復仕進意)'라고 썼지만, 이것은 고운의 한탄과 불우가 아니라 신라의 운명이었다. 자신이 주장하였던 정치 개혁안 〈시무 10여조〉도 무산되고 나라는 점점 혼란해 가면서 학문은 쓸 곳이 없고 인심은 갈수록 험악해지자 자기 역할은 여기서 끝난 것으로 판단하고 마침내 은둔을 결심하였다. 그는 898년에 전 가족을 데리고 합천 가야산 홍류동 입구에 초막을 지어 정착하였으며, 막대를 벗삼아 방랑의 길을 떠나게 된다. 참담한 정치 현실 속에서 결국 그가 마지막으로 선택한 것은 자연으로 돌아가는 은자의 길이었다.

그때 최치원의 나이는 41세 또는 42세였다. 은둔지를 합천 가야산으로 택한 것에 대해서는 해인사에 모형母兄(친형 또는 외삼촌이라고 함)인 승

현준賢俊이 있었고 평소 친분을 가지고 교류하던 희랑, 정현사定玄師와 도우道友를 맺고 있어 이들의 권유도 있었을 것이고, 본인의 판단도 작용했을 것이다. 최치원은 저물어가는 조국을 뒤로한 채 은둔지 가야산으로 들어가면서 다시는 세상 밖으로 나오지 않겠다는 굳은 각오를 다지면서 〈청산 맹약 또는 입산시〉를 남긴다. '저 뒷날 내 자취 두고 보게나(試看他日吾踪跡) 한 번 들면 다시는 안 돌아오리(日入靑山更不還)'라고 자기와의 굳은 맹세를 하면서 머나먼 은둔의 길을 택했다. 최치원이 은둔하는 동안에 신라의 정치 현실은 걷잡을 수 없는 상황으로 돌아가고 있었다. 반란군 견훤과 궁예가 나라를 세워 왕이 되고, 신라 영토는 점점 이들에게 넘어가 종묘사직마저도 위태롭게 되어가는 것을 멀리서 바라보는 최치원의 마음은 어떠했을까? 최치원이 가야산을 오가면서 은둔하였던 경남 하동군 화개면 쌍계사골 화개천 인근에는 야사 한 편이 전해 내려오고 있다.

'최치원이 세상을 등지고 자연을 벗삼고 있을 때 국왕이 사람을 보내 국정을 논의하자고 불렀는데 이 말을 듣고 바위 위에서 귀를 씻었다'라는 야사와 함께 최치원이 새겨 놓은 〈세이암洗耳岩〉이라는 친필 글자가 오늘날까지 뚜렷하게 남아 있다. 사실 최치원의 은둔은 숨어서 산 것은 아니고 정처없는 유람이었다. 은둔 초기에는 합천 가야산을 주 거주지로 하여 인근 홍류동 계곡에서 사색하거나 해인사에서 불교 관련 저술 활동을 한 것이 대부분이었을 것으로 보인다. 그러다가 점점 인근 지역으로 행보를 넓혀 하동 쌍계사와 산청 단속사를 찾거나, 때로는 창원 〈월영대〉, 양산 〈임경대〉, 사천 〈남일대〉와 다솔사 등 경남 일대를 두루 돌고 머물면서, 평소 교류하던 스님들이나 인근 지역의 지방 선비들의 초빙을 받아 그들과 유대하면서 학문을 닦거나 후학들의 교육에 전념한 것으로 믿어진다. 그가 자주 찾았던 경남 관내의 해인사, 청량사, 쌍계사, 단속사에는 최치원 전용 독서당이나 학사당이 있었으며 창원 〈월영대〉에는 별서가 갖추어져 있었다는 기록으로 보아 이곳들은 한 번 들면 상당 기간을 체류하면서 보낸 것으로 보인다.

은둔 초기에는 유람 지역이 그가 살고 있던 경남 지역이었으나 나중에는 출입 반경이 넓어져서 전국의 명산대천으로 점점 확대되어 갔다. 최치원이 가는 곳에는 그 지방의 관료, 선비, 유림, 스님, 도사를 비롯하여 그를 따르던 지역의 백성들이 구름처럼 모여들었다. 최치원은 그들과 어울려서 누각을 세우기도 하고 석대石臺를 쌓아 송죽을 심어 가꾸면서 강학하며 학문을 가르치고 시를 읊조리면서 지내다가 다른 곳으로 순회하곤 하였다. 이렇게 지내던 곳들을 《삼국사기》에서는 경주의 남산, 강주剛州(진주)의 빙산氷山, 합천의 청량사, 지리산의 쌍계사, 합포合浦(창원)의 〈별서別墅〉 등 다섯 곳을 들고 있으나, 전국적인 유적지와 유람지는 7개 시도의 28개 시군에 104개소의 세부 유적들로 남아 있다.

《삼국사기》에 기록되어 있는 곳 외에 대표적인 곳으로는 경남 지역의 창원시 마산합포구 〈고운대〉, 진해구 〈청룡대〉·〈강선대〉, 양산 〈임경대〉 〈고운대孤雲臺〉, 거창 가조 〈고견사〉, 사천 〈남일대〉, 남해 〈금산동천錦山洞天〉(《택리지》에 기록), 함양 〈상림〉과 〈학사루〉가 있다.

부산광역시에는 동백섬과 〈해운대〉가 있으며 해운대구의 지역 명칭은 최치원에서 유래하여 지어졌다. 그 외 수영구 백산사 옥련선원玉蓮禪院, 남구 신선대가 있다.

경북 지역으로는 안동, 봉화 지역의 청량산 〈치원봉〉·〈치원대〉·〈치원암〉과 〈총명수聰明水〉, 문경 희양산 자락의 〈봉암사〉, 의성 등운산騰雲山 〈고운사〉, 문경 가은 〈야유암夜遊岩〉과 〈백운대〉, 성주 〈초전〉, 고령 〈벽송정〉, 김천 〈학사대〉가 있다.

충청 지역으로는 보령 성주사와 보리섬, 공주 공산성, 보은 속리산, 홍성 장곡면 쌍계 계곡이 있으며 연기에 조치원 전설이 있다.

최치원의 은둔지 합천 가야산 〈홍류동〉

　호남 지역으로는 김제 금산 귀신사歸信寺, 해남 화원 서동사瑞洞寺, 태인, 옥구 등에 많은 세부 유적들이 분포되어 있다.
　지금까지 밝혀진 기행지紀行地는 모두가 영남, 호남, 충청 등 삼남三南 지역이었으나 최근에는 북한의 금강산까지도 최치원이 기행紀行했다는 자취가 새로 확인되었다.
　통일이 되면 북한서도 최치원에 관련한 많은 기록과 유적들이 나올 수 있을 것을 기대해 본다. 최치원의 천 년 유적지가 이처럼 오늘날까지 전해 내려올 수 있었던 것에 대하여 고운을 연구하는 최재욱 전 환경부장관은 「문창후 최치원선생 유적 답사」에서 '이 많은 최치원의 사적을 백성들은 누가 시키지도 않았는데도 줄기차게 가슴에 담아 내려오고 있는 것은 참으로 풀리지 않는 의문이고 찾아도 찾기지 않는 해답이다'라고까지 했다. 전국을 유람하던 최치원은 908년 〈신라수창군(현 대구)호국성팔각등루기新

羅壽昌郡護國城八角燈樓記〉를 쓴 이후로는 더 이상 그의 자취를 남기지 않았다.

그래서 후세인들은 이 작품을 최치원의 마지막 작품이라고 말하고 여기까지를 그의 일반적인 생존 기간으로 보고 있다. 이때의 최치원 나이는 52세였다. 이〈신라수창군호국성팔각등루기〉는 시주자 이재異才라는 부부가 바라는 '법등을 높이 달아 하루빨리 전쟁을 없애야 되겠다'는 청에 따라 쓴 글로서 '사람에게 선한 소원이 있으면 하늘이 반드시 이에 따를 것'이라고 격려해 주는 내용이다. 당시 이 글을 지은 장소를 최치원은 아주 먼 곳에 나와 가정도 잊은 채 글을 쓴다고 기록하고 있어, 이 작품은 합천 가야산 자기 집에서 멀리 나와서 쓴 것으로 판단된다. 따라서 이 글은 최치원이 살아생전 마지막으로 남긴 작품으로서 의의가 깊다고 하겠다. 글의 일부를 소개해 본다.

하늘이 아직 재앙 내린 것을 후회하지 않고 있는데, 땅에서는 여전히 간악함이 판을 치는구나. 시국이 위태로우면 생명체 모두가 위태로우며(時危而生命皆危), 세상이 어지러우면 인심 또한 어지러워지는 법이다(世亂而物情亦).

―최치원〈신라수창군호국성팔각등루기〉《고운최치원문집》중 일부

part 4

최치원은 신선이 되었는가

　최치원의 죽음 또한 신비스럽다. 언제 어떻게 세상을 떠났는지를 아는 사람도 기록도 없다. 최치원의 죽음에 대하여 언급한 가장 오래된 책으로 고려시대 유학자 이인로(1152~1220년)가 쓴 《파한집破閑集》이 있다. 거기에서는 최치원은 '벼슬에 뜻이 없어서 가야산에 은거하다가 어느 날 아침 일찍 문을 나간 후 간 데를 알 수 없었다. 관冠과 신발을 숲속에 남겨 놓은 걸 보면 아마 신선이 되어 올라간 것 같다'고 썼는데 이인로는 원래 신선을 부정하는데도 이런 글을 쓴 것을 보면, 그때 이미 최치원에 대한 신선설이 민간에 넓게 퍼져 있었던 것으로 보인다.

　조선시대 《여지승람輿地勝覽》에서는 "그가 관직에 물러나 합천 가야산에서 가족과 함께 은둔 세월을 하다가 '어느 날 아침에 일찍 일어나서 집을 나간 뒤에 갓과 신발만 숲속에 남겨 놓고 어디로 갔는지 알 수 없어' 해인사 승려들이 그날을 받아 영정을 독서당에 봉안 명복을 천도했다"고 기록하여 《파한집》의 기록과 비슷함을 알 수 있다.

최치원의 문묘 배향을 반대했던 조선시대 유학자 이율곡李栗谷(1536~1584년)은 「유가야산부遊伽倻山賦」에서 "꿈속에 어떤 신선이 학을 타고 훨훨 날아와 내게 말했다. '내게 신선약이 있는데 한번 배부르면 굶주림을 잊게 되고 그 어떤 신선 세계든 마음대로 갈 수 있네. 그대는 내가 누군 줄 알겠는가. 나는 대답했다. '알겠습니다. 상계上界에 계시는 신라 학사로서 세상에서 유선儒仙이라 일컫는 분이 바로 선생님 아니십니까' 신선이 미소를 지으며 거문고를 당겨 노래했다. 노래가 끝나자 신선은 보이지 않고 온갖 소리가 모두 고요해라. 문을 열고 내다 보니 빈 산에 달빛만 휘영청하다"라고 기록하고 있다.

최치원이 은둔한 지역의 하나인 경남 하동 쌍계사 근처에는 최치원이 신선이 되어 갔다는 〈득선처得仙處〉라고 부르는 곳이 있는데,

하동 화개에 있는 최치원 득선처와 암호글

지금의 하동군 화개면 신흥과 의신마을로 가는 화개천 큰 바위 위에 최치원이란 이름 같기도 한 세 글자의 암호가 각석되어 있다. 이곳에서 최치원이 신선이 되어 가면서 '이 글을 해독하는 사람이 나오면 내가 신선이 되었음을 알 것'이라고 하면서 지리산으로 유유히 사라졌다는 전실이 전해지고 있다. 이 암호 글자는 실제로 지금도 존치하고 있다.

어떤 사람은 최치원이 물외인物外人으로 산수간에서 방랑하다가 사망했다고도 하며 어떤 이는 신선이 되었다는 속설과 함께 자살한 것이 아닌가 하는 새로운 주장을 펴기도 한다. 이런 가운데 그의 사망 시점을 마지막 작품을 쓴 908년인 그의 나이 52세로 보는 것은 무리가 있다는 주장도 있다. 최치원의 향년享年에 관해서는 많은 설이 있는데 그의 작품인 문경 〈봉암사지증대사숙조탑비〉를 세운 해인 924년까지 살아 있었다는 설, 927년에 왕건이 견훤에게 보낸 〈답견훤서〉가 최치원 친필이라고 《삼국유사》에 기록하고 있어 사실이라면 그는 67~70세까지 생존했다는 설, 최치원을 연구하는 최완수의 54세 설, 김영두의 70세 설을 비롯하여, 서거정徐居正의 《필원잡기筆苑雜記》에 나오는 '927년 71세에 종적을 감추었다'는 기록까지 있다.

중국 남경대학 고전연구소 편찬 《당시 대사전唐詩大事典》에는 72세까지 살아 있었다고 되어 있으며, 경남 함양 상림공원 '문창후신도비'에서는 95세까지 살았다는 기록 등 여러 설이 있으나 모두가 다 명확한 자료를 제시하지 못하고 있다. 분명한 것은 908년 마지막 작품 저술 이후에도 상당 기간을 더 살아 있었다는 것은 확실해 보인다는 점이다.

조선시대 호남 관찰사 서유구는 《계원필경집》 교인본 서문에 기록하기로 '최치원은 강양군江陽郡(합천군) 가야산伽倻山으로 들어가 생을 마쳤는데, 그의 묘소는 호서湖西의 홍산鴻山에 있다. 어떤 이는 공이 신선이 되었다고도 하나, 이는 허망한 말이다'라고 명확하게 적고 있다. 이런 기록을 근거로 하여 최치원을 연구하는 많은 사람들이 오랜 기간을 통하여 최치원 묘소를 찾으려고 노력했으나 아직까지 발견하지 못하고 있다.

최치원의 최후는 끝내 밝혀지지 않고 세상에 나오지 않은 채 종적을 감추고 선화仙化했다고 우리는 믿고 있다. 최치원의 삶은 12년의 유년기와 17여 년의 중국 생활과 신라 귀국 후의 10여 년의 관직 생활은 극히 유교적인 것이었다. 관직을 은퇴한 후 15여 년의 은둔기 삶은 노장적老莊的인 분위기 속에서 도교적으로 자족하려고 했으며, 말년에는 불교적인 입장을 취하다 일생을 마쳤다고 사람들은 말하고 있다. 이러한 최치원의 삶은 그의 '종교 융합' 사상과도 무관하지 않다고 보고 있다. 최치원은 시대의 제약을 극복하지 못한 채로 중세적 지성의 선구자로 머물다 간 아쉬움을 남겼으나, 그의 삶과 행적은 한 세대를 훌쩍 뛰어넘어선 후에야 높이 인정받아 고려 때인 1020년(현종 11년)에는 내사령內史令에 추증되고 다음 해에는 문창후文昌候에 추시追諡되고 문묘에 배향되기 시작하였다.

조선시대에는 태인泰仁의 무성서원武城書院, 경주의 서악서원西嶽書院, 함양의 백연서원柏淵書院, 영평永平의 고운영당孤雲影堂, 대구 해안현解顏縣의 계림사桂林祠 등에 제향되기 시작하여 오늘날까지 29개소로 확대되어 천년을 이어오고 있다.

최치원을 연구하는 많은 학자들은 '결국 그는 새로 건국되는(고려) 세력들에게 협조하지 않고 두 임금을 섬기지 않는다는 불사이군不事二君의 유교적 충성을 다하고 일생을 마쳤다'고 평가하면서, 그를 민족 주체의식을 지닌 고결한 학자로 새롭게 재평가하고 있다. 국회의원과 환경부 장관을 역임한 최재욱崔在旭은 「최치원 유적 답사 결과기記」에서 다음과 같이 적고 있다.

> 선생은 알면 알수록 더욱더 알고 싶어지는 분이다. 알고는 싶은데 알 수 없는 것이 신선이라면, 그런 의미에서 선생은 신선이다. 가야산이나 지리산

의 신선이 아니라, 수많은 사가史家와 경모자敬慕者들이 울창한 숲속을 이리저리 찾아 헤매어도 옷소매를 잡을 수 없는, 가야산이나 지리산보다 더 깊고 험준한 신비神秘라는 청산青山의 신선神仙이다.

— 최재욱 「문창후 최치원 선생 유적 답사기記」 일부

이러한 가운데 지금 21세기에도 최치원의 역사는 멈추지 않고 살아 숨 쉬고 있다. 현재 최치원의 유적이 산재해 있는 경남의 창원시·합천군·함양군, 경북의 경주시·문경시를 비롯하여 부산광역시 해운대구, 전북의 군산시, 충남의 서산시 등 전국의 8개 시군이 '고운 최치원 인문관광도시 연합협의회'를 구성하여 최치원과 그의 유적에 대한 연구와 발굴, 보전, 개발을 공동 추진함으로써 최치원 정신을 집대성하고 나아가 문화 융성 도시로 연계·발전시켜 공동 관광지로 개발해 나기로 한 협약을 2017년에 체결하여 연차적으로 추진해 나가고 있다.

이처럼 최치원은 지나간 천 년 과거사에 머물러 있는 사람이 아니라, 오늘도 어디선가에서 그의 발자취를 찾고 있는 사람들이 있는가 하면, 그와 관련한 학술대회가 열리고, 그를 연구하는 사람, 그를 추모하는 행사들이 하루도 빠지지 않고 행해지고 있다는 사실은 그만큼 '최치원의 르네상스'적 가치가 높다는 증거이다.

최치원이 관리로 재직하던 중국에서도 한·중 교류사에 빼놓을 수 없는 인물로 올려놓고 우리나라보다 더 많은 연구를 하고 있다고 한다. 최치원은 외로운 구름이 아니고 참으로 행복한 신선이라 하겠다. 최치원의 행적은 본인이 직접 찬술한《계원필경집》,《사산비문四山碑文》등 불교 관련 작품, 기타 시문詩文에서 나타나고 있다. 사후에는《삼국사기》,《삼국유사》,《고려사》, 이인로의《파한집》, 조선시대 서거정의《동문선東文選》, 노사신의 지리서《동국여지승람東國輿地勝覽》, 오윤이 지은《동사찬요東史纂要》, 이중환이 지은《택리지擇里志》,《최치원문집》, 기타 태수로 재직했던 시군이

나 은둔 생활을 하였던 지역의 역사서, 시군지市郡誌, 읍지 등에 행적과 삶을 기록하고 있다. 이런 기록들은 곳곳에 산재한 유적으로 확인 가능한 것이 대부분이다. 또 야사, 구전까지 더하여 최치원은 가히 우리나라 최고의 '지성인'임을 알게 해 준다. 그의 저서, 유물들은 대한민국 국보에서부터 각 시도의 지방문화재로, 천연기념물로 지정되어 보전되고 있다. 일천 년 전 살다 간 고대 사람으로서 이처럼 자료가 풍부하고 생생하게 남아 있다는 것은 최치원의 역사적, 문화적 비중과 위치가 그만큼 중요함을 알려주는 일이라 하겠다.

part 5

최치원의 작품 세계

part 5

최치원의 작품 개요

최치원의 작품은 중국에 체재하면서 지은 작품과 신라에 영구 귀국하여 쓴 국내 작품으로 크게 나눌 수 있다. 최치원은 중극에서 관리로 재직하면서 1만여 수의 글을 썼다고 본인이 밝힌 바 있다. 중국에서 창작한 많은 작품들은 대부분 폐기되거나 유실되고 현재까지 남아 있는 작품으로는 《계원필경집》에 수록되어 있는 370여 편(문장 310편, 시 60수)의 작품을 비롯하여, 이 책에 수록되지 않은 다수의 작품이 있다.

최치원은 당시 동아시아 세계를 지배했던 당나라의 관리로 재직하면서 작성한 최신 문장을 무더기로 신라에 가져와서 풀어 놓자 왕에서부터 조정, 사대부, 문인, 선비들에게 감로수가 되었으며 이것이 각 시대를 거쳐 내려오면서 교과서적 길잡이가 되어 우리 문학사의 초석이 되었다. 최치원이 중국에서 쓴 최고의 걸작품은 〈격황소서檄黃巢書〉로 그를 중국의 대작가 반열에 우뚝 서게 하였으며 유명 문인, 종교인, 정치적 인사들과 두루 교류하는 계기를 만들어 주었다.

신라에 돌아온 최치원은 조정의 한림학사翰林學士와 지방의 태수(군수)로 전전하는 동안 왕실 문서와 《사산비명》 등 불교 관련 글과 사회 개혁안 〈시무 10여조〉를 썼다. 관직을 사퇴하고서는 합천 해인사에서 사찰 관련 글을 저술하였고 전국의 심산유곡을 찾아 유랑하면서는 시 작품과 친필 각석들을 남겼다. 혹자들은 최치원을 대필가에 비유하기도 하지만 최치원은 국가적으로 큰 작품만을 썼으며 《사산비명》의 경우는 한 편을 쓰는 데 2년 이상의 심도 있는 연구와 검토를 거쳐서 불경은 물론 사서, 경서, 도덕경까지 인용하면서 작품을 창작하였고, 이 중 〈지증대사적조탑비명〉은 무려 8년에 걸쳐 고치고 다듬으면서 작품을 완성시켰다.

시 작품의 경우는 당말의 유명 시인들과 견주어도 조금도 뒤지지 않는 작품으로 평가받고 있으며 각 작품들을 통하여 최치원의 사상과 철학, 종교 등 사회 전반에 걸쳐서 당시의 정세를 파악할 수 있게 해 주고 있다. 고려시대 문인 이규보(1168~1241년)는 최치원의 글이 중국에서 위명을 떨쳤음에도 불구하고 당서 열전에 세우지 않는 것을 비난하기도 했다. 사후 최치원은 고려 때 문창후文昌侯로 추증되어 문묘에 배향되었으며 우리는 그에게 '동방 문장의 본시本始', '한국 문학의 조종'이라는 명예를 안겨 주었다. 그의 작품은 양과 질의 양면에서 한국 고대 문학사는 물론 역사, 정치, 종교, 사상까지 연구하는 데 1급 사료로 평가받고 있다.

part 5

중국에서의 작품 활동

　최치원의 중국에서의 작품 활동 기간은 868년 그의 나이 12살에 유학 가서 884년 신라 귀국까지 17여 년간이었다. 이 기간을 다시 세분해 보면, 먼저 국자감 유학생으로 시작하여 874년 과거 급제하기까지 유학생 신분으로서의 작품 활동 기간을 설정할 수 있다. 학생 때는 주로 학습과 과거시험에 도움이 되는 글들을 찾아 쓰는 학문적 기반을 쌓은 기간이었다. 이때 최치원은 졸음을 쫓기 위해서 상투를 천장에 매달아 놓고 가시로 살을 찌르는 그야말로 인백기천人百己千의 노력으로 공부하면서 글 연습을 하였다 한다. '그때에 쓴 시문詩文과 부賦가 상자 가득 채우고 남을 정도였으나 후에 어린이의 장난거리와 같아서 폐기하였다'고 《계원필경집》 서문에 기록하고 있다.

　다음으로, 874년 과거 급제 후 관직 등용에 대기하던 동안의 문학 활동 기로 하남河南, 강소江蘇, 강서江西, 호남湖南, 호북湖北, 산동山東 등 동도東

都(낙양) 지역의 명승지를 유랑하면서 주로 시 작품과 산문을 썼으며 본인 말대로 붓으로 연명하면서 지내던 기간이었다. 이때의 작품으로는 산문집인 《사시금체부私試今体賦》 5수 1권, 시집인 《오칠언금체시五七言今体詩》 100수 1권과 《잡시부雜詩賦》 30수 1권을 들 수 있다.

세 번째는 중국 관리에 등용된 후의 작품 활동기이다. 876년 20세에 선주 율수현위에 임용되어 생활이 안정됨에 따라 왕성한 작품 활동을 시작할 수 있는 여건이 갖추어진 시기로서 이때에 《중산복궤집》 1부 5권을 저술하였다고 소개하고 있다. 이 외 율수현위 시절 작품으로는 《계원필경집》에는 수록되어 있지 않지만, 최치원이 관내 출장 중에 '쌍녀분'을 발견하고 부친의 정략 결혼에 비관하여 죽은 두 여형제가 묻혀 있는 묘라는 것을 알고 이들을 위로하기 위하여 〈쌍녀분 시〉, 〈두 여인의 무덤에 대한 시〉, 〈팔낭자의 시〉, 〈구낭자의 시〉 등 20수를 이들과 주고 받으며 영혼을 위로하였다는 인귀교환설화人鬼交歡說話가 신라 이야기책인 《수이전》에 기록되어 있다. 권문해權文海의 《대동운부군옥》 권15에는 〈선녀홍대仙女紅袋〉라는 이름으로 개편되어 수록되어 있고 《고운 최치원 문집》에도 소개되어 있다. 그동안 최치원 원작이 아니라는 주장이 있었으나, 오늘날 중국으로부터 최치원 작품임이 입증되고 있다.

이후 최치원은 율수현위를 사임하고서 879년에 회남절도사 겸 동면제도행영 병마도통 고변의 휘하에 문서 담당 종사관으로 발탁되어 재직하던 4년(879~884년) 동안에 가장 많은 작품을 저술했다. 이 기간에 공사 포함 1만여 수의 수려한 작품을 썼는데, 그중 〈격황소서〉 격문은 중국인들을 감동시켰으며 최치원을 대문장가로 자리매김해 주었다. 이때에 우수작만을 골라 묶어서 신라로 귀국할 때 가지고 와 왕께 올린 《계원필경》 문집의 모본으로 활용했다. 중국에서의 작품 활동은 패기 넘치고 원대한 꿈과 필력을 갖춘 일생 중에 가장 왕성한 작품 활동을 펼친 기간이었다.

최치원의 대표작인 《계원필경집》은 중국의 《신당서新唐書》「예문지藝文志」, 《당문습유唐文拾遺》 등에 저서명이 기록되어 한반도에서 최초로 중국 정사에 기록된 개인 작품집이기도 하다. 최치원의 중국 내 문학 활동은 그로 하여금 당대唐代 외국 인사 중 작품을 가장 많이 남기고, 가장 높은 성취를 이룬 문학가로서 꼽히게 했는데, 이는 고대 한문 문화권 인사 가운데 분명하게 특출한 것으로 보인다고 학자들은 평가하고 있다. 특히, 중국의 전통 문학 장르인 시詩·문文·부賦에 속하는 작품들은 최치원의 깊은 공력과 조예로 문체가 수려하고 변려문과 산문이 번갈아 가면서 조화를 이루고 필치가 노련해 그의 높은 학식과 풍부한 문장력을 보여준다. 이는 중국풍의 성숙하고 우수한 작품의 예술적 풍모를 갖추고 있어 시 작품 경우는 당대唐代 명가의 작품과 비교하여도 손색이 없다는 평가를 받고 있다.

오늘날 최치원을 연구하는 중국의 학자와 문인들은 최치원의 문장이 당송唐宋 8대가 안에 들어가고 중국인들의 존경을 받고 있는 유종원과 구양수 사이의 수준이라고 평가하고 있다.

〈격황소서〉의 작품적 의의

최치원이 중국에서 쓴 작품 중 가장 명문은 뭐니 뭐니 해도 〈격황소서檄黃巢書〉이다. 이 작품은 최치원의 《계원필경집》 권11, 4편의 격서 중에 첫 번째로 소개되어 있다. '황소의 난'이 한창이던 881년 회남절도사 고변이 난을 진압하기 위해 황소에게 항복을 권유하는 포고문을 최치원에게 쓰게 하여 동년 7월 8일 중국 곳곳에 방으로 나붙게 된 것이 그 유명한 〈격황소서〉이다.

> 천하의 모든 사람들이 모두 너를 죽여야 한다고 할 뿐만 아니라 저 땅밑에 있는 귀신까지도 이미 너를 죽이기로 의논했으리(不唯天下之人皆思顯戮仰亦地中之鬼己議陰誅).
>
> ―최치원 〈격황소서〉(이은상 역) 중 일부

황소가 이 격문을 읽다가 혼비백산하여 평상에서 떨어지기까지 했다는 이야기가 전해 내려오고 있다. 이 〈격황소서〉의 주요 내용으로는 도道와 권權을 내세워 천하 대세의 운행 이치를 밝히고, 조정의 강성함과 황소의 비뚤어지고 무모함을 부각시켜 사태를 올바르게 파악하여 항복을 권유하는 내용이다. 이 글의 위력으로 당시 수세에 몰리던 정부군은 전세가 역전되어 884년 황소가 산둥의 태산에서 자결하고 난은 진압되었다. 이 명문의 격서는 중국 황실을 깜짝 놀라게 했을 뿐 아니라 당시 중국 사람들은 '황소를 물리친 것은 칼이 아니라 최치원의 글이었다'는 말까지 나올 정도로 장안의 화제가 되기도 하였다. 이 〈격황소서〉로 최치원의 문장 솜씨가 중국 천지에 알려지게 되었다.

이 글의 문체는 당시 대표적인 사륙 변려문四六騈儷文으로 변려체의 형식미 및 대장법對仗法의 묘는 독보적이었으며 후세의 한학자들에게 많은 영향을 주었다고 한다. 〈격황소서〉는 주장이 강하고 명확할 뿐 아니라 절묘한 대구를 통해 형식미를 드러내고 있다. 《삼국지》, 《위서》, 《수서》 등 사서와 경서에서 수준 높은 고사를 인용함으로써 읽는 사람에게 위압감과 설득력을 높인 뒤에 최치원 본인의 생각을 덧붙이는 방식을 취하고 있다. 이런 것으로 하여 〈격황소서〉는 문인으로의 천재성과 박학함을 잘 드러내는 명작이라고 한·중 학자들은 다같이 말하고 있다. 또한 문학사상 신라 전 기간을 통하여 가장 뛰어난 문장으로 평가받고 있는데, 천 년이 지난 오늘날 읽어 보아도 박진감이 넘친다. 조선시대 홍석주는 「교 계원필경집서」에 다음과 같이 기록하고 있다.

〈격황소서〉는 화려하면서도 들뜨지 않음을 알 수 있다. 기운이 굳세고 뜻이 곧으니 결코 교묘하게 아로새기려 한 것이 아니요, 평이하고 우아하니 중국의 사람들이 미칠 수 있는 바가 아니라고 할 것이다. 이는 대개 명수明水와 거친 삼베 같은 바탕 위에 단술의 맛과 화려한 옷삼의 아름다움을 겸한 것이라고 할 것이니, 이 어찌 보배로이 할 일이 아니겠는가.

─홍석주「교 계원필경집 서」중 일부

    최치원은 이 격문을 지은 공로로 당 황제로부터 내전의 관직으로 특진하는 영광과 함께 황실을 자유로이 출입할 수 있는 비어대까지 하사받았다. 이를 계기로 그는 당唐의 유명 문인 반열에 우뚝서게 되었으며 명사들과 폭넓게 교류하는 계기를 맞게 되었다. 당대의 대표적인 문인이던 고운顧雲, 장교張喬, 양섬楊贍, 오만吳巒, 주번周繁, 두순학杜荀鶴, 배줄裵拙 등 기라성 같은 중국 시인들과 국가를 뛰어넘는 깊은 우정과 문학적 관계를 쌓으며 광범위하게 교유하는 명사가 되었다. 이로써 최치원은 외국 인사 중에서 문학작품을 가장 많이 남기고 높은 성취를 이룬 문장가로 정평 났으며, 친구이자 호가 같았던 고운顧雲도 '열두 살 때 배를 타고 바다를 건너와 문장으로 중화의 나라를 감동시켰다'라고 찬탄하였다고 기록하고 있다.

    오늘날 중국의 학자들은 '최치원이 고대 한국인의 총명한 지혜와 문학적 재능을 충분히 보여주었다'고 하면서, 당시 회남절도사 고변 휘하에는 뛰어난 문장가가 많았지만 모두가 최치원을 능가하지는 못했다고 말하고 있다. 〈격황소서〉는 최치원의 근무지였던 오늘날 양조우시 지역의 중학교 역사 교과서에 실려 암송되고 있다. 그리고 그는 고등학교 입학시험을 준비하는 학생이라면 반드시 알아야 할 역사 인물 중의 한 사람이라고 한다.

part 5

국내에서의 작품 활동

최치원은 신라에 돌아와서도 다양한 작품 활동을 계속하였다. 그의 국내 작품 활동 기간은 885년 신라로 영구 귀국한 후부터 마지막 작품 〈신라수창군호국성팔각등루기〉를 저술한 908년까지 23여 년간이다. 국내 작품 활동기를 다시 세분하면, 중국에서 귀국한 885년부터 왕실에서 한림학사로 재직하던 5년간의 중앙 조정에서의 작품 활동기, 890년 태안군 태수에서 시작하여 천령·부성군 태수로 재직하다가 모든 관직에서 은퇴한 898년까지 8년간의 지방관직·아찬 벼슬 기간, 그리고 898년 관직 은퇴 후 은둔하면서부터 908년 마지막 작품을 남긴 해까지 10여 년 은둔 기간 중의 작품 활동기로 구분할 수 있다.

《계원필경집》을 편집하여 왕께 바치다

최치원은 귀국한 다음 해인 886년 조정의 한림학사로 재직하면서 중국에서 골라온 우수 작품들과 신라에 와서 쓴 일부 작품들을 포함시켜 28권으로 재편집한 책을 서장序狀과 함께 헌강왕께 바쳤다.

> 회남淮南에서 본국에 들어오면서 조서詔書 등을 보내는 사신을 겸한, 전前 도통순관都統巡官 승무랑承務郞 시어사侍御史 내공봉內供奉 사賜 자금어대紫金魚袋 신 최치원은 저술한 《잡시부雜詩賦》 및 《표주집表奏集》 28권을 올립니다. 그 구체적인 내용은 다음과 같습니다.
> 《사시금체부私試今體賦》 5수 1권
> 《오언칠언 금체시五言七言今體詩》 100수 1권
> 《잡시부》 30수 1권
> 《중산복궤집中山覆簣集》 1부 5권
> 《계원필경집》 1부 20권
>
> ─ 최치원 《계원필경집》 서문 일부

이들 작품집 중 오늘날까지 유일하게 전해지고 있는 것은 《계원필경집》 20권으로 당시 유행하던 최신의 변려문체로 쓰인 작품들이다. 책은 서序, 시詩, 부賦, 표表, 장狀, 주장奏狀, 당장堂狀, 별지別紙, 격서檄書, 서신書信, 위곡委曲, 거첩擧牒, 재사齋詞, 제문祭文, 기記, 소疏, 계啓, 장狀, 별지別紙, 잡서雜書 등 장르별로 분류했다. 작품들은 황제에게 올리는 글에서부터 중국 사람들을 감동시켰던 〈격황소서〉를 비롯하여 절도사 관아 내부에서 이루어진 각종 공사간의 글들로 편집된 310여 편의 문장과 한시로 사시금체시, 오언절구시, 오언율시, 오언고시, 칠언절구시, 칠언율시, 칠언연구시 등 30여 수, 고변 절도사를 찬양하는 칠언기덕시 30수로 구분하고 중간에 유실된 《사시금체》, 《5언·7언 금체시》, 《잡시부》 시집과 산문집으로 《중산복궤집》을 나누어 엮은 것이었다.

이 《계원필경집》에 수록된 작품들은 국제식에 의거 장르별로 분류하여 읽기에도 찾기에도 편리하게 편집함으로써 우리나라 문학사에 있어서 문장을 장르별로 분류한 최초의 책이 되었다. 《계원필경집》 서문과 함께 수록된 최치원의 대표작들은 지은 연대순으로 편집되어 있는데, 《계원필경집》이란 제목을 붙인 연유에 대하여 다음과 같이 기록하고 있다.

> 신이 때마침 난리를 만나 융막에 기식하게 되었는즉, 이른바 거기서 먹고 살아왔는지라, 이에 필경筆耕으로 제목을 삼고 또 왕소의 말로써 지난일을 증거하였사옵니다. 비록 쓸모없이 돌아와 부작에게 부끄러움이 있사오나 이미 밭 갈고 김매듯 마음을 파헤쳤사온지라, 조그마한 수고나마 버리기가 아까워서 성감聖鑑에 앙달하고자 하와 시·부·표장 등 28권을 이 서장과 아울러 올리옵니다.
>
> ─최치원 《계원필경집》(고운 최치원 문집) 서문 중 일부

《계원필경집》이 각 시대에 미친 문학적인 의미는 실로 크다 하겠다. 이 문집에 수록되어 있는 총 370여 작품 중 310여 편은 최치원이 회남절도사 고변의 막부에서 종사관으로 재직하면서 처리한 공식적인 문서와 각종 종교 등에 필요한 글을 고변을 대신하여 작성한 작품이다. 한문학 양식의 형식미가 골고루 갖춰진 문집은 《계원필경집》이 최초이기 때문에 그 의미가 남다르다는 것이다. 따라서 함께 수록되어 있는 60여 편의 한시를 포함하여 이 책은 우리나라를 뛰어넘어 동양의 명저名著로 평가받게 되었던 것이다.

이 문집의 문체는 문학적 조예가 깊어 정교하고도 화려하여, 작품의 다양성多樣性과 규모의 광대성廣大性, 내용의 분명성分明性과 정확성正確性을

돋보이게 한다. 또한 사서나 경서, 도덕경 등 고서를 폭넓게 인용함으로써 그의 박학다식함과 깊고도 높은 문학 의식을 보여주고 있으며, 어떠한 장르의 글도 거리낌 없이 수준 높게 쓰고 있어 놀랍다 하지 않을 수 없다.

최치원의 문장과 시 작품들은 신라 후기와 고려, 조선시대를 거쳐오면서 왕에서부터 사대부, 선비, 문인을 총망라하여 지침서 역할을 해 왔다. 이렇게 중국인들에게 조금도 뒤지지 않은 시와 문장을 쓸 수 있게 됨으로써 그는 우리 문학을 본궤도로 끌어올린 종조宗祖로 평가된다. 또한 이 문집은 한반도에서 가장 오래된 개인 문집으로서 고전문학에 많은 영향을 끼쳐 왔다. 《계원필경집》은 오늘날 당나라는 물론 중국 양조우(揚州)의 문학과 역사를 연구하는 데 매우 중요한 문학적, 사료적, 문헌적 가치를 지니고 있다고 중국 학자들은 평가하고 있다.

국내 창작 작품들

《계원필경집》에 수록된 작품 외에 국내에서 창작한 작품들은 주로 왕의 하명이나 스님들의 요청에 따라 쓴 것이 많다. 그는 고승들의 공덕을 기린 《사산비명四山碑銘》, 스님들의 전기, 탑기 등 불교에 관한 글이나 역사서, 외교 문서, 그리고 본인이 여가로 쓴 67여 수의 시 작품을 포함하여 부賦, 서序, 표表, 장狀, 계啓, 기記, 전傳, 소疏 등 수많은 장르의 작품들을 저술하였다. 총 98여 편의 작품들이 《삼국사기》, 《삼국유사》, 《동문선》, 《신증동국여지승람》, 《소화시평》, 《기아箕雅》, 《지봉유설》, 《고운집》 등의 고서에 수록되어 있다. 《계원필경집》에 빠져 있는, 중국에서 지은 일부 시詩를 포함하여 국내에서 지은 작품 현황은 대략 다음과 같다.

한시

- 5언절구시五言絶句詩 : 〈추야우중秋夜雨中〉 등 2수
- 5언율시五言律詩 : 〈범해泛海〉 등 5수
- 5언고시五言古詩 : 〈강남녀江南女〉 등 4수
- 7언절구시七言絶句詩 : 〈석류〉 등 18수
- 7언율시七言律詩 : 〈호원 상인에게 주는 시〉 등 12수
- 7언연구七言聯句 외 삼구시三句詩 : 〈고소대〉 등 4수
- 잡록시雜錄詩 : 〈친필시첩〉(일명, 화개동시) 8수, 〈향악잡영 5수鄕樂雜詠五首〉, 〈쌍녀분 시〉 등

불교 관련 작품

- 〈상재국척대신등봉위헌강왕결화엄경사원문上宰國戚大臣等奉爲憲康王結華嚴經社願文〉
- 〈왕비김씨위고수석가여래상번찬王妃金氏爲考繡釋迦如來像幡讚〉
- 〈왕비김씨위선고급망형추복시곡원문王妃金氏爲先考及亡兄追福施穀願文〉
- 〈왕비김씨위망제추복시곡원문王妃金氏爲亡弟追福施穀願文〉
- 〈대화엄종불국사비로자나문수보현상찬大華嚴宗佛國寺毘盧遮那文殊普賢像讚〉
- 〈대화엄종불국사아미타불상찬大華嚴宗佛國寺阿彌陀佛像讚〉
- 〈화엄사회원문華嚴社會願文〉
- 〈해동부석존자의상휘일문海東浮石尊者義湘諱日文〉
- 〈해동화엄초조기신원문海東華嚴初祖忌晨願文〉
- 〈번경증의대덕원측화상휘일문飜經證義大德圓測和尙諱日文〉
- 〈종남산지상사엄화상보은사회원문終南山至相寺儼和尙報恩社會願文〉
- 〈해인사묘길상탑기海印寺妙吉祥塔記〉
- 〈신라가야산해인사결계장기新羅伽倻山海印寺結界場記〉

- 〈해인사선안주원벽기海印寺善安住院壁記〉
- 《석 순응전釋順應傳》
- 《석 이정전釋利貞傳》
- 《부석존자전浮石尊者傳》
- 《법장화상전法藏和尙傳》
- 〈신라수창군호국성팔각등루기新羅壽昌郡護國城八角燈樓記〉

사산비명
- 〈숭엄산성주사낭혜화상백월보광탑비명崇嚴山聖住寺朗慧和尙白月葆光塔碑銘〉(국보 제8호)
- 〈지리산쌍계사진감선사대공령탑비명智異山雙磎寺眞鑑禪師大空靈塔碑銘〉(국보 제47호)
- 〈희양산봉암사지증대사적조탑비명曦陽山鳳巖寺智證大師寂照塔碑銘〉(국보 제315호)
- 〈초월산대숭복사비명初月山大崇福寺碑銘〉

부賦(산문) : 〈새벽을 노래함〉 1수
서序 : 〈난랑비 서〉
표表 : 〈제왕연대력, 신라하정표〉 등 7문
장狀 : 〈견숙위학생수령등입조장〉 등 6문
계啓 : 〈상양양이상공양 관습계上襄陽李相公讓館給啓〉
소 : 〈시무 10여조〉

최치원의 국내 작품들은 《계원필경집》에 수록되어 있는 작품 못지않게 다양하다. 관직 재직 시와 은둔하면서 여가로 지은 시詩를 비롯하여 왕의 하명에 따라 편찬한 《사산비명》, 〈사사위표〉, 〈양위표〉, 〈난랑비 서〉와 해인사 스님들의 청에 따라 찬술한 《법장화상전》 등 불교 관련 작품들은 우리 문예 발전에 많은 영향을 끼쳤다.

비록 왕이나 스님들을 대신해 쓴 글이라 하지만 접해 본다면 글 속에는 이론적 배경이나 자기 사상과 철학은 물론이고 그때의 사회 상황까지도 객관적이고 정확하게 기록하고 있다. 이렇게 최치원은 조국에 와서도 많은 걸작품을 창작했다.

최치원이 돌아온 시기의 조국 신라는 태평성대가 아닌 격변기였다. 견훤, 궁예, 왕건이 등장하여 통일 이전의 신라, 백제, 고구려의 삼국시대로 다시 돌아간 혼탁 속에서 한 치 앞을 내다볼 수 없는 정국에서 신라 천 년의 종묘사직이 송두리째 흔들리는 길도에 있었다. 이런 가운데 최치원은 '중국에 있을 때나 조국에 돌아왔으나 모두 난세를 만나게 되었다'고 한탄하기도 했으며, 이런 현실의 쓰라림을 글로써 토로해 내거나 시로써 마음을 달래기도 하였다.

《사산비명》의 찬술

《사산비명》은 국내 작품 중 대표작으로 그의 나이 29세 당나라에서 귀국한 이듬해인 886년에 왕명을 받아 찬술하기 시작해 37세 때인 893년에 완성한 것이다. 짧게는 2년, 길게는 만 8년에 걸쳐서 집필한 작품으로 의욕적인 30대의 젊은 나이에 이루어 낸 작품들이다. 《사산비명》의 4개의 비명 碑銘 중 3개는 고승들의 공덕을 기린 비명이다. 현재, 경남 하동군 화개면 운수리 쌍계사 경내에 있는 ① 국보 제47호 〈지리산쌍계사진감선사대공령탑비명〉은 최치원의 친작 친필로 세워졌으며, 다음으로는 충남 보령시

성주면 성주리 성주사터에 있는 ② 국보 제8호 〈숭엄산성주사대낭혜화상백월보광탑비명〉과 ③ 경북 문경시 가은면 원북리 봉암사 경내에 있는 국보 제315호 〈희양산봉암사지증대사적조탑비명〉을 차례로 완성시켰다. 이들은 천 년을 넘어온 작품으로 모두 국보이다. 나머지 하나는 경북 경주시 외동면 말방리 대숭복사에 있었던 ④ 〈초월산대숭복사비명初月山大崇福寺碑銘〉이다. 대숭복사는 신라 왕실의 사찰로서 최치원 아버지 견일이 사찰 건창에 참여했다는 기록이 있다. 이 탑비는 역대 신라 왕을 찬양하는 내용으로 되어 있다. 최치원의 친작 친필로 탑비가 세워졌으나 임진왜란 때 사찰과 함께 파괴되어 필사본만 전해 오다가, 2014년 비명을 교감하고 행렬을 맞춰 새로 조성하고 글씨는 최치원 친필인 하동 쌍계사 〈진감선사대공령탑비명〉에서 모방하여 숭복사지 내에 복원하여 오늘에 이르고 있다.

《사산비명》의 찬술 시대표

구분	쌍계사진감선사대공령탑비명	성주사대낭혜화상백월보광탑비명	봉암사지증대사적조탑비명	초월산대숭복사비명
하명받은 해	헌강왕 12년 (886년)	진성여왕 2년 (888년).	헌강왕 1년 12월 (885년)	헌강왕 12년 봄 (886년)
완성한 해	정강왕 2년 (887년)	진성여왕 4년 (890년)	진성여왕 7년 (893년)	진성여왕 2년 (888년)
찬술 당시 최치원 나이	29~30세	33~35세	28~36세	29~31세
탑비 건립 연도	정강왕 2년 또는 진성여왕 1년 (887년)	진성여왕 4년 (890년)	경명왕 8년 (924년)	진성여왕 10년 (896년)
글자 규모	2,423여 자	5,120여 자	3,800여 자	3,100여 자

《사산비명》이란 이름은 조선시대 선조~광해군 때 명승이었던 해안 철

면鐵面 노인이라는 스님이 《고운집孤雲集》에 수록되어 있는 여러 작품 중에 비명碑銘만 뽑아내어 《사산비명》이란 이름을 붙인 데서 유래했다. 비의 문장들은 우리 식 언어 표현으로 구사되어 있고, 변려체의 사륙문四六文으로 용어의 선택에 폐쇄성을 가짐에도 불구하고 독특한 전고典故를 적절히 구사함으로써, 짧은 글귀에도 많은 내용을 함축하여 만당晚唐의 화려한 변려문의 기교를 유감없이 발휘하고 있다는 평가를 받고 있다.

또한 비명은 왕명을 받아 지은 글이기 때문에 서술상의 많은 제약에도 불구하고, 찬술자 최치원 자신의 개인적인 견해와 소신도 유감없이 첨가되어 그의 학문적, 문학적 역량을 마음껏 드러낸 작품이다. 불교뿐만 아니라 유교와 도교는 물론 풍수지리에 관한 내용까지 포함시켜 그가 품고 있었던 사상과 학문 세계 전체를 엿볼 수 있다. 그리고 비문의 주인공과 찬술자가 함께 입체적으로 드러난 명문으로서의 문학적 가치를 가지고 있다는 평가를 받고 있다. 《사산비명》은 신라시대 한문학의 능숙한 문풍을 보여 주는 귀중한 자료로서 역사적, 문화적, 사료적 가치는 물론 중국 역대 금석문의 법식을 풍부하게 활용하고 있어 우리나라 금석문 발전에도 기여한 바 크다.

《조선불교통사朝鮮佛敎通史》에서는 '비명이 변려체이지만 한자 한 귀 한 귀가 내력 없음이 없고 뜻이 창달하고 원만하여 우리나라 비문의 원조元祖가 됨과 동시에 조선 선종禪宗의 한 역사라고도 일컬을 만하다'고 했다. 이 비명은 《삼국사기》보다 250여 년이나 앞설 뿐만 아니라 시대를 거쳐 오면서 스님들의 학습 교재로 쓰였을 뿐만 아니라 당시의 생생한 사실을 담고 있어 사료적 가치가 높다. 우리나라 고대의 역사, 문화, 정치, 사상을 살필 수 있는 중요한 자료인 것이다.

사산비 전경

❶ 쌍계사 진감선사대공령탑비
❷ 성주사 대낭혜화상백월보광탑비
❸ 봉암사 지증대사적조탑비
❹ 새로 복원된 초월산 대숭복사탑비

가야산 해인사에서의 저술 활동

　최치원은 가야산에서 은둔 생활을 시작하면서 해인사 스님들의 요구로 주로 사찰에 관한 탑기塔記나 기원문, 해인사 창건 스님들의 전기를 집필하였다. 895년 7월에 새긴 〈해인사묘길상탑기〉는 당시 해인사 소속 스님들이 도둑(견훤 반란군을 지칭)들로부터 사찰을 방어하는 싸움에서 사망하자 그 원혼들의 명복을 비는 글로서, 1965년 문화재 도굴단 검거 과정에서 탑기가 회수되었다. 최치원 작품 중 가장 후기에 발견된 작품으로 참혹했던 당시 사회상이 기록되어 있는데, 최치원의 행적을 파악할 수 있게 해주는 아주 중요한 역사 기록이다.

　이 탑기에는 최치원의 관직명을 쓰지 않고 이름만 기록되어 있는 것으로 보아, 태수직을 사퇴하고 해인사로 와서 895년부터 집필 활동에 들어간 것으로 보인다.

　또 다른 해인사 작품으로는 불도에 장애가 되지 않도록 해인사찰 도량을 4면으로 구획하여 3층의 집을 짓고 4층에 누를 올리는 내용으로 된 〈신라가야산해인사결계장기〉가 있다. 이 내용 중에는 신라와 가야라는 말의 어원을 밝히는 대목이 있는데 신라라는 국명國名은 '실로 파라제波羅提가 법을 일으킨 시라尸耶에서 따온 것'이고, 산을 가야伽耶라 한 것은 '석가문釋迦文이 도를 이룬 곳의 가야와 같다' 하여 이름 지어졌다고 기록하고 있다. 900년에는 해인사 경내의 선안주원(지금은 없음)이라는 건물의 벽에 쓴 〈신라가야산해인사선안주원벽기〉라는 신라 불교사에 관한 작품이 있고, 승려 전기로는 《법장화상전》과 해인사를 창건한 《석 이정전》, 《석 순응전》이 있다.

　그중 《법장화상전》은 《사산비명》 다음 가는 대작으로서 이 작품은 후에 중국에 전해져서 화엄의 사상 체계를 기술한 탁월한 거작으로 인정받아 송나라 대장경에 포함되어 일본으로 건너갔다. 현재 일본 화엄종의 본산인 고잔사에 보관 중인 《대일본속장경大日本續藏經》과 《대정신수대장경》에 수록되어 일반인에게는 공개되지 않을 정도로 귀중한 사료로 취급되고 있는 국제적인 화엄종의 역사서이다. 《법장화상전》 후기에는 904년 본인이 직접 '가야산 해인사 화장원에서 난리도 피하고 병도 요양하며 두 가지 편리를 도모하였다'라는 기록이 있다. 특히, 몸이 많이 아파서 쑥뜸질을 매일 하였다는 기록으로 미루어 이것이 그의 사망 원인과 어떤 관계가 있는 것은 아닌지 궁금하기도 하다.

이은 작품으로 908년 그의 나이 52세 때에 〈신라수창군호국성팔각등루기〉를 찬술하였는데 이 작품은 국가의 경사와 전정의 화를 물리치기를 바라는 '기원문'으로 수창군壽昌郡(지금의 대구)의 호국성護國城팔각등루八角燈樓에 걸어 놓은 작품이다. 이 작품을 끝으로 이후에는 최치원에 대한 글과 행적은 보이지 않는다. 최치원은 이 작품의 마지막 부분에 이렇게 기록해 놓았다.

> 나(최치원)는 멀리서 글을 지어 소원을 시술하여 달라는 부탁을 받아 드디어 사실을 바로 써서 사람을 경계하며 또한 도를 위하여 가정을 잊었으므로 공적이 마침내 영원히 서게 되었다.
> ―최치원 〈신라수창군호국성팔각등루기〉(고운문집) 중 일부

이 작품 내용으로 보건대 최치원은 어느 먼 곳의 심산유곡에 나와서 가정도 잊은 채 도道에 심취되어 있지 않았나 추측이 된다. 그가 멀리 나와 있다고 한 그곳은 과연 어디일까? 생각만 하여도 흥미진진해진다.

그 외 창작 작품들

신라 귀국 후 국내 초기 작품으로 짐작되는 우리의 고유 사상인 풍류도를 해석한 유명한 〈난랑비鸞郎碑 서序〉가 있다. 이 작품은 신라 화랑 '난랑'을 추모하기 위한 비문의 일부로서 전문은 전해지지 않고 서문만 《삼국사기》와 《고운문집》에 기록되어 있다.

> 나라에 현모한 도道가 있으니 이름하여 '풍류'라 한다. 이 가르침을 창설한 근원은 '선사'에 자세히 갖추어 있으니, 실로 세 가지 가르침을 포함해 뭇 중생을 교화하는 것이다. 말하자면 집에 들어와 부모에 효도하고 나가서는 나라에 충성하는 것은 공자의 가르침이요, 아무런 작위적 일이 없는 가운데서도 말로 표현할 수 없는 진리를 실천하는 것은 노자의 근본 뜻이며, 모든 악행을 짓지 않고 모든 선행을 받들어 행동하는 것은 석가모니의 교화인 것이다〔國有玄妙之道 曰風流 設敎之源 備詳仙史實乃包含 三敎接化群生具知 入則孝於家 出則忠於國 魯司寇之 旨也 處無爲之事 行不言 之敎周 柱史之宗也 諸惡莫作諸善奉行 竺乾太子之化也〕.

— 최치원 〈난랑비 서〉 전문

총 76자의 짧은 문장이지만 여기에는 화랑도의 근본 정신인 풍류도, 곧 우리 민족 고유의 풍류 사상의 핵심 내용이 들어 있어 여간 주목되는 것이 아니다. 편찬 연대는 정확하게 알 수 없으나 《사산비명》과 같이 왕명에 의하여 지은 것으로 보인다. 이 작품은 문학성보다도 최치원의 독창적인 사상을 엿볼 수 있다는 데 더 큰 의미를 부여해야 할 것이다.

다음은 태산(태안), 천령(함양), 부성(서산)군의 태수와 아찬으로 재직하면서 지은 것으로 예상되는 사서史書인 〈제왕 연대력〉과 왕을 대리하여 지은 국서인 〈신라 하정표〉, 〈양위표〉, 〈사사위표〉, 〈기거표〉, 〈사은표〉, 〈사사조서양함표〉, 〈사불허북국거상표〉가 있고 부성군 태수 때 작성한 국정 개혁안 〈시무 10여조〉가 유명하다. 이 중 〈양위표〉, 〈사사위표〉 외는 제목만 전해지고 있다. 또 다른 작품으로는 중국에 관비 유학생 파견에 관련하여 보내는 외교 문서로 〈견숙위학생수령등입조장〉, 〈주청숙위학생환번장〉, 〈신라왕여당강서고대부상장〉이 있는데, 이들은 고대 우리나라 학생들의 유학사를 파악할 수 있는 자료들이다.

최치원 작품 세계의 특징은 한 분야에 국한되지 않고 다양한 장르의 작품을 저술했다는 것인데, 이런 사실을 바탕으로 하여 그를 일컬어 '종합문학가'로 칭하기도 한다. 이렇게 많고 다양한 최치원의 작품에 대한 후세인들의 평가 또한 다양했다. 조선의 건국을 설계한 문신 겸 학자인 삼봉 정도전鄭道傳(1342~1398년)은 최치원을 '문학하는 선비'라 하였으며, 조선 전기의 문신 남곤南袞(1471~1527년)은 '동방 문헌은 그 유래가 문창후 최치원으로부터 시작되었다'라고 했다. 또한 조선 중기 학자 겸 문신 허목許穆(1595~1682년)은 군자의 나라로 일컬어졌던 이우로 천하에 떨쳤던 최치원의 문학을 제시하였고, 조선 후기 실학자 이긍익李肯翊(1736~1806년)은 우리나라 문장의 시작을 최치원으로 보았다. 조선시대 최고봉의 실학자 다산 정약용丁若鏞(1762~1836년)도 신라와 고려에서 예원藝苑을 이끌었던 인물로 최치원을 지목했다.

20세기 근·현대에 들어와서도 그의 문학적 평가는 계속되었으며 문신이자 학자 김윤식金允植(1835~1922년)도 최치원을 '우리나라 문장의 비조'로 높이 평가하였다.

이와 반하여 조선 전기의 학자이자 예술가였던 성현成俔(1439~ 1504년)은 최치원의 문장을 '시구에는 능하지만 뜻이 정밀하지 못하고, 비록 사륙문四六文에 재주가 있다 하나 말이 단정하지 않다'고 비판하기도 했다. 조선시대 문인 서거정徐居正(1420~1488년)은 《계원필경》을 '괴상하고 거칠고

궁벽한 글'이라 평하면서도 《동문선東文選》을 편찬하면서 최치원의 시詩 29수와 문장 183여 작품을 수록하였다. 이런 가운데 최치원을 문학의 비조로 보는 시각은 당대에서부터 고려, 조선, 근대에 이르기까지 높은 호평으로 일관되어 왔다. 일부 부정적인 평가에도 불구하고 대문호로서의 위상을 끌어내리지는 못하였기 때문이다. 그의 평가는 오늘도 진행 중에 있다.

친필 각석과 서가書家로서의 최치원

최치원은 문서 작품 외에 전국의 명산대찰을 유랑하면서 바위에 친필 각석刻石(돌에 새긴 글)도 많이 남겼다. 경남 지역에 남긴 각석으로는 하동 쌍계사 〈쌍계·석문雙磎石門〉 4글자를 비롯하여 국왕이 국정을 논의하자는 말을 듣고 귀를 씻었다는 〈세이암洗耳嵒〉, 진감선사 비문을 지은 곳으로 알려지는 〈환학대喚鶴臺〉가 있고, 2018년 5월 가장 최근에는 쌍계사 불일폭포 주변에서 발굴된 〈완폭대翫瀑臺〉 각석들이 쌍계사 주변에 산재해 있다. 마지막 여생을 보낸 합천 가야산에는 〈제시석시문題詩石詩文〉과 〈홍류동紅流洞〉이란 표지문 각석, 창원시 마산합포구에 있는 〈월영대月影臺〉 표지 각석, 진해구에 있는 〈청룡대 치원서靑龍臺致遠書〉 각석, 산청군 단성면 단속사斷俗寺 입구 바위벽에는 〈광제암문廣濟嵒門〉 각석이 있다.

여타 지역으로는 부산광역시의 〈해운대海雲臺〉 각석과 경북 지역의 문경시 원북리 봉암사 입구의 〈야유암夜遊岩〉이라는 각석 작품이 있고, 1998년에 충남 홍성군 정곡면 월계리 쌍계계곡 바위에 〈쌍계풍악雙磎楓嶽〉, 〈용은별서龍隱別墅〉, 〈옥룡암玉龍巖〉, 〈침수대枕漱臺〉, 〈최고운서崔孤雲書〉 등 13개 각석이 최치원 친필이라고 그곳의 문화계에서 주장한 바 있다. 그 외에 최치원 글이라 주장하는 〈유설경학대장類設經學隊仗〉이 있고 927년 후백제 견휜이 왕건에게 보낸 서신의 답서인 〈답견휜서〉를 최치원이 썼다고 《삼국유사》에 기록하고 있다. 이 기록이 사실이라면 최치원이 70세까지 살아 있었다는 결론이 나오게 되는데 이 작품은 문체가 최치원 작법과 유사하다고는 하나 연대상으로 보아 신빙성이 희박하다는 것이 학계의 중론이다.

　서가書家로서 최치원의 작품 또한 높은 평가를 받고 있다. 서예 부분은 사상이나 문장에만 집중적으로 평가되면서 극히 지엽적으로 다루어져 왔다. 의심의 여지없이 최치원의 친필 작품으로 거론되는 것은 하동 쌍계사 〈진감선사대공령탑비명〉의 총 2,423자 석문이다. 이것은 1725년(영조 1년)에 목판에 모각摹刻(그대로 본떠 새김)되기도 하여, 원래의 비에서 손상된 부분의 내용을 아는데 크게 도움이 된다. 신라부터 조선 초까지의 역대 명적들의 글씨를 수록하여, 1530년에 간행한 목판본 법첩인 《해동명적海東名迹》(보물 제526호)에 실려 있는 〈추야우중秋夜雨中〉, 〈한고대풍가漢高大風歌〉도 최치원의 친필작품인 것으로 널리 알려져 있다. 그 외 전국적으로 흩어져 있는 각석에서 서예체의 글씨를 찾아볼 수 있으나 〈쌍계·석문〉을 제외한 각석 작품들은 최치원의 친필인지의 여부가 불명확한 실정이다. 조선 중기 문신 윤근수尹根壽(1537~1616년)는 최치원의 서체가 중국 서예의 대가 구양순의 서체로부터 이어진 것이라고 평가하였다.

> 최치원의 〈진감선사비명〉과 《해동명적》에 수록되어 있는 '추풍유고음'(〈추야우중〉 첫 구절)의 자체字體는 가로 세로 획이 수척하고 굳센 것이 산가지[算子]와 비슷하여 곧은 기세가 있지만 자태는 부족하다. …(중략)… 최치원은 구양순의 서체를 배우고 성석린은 저수량의 서체를 모방했다는 것을 알았다.
> ─윤근수 《월정집》 별집 4권 〈만록〉 중 일부

　같은 시대 허목許穆(1595~1682년)은 신라로부터 천 년 세월이 흐르면서 후세에 남긴 서가로 최치원을 지목하면서 하동 쌍계사 〈진감선사대령공탑비명〉은 서가로서의 진면목을 보여 주었다고 평가했다. 그 외 서예를 연구해 온 수많은 전문가들은 최치원의 글씨는 당대唐代 구양순의 필획이 나타나고 중국 남북조 시대의 북위北魏 서풍書風의 필획과 해동의 서성書聖이라 불리는 신라의 명필가 김생金生(?~711년) 필법과 필획도 나타난다고 말하면서, 그렇다고 해서 이들을 전적으로 모방하고 있다고만 볼 수는 없다고 평가했다.

진감선사대공령탑비명 친필 일부

　오늘날 서예 연구가들도 최치원의 대표적 친필인 하동 쌍계사 〈진감선사대령공탑비명〉은 전체적으로 해서이면서도 행서로 쓰인 글자도 많으면서 특히 '동형반복을 절제하고 필획에 변화를 주어 자형을 다양화하고 조화롭게 구사하였다'고 평가하고 있다. 서체에 나타난 심미적 독창성과 창작성은 최치원만의 독특한 정수를 보여주는 서체라고 평가하면서 중국의 구양순이나, 안진경의 서체를 그대로 모방한 것이 아님을 밝히고 있다. 이렇게 천 년을 뛰어넘는 최치원 작품들은 시대를 거쳐 내려오면서 격조 높은 사대부나 문인들의 시문과 문서 작성, 과거 시험, 서예 등의 길잡이 역할을 해 왔을 뿐 아니라, 한국 고대 서예, 금석문자를 연구하는 데 없어서는 안될 사료가 되고 있다.

part 5

주옥 같은 시詩를 남기다

최치원의 시 작품詩作品은 〈격황소서〉나 《계원필경집》, 《사산비명》, 《법장화상전》과 같은 대 문장에 가려져 크게 주목받지 못했던 것이 사실이다. 최치원 시는 '당대唐代 명가의 작품과 비교해도 전연 손색이 없다'고 중국의 학자들은 평가하고 있다. 고려시대 문인 정지상은 '최치원의 글은 이태백이나 두보 같다'고 극찬했으며 광복 후 현대 시인이자 국문학자 양주동梁柱東(1903~1977년) 박사는 《계원필경집》에 실려 있는 시는 우리나라 한시漢詩의 맨 처음이고 으뜸이며 한국 한시사漢詩史의 귀중한 자료가 되는데, 그는 특히 영물시詠物詩에도 능했다고 평가했다. 현대의 우리나라 원로 시조시인 이근배는 '이 땅에 시詩의 씨앗이 뿌려지고 꽃이 피기를 수천 년, 비로소 이 나라에 시인이란 이름의 눈부신 별이 솟아났으니 그가 곧 최치원이다. 이 나라를 시의 나라로 개국開國한 최치원을 생각해 보라. 이 땅에 아직 정제整齊된 시가 없던 시대에 그가 구사驅使한 저 천의무봉天衣無縫의 명편名篇들을. 이것들을 그가 아니고 누가 해낼 수 있었겠는가(1990. 7. 15, 중앙일보)'라고 평가한 바 있다.

최치원 시 작품은 크게 중국에서 지은 국외 시 작품과 신라에 돌아와 지은 국내 시 작품으로 나눌 수 있다. 중국에서의 시 작품을 세분하면 과거 급제 후 관직에 등용되기 전 낙양洛陽과 동도東都를 유랑하며 지은《오칠언 금체시五七言今体詩》,《잡시부雜詩賦》등이 있고, 회남절도사 고변의 종사관으로 재직 시 지은《금체시今體詩》와《계원필경집》에 단편적으로 수록되어 있는 60여 수의 시편이 있다. 그러나《계원필경집》에 기록되어 있는 시 작품 외의 전문 시집은 전부 유실되고 없다. 현재《계원필경집》에 수록되어 있는 단편 시 30여 수首와 회남절도사 고변의 공덕을 칭송한 칠언기덕시七言記德詩 30수가 있으며 그 외에《계원필경집》에 빠진 중국에서 지은 10여 수의 시가 우리나라 고전에 수록되어 있는 정도이다.

국내 시작품으로는 그가 중국에서 돌아온 885년부터 생애 마지막 글을 남긴 908년까지 사이에 지은 60여 편의 한시가《삼국사기》,《삼국유사》,《동문선》,《소화시평》,《기아》,《동국여지승람》,《지봉유설》,《고운문집》에 일부 중국에서 지은 작품과 함께 수록되어 있다. 장르별로는 오언절구시, 오언율시, 칠언절구시, 칠언연구시, 삼구시 등 다양한데, 국내 작품과 중국에서 지은 시를 합하면 127여 수의 작품이 현존하고 있다.

현존하고 있는 최치원의 시 작품 수에 대해 학자들은 박노춘(단국대 동양학연구소)은 110여 편, 김중렬(한성어문학회)은 130편, 이구의(최치원문학연구)는 126편이라 조사 발표한 바 있으나 현재 127수의 시가 최치원 작품으로 존재하고 있다 한다. 이것은 이황건(가천대학교 아시아문화연구소)의「최치원의 현존 시詩 제고」논문에서 근거한 것이다. 최치원의 시가는 내용이 풍부하고 시재도 다양하다. 송별, 기행, 역사, 회고, 수증酬贈, 사물을 노래하는 등 매우 다채롭고 정감이 깊고 뜻이 고원하며, 예술적으로 감성과 경치가 서로 융화하고 기법이 능숙하다고 한시 전문가들은 평가한다. 최치원의 시는 당시 중국의 시대 상황을 반영하듯, 만당의 사화파

詞華派의 시풍으로 현실 정치의 영향을 받아 사회의 중대한 문제점들과 사물의 본질을 예술적으로 반영하고 있다. 경물을 구체적으로 치밀하게 묘사하고 내면의 정감을 속속들이 표현해 시적 구성이 엄밀하고 언어 구사가 정확하고 생동감이 넘치며 글자 글자에 깊은 의미를 함축하고 있어 예악禮樂이 넘치고 고차원적 언어를 구사하고 있는 품격 높은 시라는 평가를 받고 있다.

혹자들은 최치원의 시 작품이 현재 남아 있는 수가 너무 적다고 아쉬움을 표하고 있다. 그러나 천 년 전 한국 고대 작가의 시가 백여 편 넘게 남아 있는 사람은 최치원이 유일하며, 이 정도면 오늘날 시집 두 권을 편집할 수 있는 분량으로 작가의 시 세계를 충분히 알아볼 수 있을 만하다.

우리는 고대 한국의 대시인 최치원의 시를 통하여 다양한 양식의 시적 경험을 할 수 있게 되었다는 점에서 문학사적 큰 의의를 갖는다고 하겠다.

중국에서의 시 작품

중국에서의 시 작품은 이미 밝힌 바와 같이 대부분 《계원필경집》에 수록되어 있는 60여 수가 해당되겠다. 대표작으로는 〈추야우중秋夜雨中〉, 〈우정야우郵亭夜雨〉, 〈접시꽃[蜀葵花]〉, 〈생각에 붙여[寓與]〉, 〈제 여지도題輿地圖〉, 〈강남녀江南女〉, 〈이웃에 우신미 장관이 살기에 시를 써서 부치다長安旅舍與于愼微長官接隣〉, 〈두견杜鵑〉, 〈화우인제야견기和友人除夜見寄〉, 〈석상유천石上流泉〉, 〈동풍東風〉, 〈야소野燒〉, 〈증금산사주지贈金山寺住持〉, 〈요주파양정饒州鄱陽亭〉, 〈조수 물결[潮浪]〉, 〈바닷가 모래톱[沙汀]〉, 〈바다 갈매기[海鷗]〉, 〈산꼭대기의 아슬아슬한 바위[山頂危石]〉, 〈바위 위의 작은 소나무[石上矮松]〉, 〈단풍나무[紅葉樹]〉, 〈해변에서 봄 경치를 바라보며[海邊春望]〉, 〈바닷가를 한가로이 거닐며〔海邊閒步〕〉,〈해동으로 돌아올 즈음에 참산의 봄 경치를 바라보며〔將歸海東巉山春望〕〉,〈봄날 새벽에 한가로이 바라보며〔春曉閒望〕〉,〈해문의 난야에 있는 버들을 읊다〔題海門蘭 若柳〕〉,〈돌 봉우리〔石峯〕〉 등과 회남절도사 고변을 칭송한 〈칠언기덕시七言記德詩〉 30수가 있다.

그 외에 《계원필경집》에 수록되지 않은 중국에서 지은 시 작품으로는 〈화고운우사모 춘즉사〉,〈화고운시어중양영사〉,〈화장진사교촌거병중견기〉,〈송오진사 만귀강남〉 등이 있다. 이 밖에도 율수현위 재직 때 작품으로 전해지는 고순현高淳縣 '쌍녀분 설화雙女墳說話'와 관련하여 두 여인의 영혼과 주고받은 〈인귀교환설화시人鬼交歡說話詩〉 20수가 중국의《육조사적六朝事蹟》과 신라 이야기책인《수이전》과《태평통재》(권60)에 수록되어 있다. 최치원은 중국에서 시작詩作을 통하여 그곳의 유명 시인들과도 적극 교류하였다. 국자감 동창이며 과거 동년배인 고운, 당나라 말기 유명 시인 나은, 장교, 두순학, 오만, 정전, 이위 등과 우의를 돈독하게 나누면서 서로 시를 주고 받았다. 이중 '두순학' 시인은 당나라 최고 시인을 대상으로 엮은《당시선唐詩選》에 이백, 두보, 백거이 등과 함께 나란히 이름이 올라 있을 정도로 유명 시인이다.

이들은 왜 젊은 최치원과 교류했을까? 그것은 두말할 나위도 없이 그의 시가 그만큼 수준 높은 시로 인정받았기 때문일 것이다. 당시 콧대 높았던 두순학은 율수의 최수부, 즉 최치원 현위와 10년이란 나이 차이에도 시를 주고 받으며 지냈다. 그는 최치원에게 '구화산 이 사람이 마음으로 인정하여 낮은 벼슬 안 따지고 시 한 편 주노라네. 두순학'이라고 시로 교류했.

당시 최치원은 이백이나 백거이, 원진의 시를 인용하지 않고 만당의 사화파詞華派의 시풍을 따랐는데, 그것은 정치적 혼란 시대에 민중들로부터 공감을 얻으려 했던 고운顧雲이나 나은羅隱의 영향과 무관하지 않을 것이다. 친구인 고운顧雲은 '문장이 중화의 나라를 감동시킨다'는 찬탄을 아끼지 않았다. 중국에서 지은 최치원의 대표 시 몇 스를 감상해 본다.

쓸쓸한 가을바람에 애달픈 노래	秋風唯苦吟
세상엔 날 알아주는 이 없고	世路少知音
깊은 밤 창밖에는 비 듣는 소리	窓外三更雨
등불 아랜 만 리 먼 길 외로운 마음	燈前萬里心

―최치원 〈비 오는 가을밤에秋夜雨中〉(이은상 역) 전문

이 오언절구시는 남용익南龍翼의 《기아箕雅》의 첫머리를 장식하는 최치원의 대표시로서 당시 송시열은 《송자대전》에서 최치원의 문장을 우리 문학의 비조로 인정하면서 《기아》 첫머리에 최치원의 작품을 수록하는 것을 진실로 좋은 일이라고 평가하였다.

허균許筠도 이 시에 대하여 칭찬을 아끼지 않았다고 하며, 창작 시기는 정확하게 알 수 없으나 자신을 가장 잘 묘사한 자화상 같은 시라 했다. 그는 부단히 노력하고 있으나 난세를 만나 인정받기는커녕 갈수록 불우한 시대에 처하게 되어 믿을 곳은 없고, 마음의 위안을 삼을 고향은 아득히 멀리 있고, 부모님과 고향 생각에 젖어 이 시를 쓴 것이 아닌가 한다.

배를 푸른 바다에 띄우니	掛席浮滄海
긴 바람 만리를 통하였네	長風萬里通
뗏목 탔던 한나라 사신이 생각나고	乘槎思漢使
불사약을 구하던 진나라 동자가 기억나네	探藥憶秦童
해와 달은 허공 밖에 있고	日月無何外
하늘과 땅은 태극의 가운데일세	乾坤太極中
봉래산이 지척인 듯	蓬萊看咫尺
내 우선 신선을 찾으리라	吾且訪仙翁

―최치원 〈범해泛海〉(양상철 역) 전문

위의 시 〈범해〉는 최치원이 17년간의 중국 생활을 마치고 신라로 돌아오면서 지은 시가 아닌가 한다. '하늘과 땅은 태극 중에 있다'는 시구는 오늘날 대한민국을 떠오르게 하는 느낌마저 준다. 이 시는 2013년 중국 시진핑 주석이 당시 박근혜 전 대통령이 방문했을 때 한중 우호를 다진 연설에서 최치원은 한중 교류의 상징적 인물이라 말하며 "배를 푸른 바다에 띄우니(掛席浮滄海) 긴 바람 만 리를 통하였네(長風萬里通)"란 시 구절을 인용해 유명해지기도 한 시이다.

바라보매 문득 깃발이 펄럭펄럭	望中旌旆忽繽紛
군사들이 변방을 쳐나가며 횡행하는 듯	疑是橫行出塞軍,
사나운 불꽃이 하늘을 지르니 지는 해도 무색하고	猛焰燎空欺落日
미친 연기가 벌판에 뻗어 가는 구름 막는구나	狂烟遮野截歸雲
소말 치는데 방해된다고 탓하지 마소	莫嫌牛馬皆妨牧
여우 살쾡이 모두 소굴을 잃음이 기쁘지 않는가	須喜狐狸盡喪群
다만 두려운 것은 바람이 산 위에까지 몰고 가서	只恐風驅上山去
옥과 돌 차별 없이 타게 함이네	虛敎玉石一時焚

— 최치원 〈들불(野燒)〉《고운최치원전집》 전문

위의 시 〈들불〉은 최치원이 고변 회남절도사 막부에서 종사관으로 재직할 때 지은 것이다. 당唐 말 '황소의 난'과 민란으로 정치 상황이 혼란스러워 충신 간신의 구별이 어려운 때라, 작가의 괴로운 심정을 내면에 숨겨둔 채 부패하고 혼란한 정치 상황이 개혁되기 바라는 심정이 묻어 있는 시이다. 시인 양주동梁柱東 박사는 '최치원의 이 〈들불(野燒)〉과 〈두견杜鵑〉은 마치 혁명을 노래한 듯, 자기 자신을 견준 듯한 걸작이다'라고 평론한 바 있다.

광릉성 기슭에서 작별했던 아미를	廣陵城畔別蛾眉
바닷가에서 상봉할 줄 어찌 알았으랴	豈料相逢在海涯
단지 관음보살이 아까워할까 두려워서	只恐觀音菩薩惜
떠날 임시에 여린 가지 감히 못 꺾겠네	臨行不敢折纖枝

―최치원〈해문의 난야에 있는 버들을 읊다(題海門蘭若柳)〉전문

이 시는 최치원에게서 처음 보이는 이성에 대한 시가 아닌가 싶다. 최치원의 신라 귀국 소식을 듣고 찾아온 여인과의 작별을 아쉬워하는 내용으로 아릿하고 애절하고 묘한 울림까지 주고 있다. 아미는 눈썹 혹은 미녀의 대칭으로 쓰이는데, 여인을 버들에 비유하고 있다. 20대 초반의 청년 최치원의 로맨틱한 사랑 시가 아닌가 한다. 그 밖에도 '쌍녀분 설화(雙女墳說話)'의 두 여인과 최치원이 주고받았다는 '인귀교환설화(人鬼交歡說話)' 시 20수 가운데 한 구절을 소개해 본다.

한하노니, 웅재로서 먼 타국의 관리되어	自恨雄才爲遠吏
쓸쓸한 여관에서 유령을 찾아	偶來孤館尋幽邃
장난 삼아 썼던 글귀	戲將詞句向門題
감동하여 깊은 밤에 찾아온 선녀	感得仙姿侵夜至

―〈쌍녀분 시〉《고운최치원문집》중 일부

이 '쌍녀분(雙女墳)' 시를 짓게 된 동기에 대해서는 앞에서 언급한 바 있다. 율수현위 재직 때 이웃 고순현(高淳縣)의 경계에 있는 공무 숙소에 들렀다가 아버지의 정략 결혼(政略結婚)에 불응하여 목숨을 끊은 두 자매의 영혼을 달래 주기 위해 최치원과 주고받았다는 시 20수가 그것이다. 한동안은 이 설화 자체를 최치원과 연관시키는 것을 꺼리는 분위기였다. 그러나 오늘날 현지 중국 고순현 당국에서는 사서와 논문, 무덤, 사진 등을 묶어《쌍녀분

과 최치원》이란 책을 간행하고 오페라극 등 각종 문화 행사와 홍보물을 제작하여 연관시킴으로써 중국에서는 '쌍녀분雙女墳' 설화가 최치원 원작임을 기정사실화하고 있다. 그 외 최치원은 당대唐代 최고의 시인인 시선詩仙 이백과 백석산인의 시에 대해 서슴없는 논평을 하기도 했으니, 《계원필경집》 권19의 잡서10서 중 〈고 비서가 장가를 보여 준 것에 대해 사례한 글(謝高祕書示長歌書)〉이 그것이다.

> 이백李白의 경우는 오직 허탄虛誕한 표현만을 자랑하고, 백석산인白石山人 같은 경우는 단지 황당荒唐한 작품으로만 치달리면서, 그저 풍월風月과 금준琴樽으로 승개勝槪를 삼으려 할 뿐, 군신君臣과 예악禮樂으로 굉규宏規를 삼으려 하지 않습니다. 그래서 끝내는 천년만년 유전流傳될 시가詩歌로 하여금, 모두 대아大雅와 소아小雅가 타락했다는 탄식을 자아내게 하고 있습니다.
> ─최치원 〈고 비서가 장가를 보여 준 것에 대해 사례한 글(謝高祕書示長歌書)〉
> (이상현 역) 일부

이 시평은 고변高駢(821~887년) 회남절도사가 최치원에게 자기가 쓴 시를 자랑삼아 보여주자, 최치원은 당대의 시선詩仙 이백과 백석산인(백거이를 지칭하는 듯)을 빗대어 자기 상관인 고변 회남절도사 시를 평론한 데서 나온 것이다. 그는 '고비서(고변 절도사)의 문장은 기상이 높고 도량이 넓은 사람에 비유하여 찬미하면서 무심한 구름도 고 비서의 노래(시)를 듣고 나면 감동을 받아서 전운戰雲을 스스로 흩어 버릴 것'이라고 은근히 고변의 시를 치켜세웠다(고전번역원 이상현 역 인용). 당시 고변 회남절도사는 벼슬뿐 아니라 당대唐代의 대단한 위치에 있는 유명 시인이기도 했다. 「대설」, 「낙화유수」 등 많은 작품이 《당예문지》에 수록되어 있으며, 당대를 대표하는 시인들의 시선집인 《전당시全唐詩》 1000권 가운데 1권 전체가 고변의 작품만으로 채워져 있을 정도였으니, 그는 문무文武를 갖춘 장수였던 것이다. 고변 절도사가 지은 「낙화유수落花流水」 한 편을 소개한다.

꽃이 떨어지고 물이 흐르니 세상 넓음을 알고,
술에 반쯤 취하여 한가하게 시 읊으며 홀로 왔다네.
슬프게도 선옹은 어디로 갔는지 알 수 없고,
붉은 살구꽃과 푸른 복숭아꽃만 활짝 피어 뜰에 가득하네.

落花流水認天台　半醉閒吟獨自來
惆悵仙翁何處去　滿庭紅杏碧桃開

— 고변高駢 「낙화유수落花流水」 전문

이 시는 《전당시全唐詩》에 실려 있는 고변의 작품 중 한 편으로 봄날에 은자隱者를 찾아갔으나 만나지 못함을 한탄하는 시이다. 첫 구에 나오는 떨어지는 꽃과 흐르는 물, 즉 '낙화유수落花流水'라는 고사성어는 이 시에서 유래하였다고 한다.

이렇게 최치원이 중국의 시선 이백은 물론 자기가 모시고 있는 절도사의 시작품까지도 평론할 수 있었다는 것은 자신도 시詩로써 경지에 이르렀다는 것을 넌지시 보여주는 대목이라 하겠다. 당시 20대의 신라 청년 최치원이 자부심과 패기 넘치는 자신감을 중국의 고관대작에게 보여주고 있음은 오늘날 생각하여도 자랑스러운 일이 아니겠는가.

국내에서의 시 작품

최치원은 885년 신라에 돌아온 후 국내에서도 우수한 많은 시 작품을 남겼다. 국내 작품들은 대부분 가야산 은둔 생활이 시작되었다. 자유로운 몸이 되어 심산유곡을 유랑하면서 풍류를 겸한 시 창작에 몰두한 듯하다. 최치원의 국내 작품들은 자신의 처지나 세태에 대한 생각을 시어로 표현했다는데 의의가 있다. 조선시대 문신 홍석주는 《계원필경집》 간행본 머리말에서 '최치원의 시는 평이하고 우아하여 만당의 사람들이 미칠 수 있는 바가 아니며 중국의 문풍의 영향을 받아 변려체를 통해 공용의 문서 창작에 높은 경지를 이룩하였으며 시에서는 각종 시 양식을 활용하여 서정을 표출하는 데 걸출한 모습을 보여주었다'고 높이 평가했다.

국내 작품으로는 60여 수가 있으나 대표작으로는 〈입산시入山詩〉를 비롯하여 합천 가야산 홍류동 제석시題石詩인 〈제가야산 독서당題伽倻山讀書堂〉, 〈봄날에 벗을 청하였으나 오지 않아 절구의 시를 부친다〉, 향악잡영의 칠언절구시 〈금환金丸〉 등 5수, 해인사 희랑 스님에게 부친 7언연구시 〈증 희랑화상 육수贈希朗和尙六首〉가 있다.

또 이수광李睟光(1563~1628년)이 지은 《지봉유설》에 수록되어 있는 하동의 〈화개동 시첩〉 8수, 쌍계사에서 지은 〈기 호원상인寄灝源上人〉과 〈쌍계사에서 지광산인智光山人에게〉, 〈쌍계사에서〉, 〈화개동에서 벗과 함께〉를 비롯하여 〈황산임경대黃山臨鏡臺〉, 〈서경 김소윤준과 작별留別西京金少尹峻〉, 〈석류石榴〉, 〈봄 새벽春曉偶書〉 등 많은 시 작품들이 있다.

저 중아 산이 좋다 말하지 말게	僧乎莫道靑山好
좋다면서 왜 다시 산을 나오나	山好何事更出山
저 뒷날 내 자취 두고 보게나	試看他日吾踪跡
한 번 들면 다시는 안 돌아오리	一入靑山更不還

—최치원 〈입산시入山詩 혹은 증산승贈山僧〉(이은상 역) 전문

이 시는 어느 승려에게 주는 시 형식을 취하고 있다. 저무는 신라와 새로이 일어나는 고려 사이에서 당시 스님들조차도 기회주의적으로 들뜬 세

상을 향하는데 최치원 자신은 모든 벼슬을 버리고 은둔의 길을 선택하여 다시는 세상 밖으로 나오지 않겠다는 불사이군不事二君의 굳은 결의를 다지면서 지은 시라 하겠다.

  미친 물 바위 치며 산을 울리어   狂奔疊石吼重巒
  지척에서 하는 말도 분간 못하네.   人語難分咫尺間
  행여나 세상 시비 귀에 들릴까   常恐是非聲到耳
  흐르는 물을 시켜 산을 감쌌네.   故敎流水盡籠山
          ―최치원 〈제 가야산 독서당題伽倻山讀書堂〉(이은상 역) 전문

 이 시는 일명 〈홍산정〉 또는 〈가야산 홍류동〉시라고도 한다. 최치원이 관직에서 은퇴하여 가족과 함께 멀리 합천 가야산으로 은둔하면서 지은 시로, 세상에서 시비하는 소리가 들리지 않는 가야산으로 피신하여 자연에 의탁해 괴로운 고통을 달래는 심정이 시에 녹아 있다. 이 〈제시석題詩石〉을 보기 위해 천여 년을 걸쳐서 많은 시인 선비들이 다녀갔는데, 그들에게 감동을 주었던 시다.

  흘러가는 저 물은 다시 돌아 못 오고   叵耐東流水不回
  봄빛만 사람을 괴롭히누나   只催詩景惱人來
  애틋한 아침 비 부슬거리고   含情朝雨細復細
  꽃들은 피고 지고 저리 곱구나   弄艶好花開未開
  난리 때라 좋은 경치 주인이 없구나   亂世風光無主者
  뜬 세상 명리도 쓸데없는 것   浮世名利轉悠哉
  아내는 원망스레 소매 붙들고   思量可恨劉伶婦
  구태여 이 술잔 자주 못 들게 하나   强勸夫郎疎酒盃.
          ―최치원 〈봄 새벽春曉偶書〉(이은상 역) 전문

최치원이 17년간을 머물렀던 당나라가 907년 망했다는 소식이 들려오고, 조국 신라에서도 반란을 일으킨 자들이 왕이 되었다. 충효를 주창했던 유자(儒者)로서 최치원은 어떠했을까? 난세에 강산은 주인도 없고 깜깜한데 인생의 명리 또한 뜬구름이라 아득하기만 하다. 이 애달픔을 술로써 하루하루 달래야 하는 사람은 중국의 애주가 유령(劉伶)이 아니라 최치원 자신이다. 오죽하였으면 그의 부인이 술잔을 만류했겠는가.

동쪽나라 화개동은	東國花開洞
호리병 속의 딴 세계라	壺中別有天
신선이 옥침을 베니	仙人推玉枕
순식간에 천년이 되었네	身世欻千年

—최치원 〈화개동시花開洞詩〉(양상철 역) 8수 중 1편 전문

위의 시는 〈화개동 시〉 8수 중 하나다. 시를 입수한 경위를 앞에서 언급한 바와 같이 조선 선조 24년(1591년)에 어느 노승이 우연히 지리산 골짜기 암굴에서 시 18수가 수록된 시첩을 발견한 것을 당시 구례군수 민대륜閔大倫이 입수하여 학자이자 문인이던 이지봉李芝峯에게 보내어 최치원의 친필작인 것을 확인하고 자기 소저인 《지봉유설》에 8수(중간에 8수는 유실)를 수록하여 오늘에 전하고 있다. 이 시 8수를 〈화개동시花開洞詩〉 또는 〈둔세시遁世詩〉라 일컫고 있는데, 최치원이 은둔기에 썼을 가능성이 높은 시이다. 시문에 화개동천의 봄, 여름, 가을, 겨울 사계절이 나오는 것으로 보아, 최치원이 합천 해인사와 하동 쌍계사를 오가면서 화개동천에 오랫동안 머물러 있었음을 확인할 수 있다. 시에 나오는 '화개동은 호리병 속의 딴 세계라(花開洞壺中別有天)'는 구절은 하동 쌍계사 〈진감선사대공령탑비명〉에 나오는 내용을 인용하고 있어 누가 보아도 최치원 작이 틀림없음을 보여주고 있다.

다음은 '향악잡영鄉樂雜詠' 칠언절구시로 〈금환金丸〉, 〈월전月顚〉, 〈대면大面〉, 〈속독束毒〉, 〈산예狻猊〉라는 제목으로 5편의 시가 《삼국사기》 등에 전해오고 있다.

몸 돌리고 팔 휘둘러 공을 돌리니	迴身掉臂弄金丸
달 구르듯, 별 뜬 듯 황홀도 하네.	月轉星浮滿眼看
공 잘 다루는 (중국의) 의료라도 이보다 나을 수 있나	縱有宜僚那勝此
고래 노는 큰 바다의 파도라도 잠잠해 지리라.	定知鯨海息波瀾

— 최치원 향악잡영 시 중 〈금환〉 전문

위 시는 향악잡영 5시 중 〈금환金丸〉이라는 시제이다. '금환'은 고대 우리나라의 풍속 놀이였던 금색 공을 굴리는 곡예 탈춤(공놀이)을 이르는 말이다. 이 공놀이는 꼽추춤, 가면 가무희, 가면춤, 사자탈춤 놀이와 더불어 신라시대 5기五伎를 이루던 것이었다. 5기는 귀중한 민속 자료로서 가치가 높은데 위의 시 〈금환〉의 내용은 마치 앞에서 장면을 보고 있는 듯 생생하고 입체적이다.

다음 시는 최치원과 긴밀하게 교류하던 당시 해인사 희랑 스님의 화엄경 강의에 최치원이 초대되었으나, 천령(함양)군 터수로 재직하면서 지역 방위 관계로 참석치 못하고 대신 6수의 시를 써서 브친 것 중 하나다.

하늘이 말하길 비교는 하늘에서 내린다더니	天言秘敎從天授
해인의 참된 법이 바다에서 나왔네	海印眞詮出海來
좋을시고 우리나라 해인의 뜻 일어나니	好是海隅興海義
아마도 하늘 뜻은 희랑에게 맡기나 보다.	只應天意委天才

— 최치원 〈증 희랑화상 육수贈希朗和尙六首〉 중 일부

위의 시는 화엄경의 모든 것은 오로지 마음에 달렸다는 내용으로 위로는 보리를 구하고 아래로는 중생을 제도하는 보살의 도를 닦아 우주의 진리를 깨닫게 하는 데는 희랑이 으뜸이라는 요지이다. 이 시는 마치 큰스님으로부터 불법을 듣는 듯 그 내용이 넓고도 깊다.

최치원은 시詩라는 것은 '자신의 내면을 드러내어 읊조리기 위한 것이었다'라고 말한 바 있다. 그가 지은 하동 쌍계사 〈진감선사 비문〉에는 시의 해설에 대한 다음과 같은 내용이 있다. '시를 해설하는 사람은 하나의 글자 때문에 한 문장의 뜻을 해쳐서는 안 되고, 하나의 문장 때문에 전체의 의미를 해쳐서도 안 된다(說詩者不以文害辭不以辭害志)(한국고전번역원 이상현 역).' 글의 절제성을 요구하고 있는데, '여러 갈래의 말을 구사하는' 시인의 미학적 자유 정신을 강조하는 대목이라 할 수 있겠다. 최치원의 시 문학은 외적으로는 형식이 다양하고 기교가 높은 데다 내적으로는 개인적 감정과 사유가 풍부하게 담겨 있어, 거기에서 우리는 시를 자신의 삶과 결부시킨 놀라운 통찰력을 발견할 수 있다. 자신에 대한 자각과 현실, 생활의 인식까지도 살펴볼 수 있다는 것이 최치원 시의 특징이라고 학자들은 말하고 있는 것이다.

part 6

최치원의 종교관

part 6

종교의 자유를 부르짖다

최치원은 어느 한 종교에 몰두하거나 특정 종교나 종파를 전파하는 포교자가 아니었다. 자신을 유자儒者로 자처하면서도 유교에 갇혀 있지도 않았다. 유·불·도 3교를 대등 관계로 보고 서로 넘나들었다는 사실은 널리 알려져 있다. 밑바닥에서부터 깊이 있게, 체계적으로 연구 분석함으로써 이 3교가 상호 일체적一體的 또는 일치적一致的이라는 점을 깨달은 인문학자이면서 사상가이기도 했다. 최치원의 종교관은 개인의 기복보다도 호국 종교와 사회 교화에 중점을 두었으며 종교의 선택은 전적으로 본인의 의사에 맡겨야 된다는 종교 자유주의를 취하고 있었다. 그가 지은 하동 쌍계사 〈진감선사대공령탑비명〉에 다음과 같은 내용이 있다.

대저 도道는 사람과 멀리 떨어져 있지 않고, 사람은 나라에 따른 차이가 있지 않다. 그렇기 때문에 동방 출신의 사람들이 불교佛敎를 공부할 수도 있고 유교儒敎를 공부할 수도 있는 것이다. 여산廬山의 혜원慧遠은 논을 지어 석가여래釋迦如來와 주공周孔은 출발점은 다를지라도 귀착점은 동일한데, 두 종교의 정수를 함께 아우르지 못하는 것은 사람들이 그 둘을 허심탄회하게 받아들이지 못하기 때문이다(如來之與周孔發致雖殊所歸一揆極不能兼者物不能兼受故也).

─최치원 〈진감선사대공령탑비명〉(이상현 역) 일부

　이처럼, 최치원은 종교의 자유주의자로서 모든 사람들은 나라에 따라 차이가 없으며 유교든 불교든 공부할 수 있고 믿음도 자유롭게 선택할 수 있다고 강조했다. 이런 생각은 당시로서는 가히 혁명적인 것이었다고 할 수 있을 것이다. 당시 불교를 국교로 삼고 있었던 사회에서 중앙 조정의 관리가 왕명에 따라 찬술한 고승의 비문에 소신 있게 종교의 평등주의와 사상의 자유를 강조하고 있다는 사실은 매우 용기있고 놀라운 일이 아닐 수 없다.

　최치원의 이런 주장은 왕실을 향해 말하고 있는 것으로 해석되어야 할 것이다. 당시 신라는 불교가 국교였지만 실제 대중들에게는 유·불·도를 비롯하여 토속신앙이 다양하게 엉키어 있었지만, 하대에는 이런 종교계마저 대립되는 양상을 보여 나라는 더욱 혼탁에 빠져들어 갔다. 이런 상황에서 최치원은 종교계를 대립 관계가 아닌 상호 공존과 조화, 의존 관계로 인식하면서 이들을 서로 융화시켜 보겠다는 진보적 사상을 가지고 있었던 지식인이었다.

　최치원은 3교의 사상 모두가 결과적으로는 상통하고 있으며 종국에는 한 곳으로 귀착된다는 '이로동귀異路同歸와 접화군생接化群生', 즉 뭇 생명과 만나서 함께 더불어 살아간다'는 위대한 결론을 내렸다. 이것은 신라 말의 민중에게 깔려 있었던 다양한 사상이나 다른 종교로 인해 생기는 갈등이나 사회적 이질감을 융합을 통하여 서로서로 인정하면서 이를 극복해 보겠다는 의지의 발로였다. 결과적으로 최치원이 표방하고 있었던 종교관은 유교적 바탕 위에서 불교적, 도교적인 요소를 서로 융화하여 민중을 교도敎導하려는 것이었다.

최치원의 유교 관념

　최치원은 다섯 살 때 이미 천자문千字文과 사서삼경四書三經을 읽었다고 한다. 최치원은 6두품의 전통적인 유교 집안에 태어나서 어려서부터 삼강오륜을 덕목으로 공자의 가르침이 몸에 배어 있었고 본인도 유가儒家의 자제임을 자칭하고 있었다. 당시 신라의 관직 등용은 유가 경전의 이해 정도에 따라서 결정되기 때문에 젊은이들 사이에는 유학儒學이 급속도로 보급되었다. 따라서 최치원 부모도 아들에게 일찍이 유교를 공부시켰던 것이다. 최치원 본인이 본격적으로 유학儒學을 공부하기 시작한 것은 중국의 국자감 유학에서 유·불·도에 대한 종교학을 체계적으로 수학하게 되면서부터였다. 당시 중국의 과거시험 제도는 유교 경전이 큰 비중을 차지하고 있었기 때문에 유학儒學을 깊이 있게 공부하지 않고서는 과거 급제가 어려운 게 현실이었다. 이러한 환경 속에서 공부하게 된 최치원은 유교에 관한 높은 경전 지식과 사상이 자연스럽게 자리 잡게 되었다.

　최치원은 중국의 관료 생활을 할 때나 신라 귀국 후 조정과 지방 수령으로 재직할 때도 철저한 유교관에 입각한 국가 관리官吏로서 '수신제가 치국평천하修身齊家治國平天下'의 과업 의식을 지니고 있었다. 최치원은 유가 학문의 본질인 정치, 사회, 그리고 하늘(天) 문제에까지 폭을 넓혀 수기치인 修己治人이라 하였으나, 이 중 하늘 문제에 대해서는 여지를 남겨두고 있었다. 최치원은 정치적 유가 경세 사상으로 당시 왕권을 철저히 옹호하면서도 한편으로 통치 계급의 부패상을 폭로하고 무능함을 질책하기도 했으며, 국가 안위에 직결되는 사회적 문제에 대해서는 과감하게 개혁하여 참다운 국가 질서를 확립하려고 노력한 진보적인 인물이었다. 그러나 군주가 나라 다스리는 본연의 임무를 다하지 못했을 때 혁명으로 군주를 바꿀 수 있다는 맹자의 왕도 패도론에는 전혀 언급이 없는 것으로 보아 철저한 불사이군不事二君의 선비로 보아야겠다. 국가 안녕을 위해서는 정의와 같은 수평적 사회 규범보다는 유교의 충忠·효孝와 같은 수직적 사회 규범을 강조하며 봉건 질서를 옹호했으나, 정치 이상理想은 애민愛民·위민爲民을 바탕으로 하고 있었다. 최치원은 불합리한 제도나 현실 정치에 대한 비판과 아울러 그 개혁을 위한 방도로 〈시무 10여조〉와 같은 국정 개혁안을 왕에게 제시하기도 하였지만, 부패한 조정과 무능한 군주의 외면, 골품제의 사슬 속에 엉켜서 무엇 하나 제대로 접목시키지 못한 채 좌절하고 말았다.

최치원뿐 아니라 당시 유학자들은 현실 개혁의 주체 세력이 되기에는 제도상으로 역부족이었다. 이런 가운데 최치원은 도·불道佛의 형이상학에 관심을 기울였다. 최치원은 자신을 '부유腐儒' 혹은 '유문말학儒門末學'의 유학자로 자처하면서 도교나 불교를 배척하는 것이 아니라 오히려 받아들여 3교를 조화하려고 하였던 것이다. 최치원은 유가를 바탕으로 한 사회적 책임감과 백성을 귀하게 여기는 사상으로 충만하여 천하를 불쌍히 여기는 고귀한 인격과 인문 정신을 가지고 있었다. 최치원의 유학관은 단순히 불교를 부수적인 것으로 이해하거나, 왕자王者의 권위 의식에만 매달리던 단계를 지나 새로운 정치 이념을 내세우는 것이었다. 골품제도라는 신라 사회의 족적 편제방법族的編制方法을 부정하는 방향으로까지 이를 발전시켰으며, 신라 문화를 유교 사관에 입각해서 이해하려는 역사 인식을 가지고 있었다.

이러한 유교 인식은 뒷날 최승로崔承老로 이어져 고려 개국의 정치 이념으로 발전하기에 이르렀다. 그래서 후세인들은 최치원을 일러 '유선儒仙', '한국 유가의 조종祖宗', '동방 이학理學의 조종祖宗'이라고까지 부르게 되었던 것이다.

최치원이 살던 시대는 국가적, 사회적 전환기일 뿐 아니라 그에 상응하는 정신계의 변화도 활발하게 전개되는 시기였고 그 중심축에는 늘 최치원이 있었다. 최치원은 유교는 치국治國의 근본이고, 불교는 수신修身의 근원이라는 관념을 가지고 있었으며, 유가 학설과 그 안의 정신에 대한 깨달음이 매우 깊었다. 그의 시구詩句 곳곳에서 유가 원전의 옛 구절들을 인용하였으며, 유가의 도덕 규범으로 자신과 사회를 평가하였다. 최치원의 관직 생활이 유교적이었다면 벼슬을 버린 직후의 삶은 도교적 은자의 삶이라 말할 수 있고, 마지막에는 불교적 삶으로 일생을 마쳤다고 하겠다.

최치원의 불교 관념

최치원은 《사산비명》을 짓고 해인사찰에 기거하면서 불교에 관련한 많은 글을 저술하였으나 그는 부처에 귀의歸依하지도, 목탁이나 염주를 손에 들지도, 반야심경을 외우지도 아니하였다. 그러나 최치원 집안은 유교 정신에 불교를 겸하고 있었다고 할 수 있다. 최치원의 아버지 견일肩逸은 신라 왕실의 사찰인 대숭복사 창건에 관여하였고, 그의 형님이 해인사 승려 현준賢俊이라는 사실이 이를 잘 보여준다.

최치원은 중국 국자감에서 공부하면서 종교 지식을 폭넓게 익혔으며, 과거 급제 후는 남경과 양조우에서 관리로 재직하면서 사찰을 직접 방문하기도 하고, 스님들과의 교류를 통하여 많은 불교적 양식을 쌓아 왔다. 그가 지은 《계원필경집》의 불교에 관련한 기록을 보면, 관내 사찰의 화재로 인한 피해 복구에 동참을 호소하는 〈대운사大雲寺 중수를 위해 보시하기를 청한 글〉과 〈승려 홍정을 관내의 승정에 임덩해 줄 것을 주청한 장문〉이 보인다. 이런 기록을 미루어 볼 때 고변 회남절도사 휘하에서 절도사를 대신하여 관내의 각종 불교 행사를 직접 주관하거나 참관하면서 불교 사상을 자연스럽게 체득體得하게 되었던 것이다.

신라 귀국 후에도 중국 불교계와 밀접한 관계를 지속적으로 유지해 옴으로써 정확한 사실에 입각한 불교 관련 글을 쓸 수 있었는데, 신라 귀국 후에 23종의 각종 불교 관련 작품을 창작하였다. 최치원의 불교에 대한 더욱 깊이 있는 공부는 왕명에 따라 《사산비명四山碑銘》을 찬술하면서부터라고 짐작된다. 그는 지증智證, 낭혜朗慧, 진감眞鑑선사와 대숭복사 비명碑銘을 찬술하면서 불경과 교리에 대하여 집중적으로 탐구하여 저술에 임했다. 그중 가장 심혈을 기울였다는 〈지증대사비명智證大師碑銘〉을 살펴보면 신라 선종사新羅禪宗史를 간명하게 기술한 것이 특이한데, 신라의 불교사를 세 시기로 구분해 이해하면서 말대사관末代史觀에 입각하여 기술한 것이 주목된다.

  최치원은 이 비명에서 오상五常을 다섯 방위로 나누어 동방東方에 짝지어진 것을 인심仁心이라 하고, 삼교의 명호名號를 세우되 정역淨域을 나타낸 것을 불佛이라 하였다. '인심'이 곧 부처이니 부처를 능인能仁이라 일컬음은 이를 본받은 것이다. 욱이郁夷의 유순한 성원을 인도하여 가비라이[釋迦]의 자비慈悲의 교해敎海에 닿도록 하니, 이는 돌을 물에 던져 물결이 퍼져나가는 듯하고, 빗물이 모래를 모으는 것같이 쉬웠다라고 하면서 우리나라 사람들의 어진 성품과 불교의 자비를 동일시하여 '인심즉불仁心卽佛'이라 하였다. 우리에게는 애초부터 어진 마음과 호생지덕好生之德이 갖추어져 있으니, 물의 근원이 반드시 바다에 이르는 것과 마찬가지로, 유순한 동방 사람들은 불교의 자비의 교해에 귀의하게 되는 것이라 했다.

  최치원은 또, 우리나라 사람들의 성품을 주로 불교와 관련시켜 해석하고, 불교가 이 땅에 성행한 이유에 대하여 '쇠가 거푸집 안에 들어 있는 것 같다[金之在鎔]' 혹은 '땅이 그렇게 시킨 것이다[地之使然]'라고 하면서, 불교를 받아들여 발전시킨 것이 필연의 형세임을 강조하였다. 또 최치원은 불국토설과 신라인이 불교를 믿는 것은 천리라고 말하고 있다. 최치원은

〈지증대사비명智證大師碑銘〉에서 불교가 국교로 된 것을 찬양하고 신라 고승들의 당唐과 신라에서의 구법 순례求法巡禮 상황을 상세하게 기록하였으며, 신라 불교 종파와 국제 불교의 연원을 전면적으로 정리하였다. 특히, 최치원은 신라의 지배적인 불교였던 화엄종의 학문 불교로서의 한계와 모순에 비판적인 선종禪宗의 대두를 유심히 관찰하고 주목하였다. 그러나 글은 화엄종에 관한 것을 더 많이 썼으니 확인되는 것만도 20여 종에 이른다. 이 중에 3개의 선사비문과 〈신라수창군호국성팔각등루기〉를 제외하고는 모두가 화엄종에 관련된 저술인데, 불교 관련 글들은 주로 합천 가야산 해인사에 은거하면서 남긴 글들이다.

최치원은 신라 화엄종사新羅華嚴宗史의 주류를 의상義湘, 신림神琳→순응順應→이정利貞→희랑으로 이어지는 계통으로 이해한 것으로 보인다. 특히, 희랑과 최치원은 남다른 친분으로 서로 교류하였다고 전해오고 있다. 신라 말의 불교 기류는 선종이 크게 유행하기 시작하여 화엄종과 같은 교학 불교는 비판의 대상으로 위축될 수밖에 없었다. 그나마 의상이 이끄는 화엄종과 법상종이 꾸준히 세력을 유지하고는 있었으나 의상과 법장의 갈등이 조화로 이루어짐으로써 나말의 불교는 결국 선종이 중심적 지위를 차지하였다. 한편으로는 혜능의 남종선南宗禪이 구산선문九山禪門으로 확대되면서 불교 교단은 중앙의 귀족보다 지방 토호로 확장되는 분위기였다. 선종은 진성여왕대를 전후하여 크게 변하고 있었다. 개인주의적인 면과 왕실과 지방 호족의 쌍방 관계에서 달마의 조사선祖師禪의 우위가 강조되면서 왕실보다는 지방 호족 쪽으로 기울어졌고, 지방의 대호족들이 군소 세력을 포섭하여 동화해 나아감을 합리화하였다.

신라의 불교계는 선종과 화엄종 등 여러 종파로 갈라져 있었고, 거기다 6두품 출신의 당唐 유학파인 유가 세력이 가세하여 종교계마저 이분 삼분으로 갈라져 사회는 더욱 혼란스러웠다. 이러한 분위기에서 최치원은 불교를 불교 관념에서만 보는 것이 아니라 항상 유교와 도교적인 요소의 연관 속에서 바라보았다. 이것은 신라가 불교를 국교로 삼고 있었지만 불교 외 다른 종교를 믿는 백성들을 배척하거나 배격하지 않았고 최치원은 화합과 융합으로 이들을 포용하려고 하였기 때문이다. 최치원이 주창하던 '종교 융합'은 이런 관점에서 역사적으로 큰 의미를 가지고 있었다. 이러한 노력으로 당대의 지식인들은 유학자이면서 선종을 이해하고 포용함으로써 유·불儒佛을 결합시켜 갔으며 최치원이 선승들의 〈비명〉을 지은 것도 유교적 입장에서 불교를 이해하였음을 잘 나타내 주고 있는 것이다. 최치원은 해인사에 기거하면서도 많은 유교 경전을 인용하여 선승들의 비문과 아울러 승려들의 전기, 삼국 불교의 역사 내지는 사찰의 내력과 같은 내용을 풍부하고도 정확하게 기술했으며, 신라 불교 전반에 대한 개략적인 모습과 승려들의 계보도 알 수 있게 해 주었다.

그 중 《법장화상전》에서는 유교를 구학으로 불교를 심학으로 비견하고 중용수지中庸守志를 유학자의 본분으로 보았으며, 유·불·도의 관계에 대해서는 '공자는 실마리를 일으키고 석가는 그 이치를 밝혔다'고 하면서, 도교는 체體에 치우쳐 용用이 없고, 유교는 용用에 치우쳐 체體가 없다며 불교는 체體·용用을 겸한다고 하여 일견 불교 우위로 평가하였다.

이것은 불교 교리가 유교와 도교의 우위에 있다는 것이 아니라, 불교가 앞서가는 부분도 있다고 해석해야 할 것이다. 유교를 국교로 삼았던 조선시대 유학자들은 최치원을 불교에 아첨한 유학자로 매도하기도 했다. 오늘날에 보면 이것은 오해의 소지가 매우 큰 평가이다. 당시 최치원은 '종교 융합' 즉, 유·불·도 삼교를 포용하여 이해하려고 한 지성인으로 어느 한 종교에 편협하였다는 것은 이해하기 어려운 부분이기 때문이다. 그는 항상 유·불·도를 대등하게 보면서 입체적으로 분석한 학자였던 것이다.

최치원은 인유입불因儒入佛의 태도를 견지하고 불교를 수용하였지만 그

지향점은 백성에 두고 널리 깨우쳐서 편안하게 하고 나아가 구제하고자 하였다. 교敎와 선禪을 종합하여 보면서 선을 통해서 진리에 다가갈 수 있다고 보았다. 진여眞如와 언어 사이에서 중도를 취하면서 무엇보다도 자신의 몸을 닦고 계율을 지키고 철저히 육바라밀六波羅蜜을 지키며 수행·정진하면 돈오頓悟든 점수漸修든 깨달음에 이를 수 있다고 보았던 것이다.

최치원의 도교 관념

중국에 뿌리를 둔 도교道敎는 오랫동안 유교儒敎의 여세 속에 잠잠했었다. 그러나 당 왕조가 도교 숭배를 국책으로 삼으면서 사정이 달라졌다. 당 현종 때인 732년에 황제가 직접 노자老子에 주석을 달고 조정에서 주관하는 지역의 도교사원道敎寺院에 새기도록 했으며, 나아가 이씨 당 왕조는 노자를 조상으로 숭배하고 도인道人들을 노자의 종친으로 여겼던 것이다.

이렇게 국가적으로 도교 숭배 정책을 쓰게 되자, 황실에서부터 귀족, 일반 백성들까지도 도교를 받들고 수행하면서, 사원 건축에 기부하는 등 부호들도 나서서 지원을 아끼지 않았으며 도사들과 친분을 쌓는 것을 영광으로 여겼다.

이런 속에서 유儒도道불佛 3교가 서로 대립의 양상 속에서도 번영하였으며 3교는 사상적 학술 분야로 병존하면서 지위가 서로 뒤바뀌는 경우가 생기기도 했다. 이런 양상은 교육 제도에까지 미치게 되어 과거 시험에도 변화를 가져왔다. 유학儒學 도서圖書인《상서象書》,《논어論語》는 줄이고 노자老子를 더 늘려서 과거 시험 과목에 편성하도록 하였다.

최치원이 유학하고 있던 당시도 노자, 장자는 학생들이 배워야 할 필수 과목이었으며, 도가 사상을 추앙하도록 교육함으로써 최치원은 그가 꿈꾸던 과거 시험에 합격하기 위해서는 노장사상과 도덕경을 포함하여 종교에 관한 폭넓은 공부를 하지 않으면 안 되었다. 이러한 도교 우위의 시대 변화는 최치원이 도학을 박학다식博學多識하게 공부할 수 있는 좋은 기회가 되었다.

    최치원의 두 번째 도교 사상 체험은, 과거 급제 후 회남절도사 겸 동부지구군 총사령관이던 고변高騈의 막부에서 종사관으로 재직하면서 하게 되었다. 당시 회남절도사 고변은 양조우揚州에 진鎭을 치고 7개 주州의 행정과 군통수권을 총괄하였는데, 이 회남 지역은 국가적으로 아주 중요한 군사, 경제적 요충 지역이었다. 황제의 관심이 매우 높아 관내에는 도교를 비롯하여 불교, 유교가 성행했으며 수시로 각종 종교 행사가 개최되었다.

    이에 도교 행사에는 최치원은 고변을 대신하여 재초齋醮, 도장道場을 직접 관장하고 제문祭文과 재사齋詞를 손수 지어 행사를 집전하였는데, 이때에 저명 도사道士들을 접견하는 등 도교 의례儀禮에 익숙해지고 도가사상을 자연스럽게 접하게 되었다. 이런 분위기는 최치원이 이미 국자감에서 수학하고 과거시험 준비를 위하여 열심히 익혀 두었던 도가학을 관직에 체험해 볼 수 있는 좋은 기회가 되었다. 최치원이 모시고 있던 회남절도사 고변은 도교 숭배자였다. 최치원은 그를 위하여 도교 재사齋詞 15편을 지어 복을 구하고 화를 쫓는 실황과 도교 의식을 구체적으로 《계원필경집》에 기록해 놓았다.

    현 중국의 섬서성陝西省 시안西安사회과학원 판광춘은 '《계원필경집》을 통해 본 최치원의 도교 사상'이란 논문에서 '최치원은 바로 도덕경道德經을 필수과목으로 했던 환경 속에서 중국 문화를 배운 것이다. 따라서 그의 저작품 내용에는 도덕경의 원문이나 관점을 인용한 곳이 많았다. 《계원필경집》의 〈격황소서〉, 〈하회가일불허 진가악표〉, 〈응천절재사삼수〉, 〈상원재사〉, 〈중원재사〉, 〈하원재사〉에서 도덕경 속의 개념이나 어휘와 문장을 인용한 것이 16개, 도덕경의 전례나 이야기를 11곳이나 인용한 것으로 볼 때 최치원이 도덕경을 얼마나 익숙하게 응용했는지를 충분히 반영하고 있음을 증명하고 있다'고 발표한 바 있다.

당시 도교를 수행하던 도인道人들은 불로장생을 추구하는 단약丹藥 제조 과정을 설파했는데, 제왕에서부터 문인과 학자들이 이르기까지 그대로 답습했다 한다. 최치원이 보좌했던 회남절도사 고변은 단약 제조 기술에 심취되어 도사 여용지呂用之에게 모든 것을 맡겨 놓고 밤낮으로 단약 제조에만 몰두했다. 그 결과 최치원이 신라에 귀국한 뒤 3년 만에 여용지에게 암살당하는 일이 벌어지기도 하였다.

최치원의 '도교 관념道敎觀念'은 조정의 충실한 관리官吏로서 어떻게 하면 충실한 신하와 수도 생활을 착오 없이 모두 잘할 수 있을까 하는 것이었다. 이 점은 '만약 산의 힘으로 부족하고 바다에 이르기에도 아직 요원하다면, 도의 문을 우러러보며 멈출 줄 알고, 오묘한 도를 좇아 부지런히 행해야 한다. 그러나 아들로서 또 신하로서 효孝와 충忠을 말한다면, 나라의 녹을 먹는 자로서 영광이요 가문에 누가 되지 않기만을 바랄 뿐이다. 옥패를 꼭 쥐고서 어지러운 세상을 구하고, 도교 경전에 뜻을 두고 오직 형이상학적인 것만 추구해야 한다'라는 스스로에게 묻는 말에 잘 드러나 있다. 또 그는 '충과 효를 제대로 실천하고 나라를 더욱 빛나게 하는 것은 마땅한 의무이자 책임'이라고 인식했다. 그러나 개인의 '마음속에 도에 대한 동경과 추구는 전혀 방해가 안 되고, 자신의 언행이 도를 좇아 행하는 데도 방해되지 않는 것은 조정과 대신들의 덕분'이라고 했다. 또 덧붙여 '몸은 속세의 그물에 갇혀 있고, 뜻은 실제 통발만 쳐다보고 있다. 너무나 심오하여 한 치 앞도 보지 못하지만, 도에 이르면 가두어 놓을 수 있는 것이 없다. 그러므로 부지런히 도를 닦아 정성을 들이면 반드시 통하는 느낌을 얻을 수 있다. 이런 까닭에 어찌 날마다 수양을 독려하고 용감히 그 세월을 이겨내지 않을 수 있을까. 원컨대 바다를 비워 마침내 거대한 바다로 돌아가고, 용을 좋아하여 실제로 용을 두려워하지 않기를 바란다. 어찌 쉽게 이름을 얻으려 함인가. 부지런한 행동을 본받고자 할 뿐이다.' '공명이 국가와 함께하고 집에서도 도업이 반드시 통달하길 바란다.' 이렇게 그는 《계원필경집》의 〈중원재사〉에서 핵심을 찌르는 말들을 남겼다. 이처럼 도교에 높은 공동체 의식을 부여할 만큼 그의 행동반경은 보통 중국의 식자층이나 유생들과 다르게 나타나고 있다고 중국인들은 말하고 있다.

최치원은 중국에서 도교의 교리를 온 마음을 통해 연구하고 수련하며 몸소 실천해 봄으로써 도교 사상을 포용했다. 최치원은 도학을 최종적으로 '도교란 장생불사를 목표로 홀로 신선이 되기만을 추구해서는 안 되고, 초연하게 산수에서 홀로 인생을 즐겨서도 안 되며, 오직 만물에게 은혜가 베풀어지도록 하기 위해 존재하는 것이다'라고 정리하면서 도교를 유儒·불佛과 함께 융화시키려고 노력했다.

최치원은 이러한 중국의 도교 사상을 신라에 전수시켰고, 또 많은 영향을 끼쳤다. 고려 이인로李仁老의 《파한집破閑集》, 《신증동국여지승람新增東國興地勝覽》, 《대동운부군옥大東韻府群玉》에 인용된 '시격주詩格注', '조선지朝鮮志', 전기소설 《최고운전崔孤雲傳》 등은 모두 최치원이 도교의 시해술尸解術과 우화성선羽化成仙을 차용했는데, 이는 명확한 도교적 색채를 띤다고 하였다.

조선시대 한무외韓無畏의 《해동전도록海東傳道錄》과 이규경李圭景의 《오주연문장전 산고·도교선서도경변증설五洲衍文長箋散稿·道教仙書道經辨證說》은 중국 도교의 방술이 한반도에 전래된 경과를 서술하였다. 신라인 김가기金可紀와 최승우崔承祐, 승려 자혜慈惠가 당 현종 개원開元 연간(713~741년)에 당唐에서 유학할 때 종남천사終南天師 신원지申元之의 추천으로 종리鍾離 장군을 스승으로 좇아서 도교의 환반 비술還返秘術을 배웠는데, 최치원이 중국에 간 후 최승우에게서 전수를 받았고 귀국 후 다시 그 외삼촌인 현준賢俊(친형)을 따라 시해尸解의 법을 배워 신선이 되는 비결을 장악하였다는 것이다.

　이러한 기록들은 많은 모순점을 내포하고 있다. 김가기는 835~858년 사이에 당에 유학하여 빈공과 과거시험에 합격하여 벼슬을 하다가 사직하고 종남산에서 도교 활동을 하다가 859년에 사망하였다는 기록이 있다. 김가기 사망 당시에 최치원의 나이는 불과 2세였는데 어떻게 도교 비법을 전수받을 수 있었겠는가. 최승우(3최씨 중 한 사람)는 890년에 당에 유학하여 893년에 빈공과에 급제하였다는 역사 기록으로 보아 최치원이 최승우에게 도교의 환반 비술을 전수받아 귀국하였다는 것도 시대적으로 맞지 않다. 최치원은 이미 885년에 신라에 귀국해 있던 상태였다.

　필자 생각으로는, 최치원이 율수 현위직을 사직하고 종남산에서 박학굉사 승진 과거시험 공부를 할 때 그곳에서 활동하였던 김가기를 보고 듣고 고찰하여 그것을 계승한 것으로 보인다. 현재 그곳에는 김가기를 기리기 위해 '금선관'이 세워져 있다고 한다. 따라서 최치원의 도교 관념은 국자감에서 익힌 도학 이론과 고변 회남절도사 휘하에서 행한 도교 의식과 도사들과의 교류, 김가기에 대한 고찰 등으로 독단적으로 이루졌을 가능성이 높다고 하겠다.

　최치원은 신라의 선도仙道 계승에 핵심적인 인물이 되었고 말년에 도교적 은자隱者의 길을 묵묵히 걸으며 무위자연으로 돌아가 생을 마감했다. '어느 날 그는 아침에 일찍 밖으로 나갔다. 그 뒤로는 그의 간 곳을 알 수 없었다. 다만 갓과 신발만이 숲속에 버려져 있었다. 아마 신선이 되어 간 것일 게다'라는 글이 이 사실을 웅변해 준다.

part 6

최치원의 '종교 융합' 사상

유·불·도교의 융합

최치원은 유가 가문家門에 태어나 5세 때부터 사서삼경四書三經을 읽고 외웠다 하니 처음부터 그의 정신세계는 유학으로 무장하고 있었을 것이다. 그는 생활 속에 일어나는 모든 것을 유교 사상에 입각하여 해답을 찾으려고 했으며, 유교적 교훈과 윤리로 자기를 완성하려고 부단히 정진하고 노력했음을 알 수 있다. 최치원이 타 종교와의 접촉은 앞에서 논한 바 있었으나, 중국의 국자감 유학 과정에서 유·도학儒道學이 학습의 필수 과목으로 편성되어 있었기 때문에 여러 종교를 접할 수 있었다.

당시 중국에 퍼져 있던 종교만 해도 유교, 불교, 도교, 이슬람교, 기독교, 조로아스터교까지 들어와 공존하고 있었다고 한다. 최치원이 중국 관리로 재직하던 회남절도사 관하에서는 여러 종교가 복합적으로 존재하였으며 백성들의 믿음 또한 다양하였다. 관내에서는 각종 종교 행사가 수시로 개최되었고 최치원은 각종 종교 행사를 참관하기도 하고 행사를 주관하거나 지원함으로써, 유학자, 스님, 도교의 도사 등 여러 종교 지도자들과 유기적인 관계를 맺고 있었음을 《계원필경집》에서도 확인할 수 있다.

이처럼 여러 종교가 있다 보니 크고 작은 종교 갈등과 대립도 발생하였을 것이다. 절도사는 문제 해결을 위한 중재자로서 중립적인 입장에서 분열을 막고 화합시키는 역할도 해야 한다. 고변 절도사 아래에서 업무를 맡은 최치원은 그런 과정을 통해 종교에 대한 인식이 폭넓게 형성되면서 종교 융합 사상이 싹트게 되었으리라 생각된다. 최치원이 신라에 돌아온 이후 국내 사정은 매우 불안정했다. 통일신라가 무너지고 견훤과 궁예가 백제와 고구려를 복원한다는 명분으로 영토를 쟁탈하여 서로 넓혀가고 있었다. 신라 왕실은 잦은 왕위 교체와 권력 다툼에 매몰되어 왕권은 무너지고, 재난을 막아낼 국력도 없는 상태에서 종교계도 백성도 이분 삼분 분열되어 있었다. 지방 호족들은 중앙 권력에 반발하여 승려나 반대 세력을 규합하여 지방 행정권과 군사권을 장악하고 왕실에 버금가는 독자 세력을 형성하여 지배권을 행사하였다.

이런 가운데 국교로 삼았던 불교계마저도 교종과 선종이 대립되는 양상을 보였다. 교종은 전통적인 권위를 내세우는 데 반하여 선종은 신라 사회의 모순에 대한 개혁을 주장함으로써 일반 백성들에게 크게 환영을 받게 되었다. 일부 승려들은 호족들과 손을 잡고 지방을 장악하기도 했고, 사회는 더욱 혼탁해져 갔다. 최치원은 이를 막기 위해서는 종교 간 서로의 실체를 인정하고 수용하고 포용해야 함을 강조했다. 종교를 서로 아우르지 못하는 것은 사람들이 종교를 허심탄회하게 받아들이지 못하기 때문(如來之與周孔 發致雖殊所歸一揆體極不能兼 者物不能兼受故也)이라고 충고하면서 화합의 필요성을 역설하였다.

최치원은 '종교 융합' 정신을 통하여 종교 간의 상호 화합과 공존 공생으로 백성을 결집시키고 신라를 다시 일으켜 세우는 원동력으로 삼으려고 했다. 최치원은 나아가 '종교 융합'을 '풍류도'에서 완성시키려 하고 있다. 〈난랑비 서〉에는 우리나라에는 예로부터 '현묘지도玄妙之道'라는 '풍류'風流가 있었는데, 그 가르침은 공자의 가르침(유교), 노자의 가르침(도교), 석가의 가르침(불교)과 근본적으로 같은 것이라는 점이 기술되어 있다. 유·도·불 삼교의 정신이 원래 우리나라에 있었음을 강조하고, 현재(최치원 생존 당시) 외국에서 들어온 유·불·도 사상을 융합해야 한다는 점을 지적한 것이다. 여기에서 최치원의 종교 융합 정신을 발견할 수 있다.

이런 주장에는 모든 신라인들로 하여금 자기 수양을 통하여 가정을 화목하게 하고 사회를 결집시켜 최종적으로 국가를 다시 일으켜 세우려는 의도가 깔려 있음을 볼 수 있다.

그는 종교 문제가 사회로부터 완전히 격리되어 일어나는 것이 아니라 일반 사회 현상의 일부라는 개념으로 개인, 가정, 사회, 종교, 국가가 하나의 유기체를 형성하는 것이라고 보고 있다. 최치원은 유·불·도 중 어느 종교에도 치우침이 없이 대립과 차별을 지양하고 오직 뜻하는 바의 목적은 '종교 융합'을 통한 국력 회복이라는 점을 강조한 것이다. 국가적 위기 앞에서 통합·융합 정신으로 국가 안위를 도모하는 데는 '종교 융합'이 큰 힘이 될 수 있음을 보여 주는 대목이다.

'종교 융합'의 현대적 의의

오늘날 21세기에 들어와서도 종교의 대립과 분쟁, 갈등에서 비롯된 폭력 행위가 하루가 멀다 하고 세계 곳곳에서 벌어지고 있다. 대표적인 종교 분쟁이 이스라엘과 팔레스타인과의 중동 분쟁이다. 유대인들이 1948년 이

스라엘을 건국하면서 주변의 이슬람 국가들과 분쟁이 시작되어 네 차례의 중동 전쟁을 치렀음에도 불구하고 그곳은 지금도 '중동의 화약고'로 불리고 있다. 그리고 구 소련 해체 이후 동유럽 지역에서도 종교와 민족의 대립으로 종교 분쟁이 그치지 않고 있는데, 특히 보스니아와 세르비아계의 종교 분쟁은 매우 심각한 것이다. 이 밖에도 영국계의 신교도와 아일랜드계의 가톨릭교도 사이의 분쟁, 불교도와 힌두교도 사이의 스리랑카 분쟁, 파키스탄의 이슬람교도와 인도의 힌두교 간에 지속되고 있는 캐시미르 분쟁, 이라크와 이란의 시아파 분쟁 등, 전 세계에서 일어나고 있는 종교 분쟁으로 수많은 사람들이 희생되고 있다.

오늘날 종교 갈등으로 일어난 대표적인 사건은 2001년 9월 11일에 있었던 '9·11 뉴욕 테러 사건'이다. 미국 문명American Civilization과 대립하여 이슬람 종교 문화권인 중동, 아프리카, 동남아시아의 아랍인들과 이슬람교도들은 미국의 세속적이고 자유방임적인 문화가 자신들의 종교적인 공동체적 생활 벨트를 무너뜨린다고 생각하고 있었다. 그리하여 미국 민간기 2대를 납치하여 뉴욕시의 '세계무역센터' 쌍둥이 빌딩으로 돌진함으로써, 두 빌딩을 전소시키고, 3천여 명의 사상자를 내게 한 엄청난 사건이 바로 9·11 테러 사건이다. 기독교, 이슬람교, 불교, 유교 등 다양한 종교가 존재하고 있는 세계는 지금도 여전히 갈등하고 있다.

최치원은 1,100년 전 경남 하동 쌍계사 〈진감선사대공령탑비명〉에서 '모든 사람들은 나라에 따른 차이가 있지 않고 불교든 유교든 자유로이 선택하여 공부도 믿음도 가질 수 있다'라고 말하고 '모든 종교가 추구하는 방향은 출발점은 다를지라도 결국 진리는 같다'면서 종교 분쟁이 생기는 원인을 '상대방의 종교를 허심탄회하게 받아들이지 못하기 때문'이라고 진단한 바 있다. 그리고 그 치유를 '종교 융합'에서 찾으려고 하였다.

최치원의 '종교 융합' 정신이야말로 천 년 앞을 내다본 국제적인 것이었다. 그런 정신으로 상호 존중과 이해, 이성적 판단을 한다면, 오늘날 수많은 종교 갈등 및 종파 갈등의 소용돌이는 사라질 것이다. '종교 융합'의 정신은 모든 종교가 지향하는 인류 구원과 평화, 사랑과 자비, 나눔과 일치, 화해와 평화라는 종교 본래의 정신에 부합될 뿐 아니라, 종교를 둘러싼 여러 가지 갈등과 분열을 미연에 방지할 수 있는 협력 관계를 구축해 낼 수 있다고 보기 때문이다.

한국의 어느 종교문제연구소가 수년 전 조사 발표한 '한국신종교실태조사보고서'에 따르면 한국 내에는 약 350여 개의 신흥 종교가 다양하게 분포되어 있다고 한다.

가히 '종교 백화점'이라 할 정도로 다양한 종교가 들어와 있음에도 불구하고 마찰 없이 조화롭게 존재하고 있는 것은 1,100년 전 최치원의 '종교 융합' 정신에 기인된 것이 아닌가 한다. 우리나라 종교의 행태는 다양하다. 심지어는 부모와 아들, 형제, 부부간에조차 종교를 달리하는 가정이 많으며 성탄일에 큰스님이 성당으로, 석가모니 탄신일에는 추기경이 사찰에 가서 서로 축하하는 일이 상식화되어 있다. 이것은 어느 나라에서도 찾아볼 수 없는 참 보기 좋은 광경이 아니겠는가? 우리나라가 이렇게 다종교가 분포되어 있음에도 큰 마찰 없이 상호 공존 공생하고 있는 것은 최치원과 같은 선각자의 오랜 전통이 있었기 때문이다.

여러 형태의 종교도 종파도 부정하지 않고 '상호 공생 공존'하는 것이야말로 전 세계가 추구해야 할 종교계의 화두가 아닌가 한다. 각 종교가 가지는 이념 관계를 떠나서 인류의 보편적 가치는 결국 한곳으로 귀착된다는 최치원의 이로동귀異路同歸와 접화군생接化群生 정신만이 세계 평화를 이루어낼 것이다.

part 6

최치원의 풍류도 개창

최치원은 중국에서 귀국한 후 우리의 정체성을 '동인 의식'에 두고 민족적, 문화적 우수성이라는 자부심과 함께 민족의 뿌리를 찾으려고 노력한 최초의 인물이었다.

최치원은 유·불·도교의 교리를 두루 섭렵하여 회통하는 학자로서 우리 것에 대한 강한 애착을 가지고 있다. 최치원은 〈난랑비 서〉에서 풍류에 대한 정의를 내리고 있다.

> 나라에 현묘한 도道가 있으니 이름하여 '풍류'라 한다. 이 가르침을 창설 근원은 '선사'에 자세히 갖추어 있으니, 실로 세 가지 가르침을 포함해 뭇 중생을 교화하는 것이다. 말하자면 집에 들어와 부도에 효도하고 나가서는 나라에 충성하는 것은 공자의 가르침이요, 아무런 작위적 일이 없는 가운데서도 말로 표현할 수 없는 진리를 실천하는 것은 노자의 근본 뜻이며, 모든 악행을 짓지 않고 모든 선행을 받들어 행동하는 것은 석가모니의 교화인 것이다[國有玄妙之道 曰風流 設敎之源 備詳仙史 實乃包含三敎接化群生 具 如 入則孝於家 出

則忠於國 魯司寇之 旨也 處無爲之事 行不言之敎周柱史之 宗也 諸惡莫作 諸善奉行 竺乾太子之化也).

—최치원 〈난랑비 서〉 전문

　최치원은 여기에서 우리 고유의 민족혼이 깃든 신교가 있었음을 밝히고 그 근원이 선사仙史에 확연히 기록되어 있으며 이 신교가 3교의 뿌리임을 강조하고 있다. 나아가 우리의 신교 사상과 3교의 가르침을 각각 포용하고 조화시켜 하나로 융합하여 '풍류도'라는 새로운 민족 사상을 표출해 내었다. 이것은 동방의 군자국이라는 선민 의식을 가진 우월감에서 나온 사상으로 '풍류도'는 당시 나라 전반에 걸쳐 있던 대립과 갈등을 공존과 화해, 융합으로 바꾸어 나라를 다시 일으켜 세우려고 했던 최치원이 품고 있었던 이상이기도 했다. 이러한 관념들은 그가 지은 《사산비명》과 〈난랑비鸞郎碑 서序〉 등에서 핵심적으로 잘 나타나고 있다.

　'풍류 사상'은 3교와는 엄연히 구별되는 우리 민족 고유의 독창적인 도道임을 밝히고 있으며, 이것은 다시 문화 민족으로서의 강한 자부심과 긍지를 가진 민족 공통의 '동인 의식'에서 시작되었음을 말하고 있다. 최치원이 주창하는 '풍류도'의 최종적인 목표는 '포함삼교包含三敎'의 융합을 통한 '접화군생接化群生'에 있었다. 즉 '뭇 생명이 만나서 더불어 함께 모여 산다'라는 교화敎化 정신에 있었다. 이것은 인간 관계에 국한하여 머무르지 않고 우주 만물의 공생공존共生共存의 상호작용을 통해 나타난 반응으로 보았다. 풍류는 자연을 통해서 천지에 맞먹는 진인眞人이 되는 길을 배우고 깨우쳐 나가는 것을 이상으로 여기는 사상인데, 이것이야말로 현묘하고도 현묘한 도道라고 인식한 것이다. '풍류도'는 국민적 종교이며 사상으로, 꿈꾸는 이상을 실현할 수 있는 도道의 극치이다. 이것은 '종교 융합'이 만들어낸 종합 예술품이었다.

　최치원은 또 〈진감선사대공령탑비명〉에서 다음과 같이 말하고 있다.

학자들이 간혹 이르기를 석가와 공자의 가르침이 흐름이 갈리고 체제가 달라 둥근 구멍에 모난 자루를 박는 것처럼 서로 모순되어 한 귀퉁이에만 집착한다고 한다. 하지만 시詩를 해설하는 사람이 문文으로 사辭를 해치지 않고 사로 뜻志를 해치지 않는 것처럼, '예기禮記'에 이르기를 '말이 어찌 한 갈래뿐이겠는가. 무릇 제각기 마땅한 바가 있다. 그러므로 여산廬山의 혜원 慧遠이 논論을 지어서 여래如來가 주공, 공자와 드러낸 이치는 비록 다르지만 돌아가는 바는 한길이며 지극한 이치에 통달하였다. 겸하지 못하는 자는 물 物이 겸하기를 용납하지 못하기 때문이다'라고 하였다. 심약沈約도 말하기를 '공자는 그 실마리를 일으켰고 석가는 그 이치를 밝혔다'고 하였으니, 참으로 그 큰 뜻을 아는 사람이어야 비로소 더불어 지극한 도道를 말할 수 있다 하겠다.

—최치원 〈진감선사대공령탑비명〉(이상현 역) 일부

최치원은 '부처와 공자의 학문이 출발점은 달라도 귀법은 하나이다'라고 하면서 유불(도)이 서로 모순되는 것이 아니라 궁극적으로 하나로 통합될 수 있다고 보았다. 스님의 비문을 쓸 때에도 불교적 관점에서만 본 것이 아니라 유교 경전은 물론 도덕경, 노자, 열자, 장자, 회남자, 신선술 등 총체적인 맥을 망라하여 서술하였는데, 이는 그의 종교적 학문의 깊이를 보여주는 것이라고 하겠다. 3교의 사상을 이질적으로 보지 않고 상호 유기적이고 일체적인 견지에서 용해시켜 한 차원 더 높은 사상으로 분출해 내놓은 '풍류도' 정신이야말로 '하늘과 인간은 하나다'라는 사상에 접근하고 있다. 최치원은 '풍류도'의 최종적 목표를 개인의 행복 추구에만 두지 않았다. 종교를 믿든 안 믿든, 또는 어떤 종교를 믿든 백성들 각자는 인간의 내면에서 우주의 본체와 통할 수 있는 경건한 마음과 정성으로 이룩되는 '도덕적 대동사회'를 실현시키고, 신라를 일으켜 세울 수 있는 정신적인 원동력으로 삼으려고 했던 것이다.

이것은 일찍이 삼국 통일의 원동력이 되었던 화랑정신에로의 복구를 의미하는 것이기도 했다. 이러한 최치원의 정신사상은 후대의 종교 사상에도 크게 영향을 미쳤다. 고려시대 유학자 최승로崔承老조차도 '불교는 수신修身의 근원이고, 유교는 치국治國의 근원이다'라 말할 정도로 유·불이 서로 공생한다는 모습을 보였다. 고려 말 진각국사 혜심慧諶은 '이름을 들어 보면 유·불이 서로 멀어 다른 것 같지만 그 실상을 알면 유·불이 다르지 않다'며 '유불일치설儒佛一致說'을 제기하였다. 조선시대 서산대사의 '삼가귀감三家龜鑑' 정신과 조선 말 민족 고유의 경천敬天 사상을 바탕으로 한 최제우의 '동학정신東學精神'도 최치원의 유·불·선의 융합 사상과 맥을 같이 하는 것이라고 말하는 학자도 있다. 현대에 와서 '풍류도'를 가장 구체적으로 연구한 김정설金鼎卨(1897~1966년)은 '풍류도란 것은 어떤 교단의 형태를 갖고 있는 것도 아니요, 어떤 명확한 경전을 갖고 있지도 않습니다. 다만 이 정신이 우리의 혈맥 가운데 흘러왔을 뿐이지요. 그렇기 때문에 어떤 의미로는 우리 민족이 수난과 실패의 역사를 겪어 오면서도 오늘날까지 이만한 정신을 유지해 온 것은 풍류도 정신이 우리의 혈맥 가운데 흐르고 있었기 때문입니다'라고 하였다.

part 7

최치원의 재발견

part 7

최치원에 대한 새로운 평가

　최치원은 잘 알고 있는 바와 같이 12살 어린 나이에 중국 유학길에 올라 국자감 태학에서 공부한 지 6년 만에 과거에 급제하였다. 약관 20세에 강남서도 선주의 율수현위 등용을 시작으로 회남절도사 고변에게 발탁되어 그 휘하에서 문서담당 종사관으로 재직하면서 1만여 수의 글을 썼다. '황소의 난' 때에는 〈격황소서〉를 작성하여 온 중국인들을 감동시켰다. 그 저작 공로로 도통순관都統巡官으로 특진되고 4가지 벼슬을 동시에 겸직하는 파격적인 특진과 함께 비어대緋魚袋까지 칙명勅命으로 내려 받았다. 중국에서 대문장가로서 저명 인사들과 교류하며 한민족의 우월성을 한껏 펼치다가, 885년 3월 중국의 사신 자격으로 조국 신라에 금의환향하였다. 신라왕은 그에게 조국에 머물 것을 호소하면서 조정의 '시독侍讀 겸 한림학사翰林學士'에 제수하고 자금어대를 하사하였다.
　최치원은 중국에서 체득한 경험들을 살려 난세의 조국 신라를 다시 일으켜 세우려고 〈시무 10여조〉의 정치 개혁안을 상소하는 등 나라를 위해 몸부림쳐 보기도 했다. 그러나 신라 말기의 정치 현실에서는 그가 꿈꾸던 이상을 하나도 실현시킬 수 없었다. 그리하여 최치원은 중앙의 벼슬을 사양하고 지방직을 자임하여 태산(태인)군, 천령(함양)군, 부성(서산)군의 태수(군수)로 전전했다. 그러다가 끝내는 모든 관직에서 물러나 전 가족을 데리고 합천 가야산으로 은거하여 전국을 유랑하면서 풍류 생활을 하다가 여생을 마친 올곧은 선비였으며 국제 감각이 뛰어났던 관료, 작가이자 정치가였다.

최치원은 고대 한·중 교류와 한국 문화의 역사를 열게 한 인물로《계원필경》문집을 비롯하여 많은 시 작품과 불교 관련 저술을 남겼다. 유·불·도의 교리에 회통하여 '종교 융합'을 도모하였고 우리나라 고유의 '풍류도' 재건을 꿈꾸기도 했다. 이러한 최치원의 행적과 정신세계를 비롯한 학문에 대한 연구가 천 년이 흐른 오늘날까지도 한국, 중국, 일본에서 활발하게 일어나고 있어 최치원의 역사는 끝이 아니라 새롭게 탐구되고 해석되고 기록되어 가는 현재 진행형이다. 특히, 그가 부르짖었던 '종교 융합'과 '접화군생'은 다시 주목받아야 할 것이다. 21세기 활짝 열린 다양한 지구촌 한복판에 살고 있는 우리는 한 종교, 한 민족, 한 지역, 한 국가의 문화와 이념에 갇혀서 살 수 없는 글로벌 시대를 살고 있다. 서로 이해하고 융합하고 아우르면서 살아가야 하는 현실 속에서 인륜적이고 보편적 가치를 꿈꾸었던 최치원의 사상이 새삼 주목받는 이유이다. 우리는 지금까지의 최치원에 대한 유교주의적 평가에서 벗어나 현시대에 맞는 새롭고 다양한 시각에 초점을 맞추어 재평가되어야 할 때라고 본다.

part 7

그는 부처에 아첨했는가

조선시대 최고 유학자인 퇴계 이황李滉(1501~1570년)은 그의 저서《언행록言行錄》에서 당시, 600여 년 전의 최치원의 종사 문제從祀問題를 다음과 같이 신랄하게 비판하면서 최치원을 부처에 아첨한 자로 낙인찍었다.

> 저 최고운崔孤雲 같은 이는 문장文章만 숭상하고 또 부처에게 몹시 아첨했었다(侫佛之人). 그의 문집文集 가운데 불소佛疎 따위의 작품을 볼 때마다 몹시 미워서 아주 없애 버리고 싶지 않은 적이 없었는데, 그를 문묘文廟(공자를 모신 사당)에 두어 제사 지내니 어찌 선성先聖을 욕되게 함이 심하지 않은가.
>
> —퇴계《언행록言行錄》중의 일부

율곡栗谷 이이李珥(1536~1584년)도 가세했다. '고려시대에 문묘에 종사한 사람으로 정몽주 한 사람밖에 없으며 설총, 최치원, 안유 등은 다른 곳에서 제사를 지내는 것이 옳다'고 주장하였다. 이렇게 시대적으로 비중 있었던 인사들의 정치성 비판에 따라 최치원에 대한 평가는 위축될 수밖에 없었다. 이런 관계로 조선시대의 많은 선비, 유학자들이 이에 동조하면서 애써 최치원을 외면하는 이유가 되기도 했다. 그러나 천여 년을 내려오는 동안에 단 한 번도 최치원의 문묘 배향은 멈추지 아니했고, 그의 사상과 문학은 존경과 함께 우리의 역사 속에서 귀중한 자산으로 자리매김되어 왔다. 문묘 배양은 오늘날에도 계속되고 있다.

그러나 당시 최치원의 문묘 배향에 반대 입장이던 율곡 이이는 사후에 문묘 종사 여부를 놓고 오랜 기간 논란이 된 점은 아이러니라 하지 않을 수 없다. 그는 1681년에 문묘 배향되나 1689년에 출향까지 당했고 다시 1694년에 복향하는 일을 겪었다는 기록도 보이고 있다. 종묘 배향 여부 등 최치원의 사후 평가는 시대를 거치면서 그 시대의 정치적 이념에 따라 평가도 달랐으며 평가 내용이 정치적 색채를 띠기도 했다. 고려시대에 들어와서 최치원은 정치, 문화, 종교, 사회적으로 추앙의 대상 인물로 모자람이 없었다. 고려가 개국되자 그를 따르던 많은 문하생들이 조정의 관리에 등용되기도 하였다.

최치원 본인도 사후지만 고려 건국과 함께 문묘에 배향되면서 현종 때에 내사령과 문창후로 추봉되었다. 고려시대는 최치원이 최고의 국가적 예우를 받은 시대였는데, 그의 자손들까지도 군역이나 과외의 일을 면제받는 특권을 누렸다. 이것을 놓고 《삼국사기》에는 최치원이 고려 건국에 '밀찬조업密贊祖業'의 공로로 이루어진 것으로 표현하고 있으나 이는 시기적으로 모순이 많다. 견훤이 후백제를 건국한 시기는 892년이며, 궁예가 후고구려 건국 시기는 901년, 왕건이 궁예를 몰아내고 고려왕이 된 시기가 918년, 신라 멸망은 935년이다. 최치원은 898년에 이미 가야산으로 은둔에 들어갔으며, 908년 이후에는 생사가 불분명한 상태에서 왕건의 고려 건국에 밀찬조업했다는 것은 시기적으로 납득이 가지 않기 때문이다.

밀찬조업이 있었다면 고려 건국에 최치원의 자식이나 손자가 개국 공신으로 조정의 관리로 등용되었을 듯하나 직계 가족은 한 사람도 등용 기록이 없다. 고려 건국에 밀찬조업을 했다면 아마도 조선시대에 들어와서 1순위로 문묘 배향에 퇴출되었을 가능성이 있으나 단 한 번도 멈춤 없이 문묘 배향은 계속되어 왔다. 이것은 왕건이 고려 건국의 정당성을 확보하기 위해 개국 배경에 최치원과 같은 국민으로부터 추앙받고 있던 지식층을 내세운 결과가 아니었나 싶다.

고려시대에 반하여 조선시대에 내려와서는 최치원에 대한 평가는 사뭇 다르게 나타나기 시작하였다. 조선의 건국 이념이 숭유억불崇儒抑佛 정책을 펴면서 여기에 맞추어 성리학 위주의 유학자들은 최치원을 '문예의 종조', '대문호'로서는 인정하면서도 유학자로 불교에 아첨했다는 주장으로 문묘 배향에는 아주 부정적이었다. 이 분위기는 사찰 안에 봉안되어 있던 최치원의 영정마저도 스님들 곁에 둘 수 없게 만들었다. 유림들이 사찰에 몰려가서 영정을 철거해 가는 경우까지 생겼던 것이다. 이런 반면에 최치원을 찬양하는 열풍 또한 그칠 줄 몰랐으니 절대적인 평가 뒤에는 부정적인 평가도 함께 따라다니기 마련이었던 모양이다. 조선 정조 때 연담蓮潭, 유일선사有一禪師(1720~1799년)는 그가 저술한 《사산비명서四山碑銘序》에서 최치원을 칭송하면서 부정적 선입감을 없애려고 애썼다.

> 고운 선생이 지은 글을 읽고서야 머리를 조아리고 외쳐 말하기를 '하늘이 우리 선생을 태어나게 하여 삼교를 관통統貫三敎하게 하였으니 참으로 위대하구나, 이상 더할 것이 없다. 전기傳記에 전하는 말에 '금탁金鐸으로 무武에 관한 일을 선고宣告하고 목탁木鐸으로 문文에 관한 일을 선고한다'고 하였으니 선생은 삼교三敎의 목탁木鐸이시다"
>
> ─ 연담 유일선사 《사산비명서四山碑銘序》 중 일부

이어 조선시대 불교계의 큰스님이었던 휴정 서산대사는 유·불 선점 논쟁을 비판하면서 최치원의 '종교 융합'을 높이 평가했다.

> 옛날에 유교와 불교를 밝게 알고 안팎으로 널리 통달한 사람들은 공명을 헌신짝처럼 벗어 버리고 남의 근심을 자기 것처럼 걱정하며 남의 즐거움을 자기 즐거움으로 여기니 어느 겨를에 유교가 그르다 불교가 그르다 하여 서로 원수처럼 지내며 비난만 하겠는가? 우리나라 최고운과 진감선사가 그러한 분이다. 고운은 유학자요, 진감은 불승이다. 진감이 절을 세워 처음으로 인간과 하늘의 안목을 열었고, 고운이 비를 세워서 널리 유불의 골수를 내었으니 아아, 두 사람은 일종의 줄이 없는 거문고로다.
> ─휴정 서산대사 글 중 일부

아이러니하게도 '최치원이 부처에게 몹시 아첨했었다(佞佛之人)'면서 문묘 배향에 적극적으로 반대하던 퇴계 선생은 최치원의 유적지인 창원 〈월영대〉를 찾아 시를 남기고 하동 쌍계사와 합천 해인사를 순례하면서 최치원을 흠모했다는 기록을 남겼다. 또한 《동경지東京志》에는 1621년 경주 부윤府尹 이공정이 퇴계 선생에게 최치원 등을 모시는 '서악서원西岳書院'을 세울 것을 품신하자, 퇴계는 서악정사西岳精舍라 이름 짓고 위판을 봉안하여 최치원의 글씨와 최치원의 차운시次韻詩를 서악정사에 걸어둘 정도로 퇴계 선생은 이중성을 보이고 있다.

이것은 율곡 이이李珥도 마찬가지였다. 율곡 선생은 합천 해인사와 가야산의 최치원 유적지를 순례하면서 시를 남겼던 것이다.

최치원이 불교에 아첨했는지를 그가 찬술한 하동 쌍계사 〈진감선사대공령탑비명〉을 통해 살펴보기로 한다. 그의 종교관을 이해한다면 이를 불식시킬 수 있는 단초端初가 될 수 있을 것이다.

대저 도道는 사람과 멀리 떨어져 있지 않고, 사람은 나라에 따른 차이가 있지 않다. 그렇기 때문에 동방(신라) 출신의 사람들이 불교도 공부할 수 있고 유교를 공부할 수도 있는 것이 당연하다. 석가여래와 주공과 공자는 출발점은 다를지라도 귀착점은 동일한데, 두 종교의 정수를 아우르지 못하는 것은 사람들이 그 둘을 허심탄회하게 받아들이지 못하기 때문이다.

―최치원 〈진감선사대공령탑비문〉(이상현 역) 중 일부

이 기록에서 최치원은 '도道가 사람에게 멀리 떨어져 있지 않고(道不遠人) 나라에 따라 사람이 차별받을 수 없으며 나아가 사람과 사람, 나라와 나라 사이에도 차별될 수 없다고 강조한다. 신라 백성들은 불교도 믿을 수 있고 유교도 믿을 수 있는데 두 종교의 진리의 귀착점도 같다'고 말하고, 불교든 유교든 대중들의 의사에 따라 종교를 선택할 수 있다고 주장하고 있는 것이다. 이것은 불교에 아첨하는 말이 아니다. 이것은 불교를 국교로 삼고 있었던 당시 신라의 분위기 속에서 이렇게 '종교의 평등주의'와 '종교 선택의 자유'를 주창하며 제시한 것으로, 매우 수준 높고 용기 있는 주장이 아닐 수 없다.

이는 불교에 치우쳐 있었던 당시 신라 왕실을 향해 던진 메시지가 아니겠는가? 최치원이 불교에 아첨했다지만 그는 목탁도 들지 아니했으며 반야심경도 외우지 않았고 불교에 귀의한 사실도 없다.

그는 3교의 교리를 대등한 입장에서 탐구하고 연구한 학자였을 뿐이다. 최치원이 '부처에 아첨했다'고 말했던 조선시대 성리학자 출신 선비들의 비판은 당시 조선의 통치 이념이던 배불론排佛論의 옹호 수단이었다. 이런 사실에 대해 최치원을 연구하는 학자들은 최치원이 유儒·불佛·도道에 회통하여 '종교 융합'을 제시하고 《사산비명》과 많은 불교 관련 저술서를 편찬하는 과정에서 유학자의 순수성을 벗어난 것으로 오해받은 것이라고 밝히고 있다.

종교를 가진 사람들은 일반적으로 자기가 믿는 종교의 입장에서 보기 쉬운데, 최치원은 제3자의 입장에서 종교를 분석, 종합하려 했는데, 이 점은 여간 놀라운 것이 아니다.

최치원을 연구한 류승국柳承國(1923~2011년)은 1981년 「최치원의 동인의식에 관한 연구」 논문에서 '최치원은 불교·유교·도교 등 당시의 사상 전반에 대하여 능통할 뿐 아니라, 각 종파의 이질적인 교리와 논리를 한몸에 종합하여 종횡무진하게 융합하였다.'고 그의 논문에서 지적했다.

또 최영성 한국전통문화대학교 교수는 '최치원의 정신세계의 축은 어디까지나 유교적이었으며 자기 자신을 썩은 유학자(腐儒) 혹은 유학 문호의 끄트머리 학자(儒門末學)를 자처하기도 했다'며 부처에 아첨했다는 속설은 지나친 편견으로밖에 볼 수 없다고 했다.

이런 가운데서도 우리나라 유학사儒學史는 최치원에게 '유선儒仙', '한국 유가의 조종'이라는 별칭을 붙여주는 데에 인색하지 않았다.

part 7

그는 사대모화의 화신인가

근대의 유학자이며 민족주의 사학자였던 단재 신채호申采浩(1880~1936년) 선생은 그의 저서 《조선상고사》(1948년)에서 당시 천 년이 지난 신라의 김춘추金春秋, 최치원과 고려시대 김부식金富軾을 싸잡아서 사대모화事大慕華의 화신化身으로 묘사하면서 특히 최치원에 대해서는 더 혹독한 비판을 내렸다.

> 최치원의 그 사상은 한漢이나 당唐에만 있는 줄 알고 신라에 있는 줄 모르며 지식은 유서儒書나 불전佛典을 관통하였으나 본국의 고기古記 한 편도 보지 못하였으니 그 주의主義는 조선을 가져다가 순지나화純支那化하려는 것뿐이고 그 예술은 청천靑天으로 백일白日을 대하여 황화黃花로 녹죽綠竹을 대하는 사륙문에 능할 뿐이었다.
>
> —신채호 《조선상고사》 제1편 중에서

이것도 모자라 최치원을 당 말기의 실속 없고 겉만 화려한 문장을 모방했을 뿐 자신의 사상과 정감을 표현한 것이 없음을 비판하기도 했다.

당시 비중이 컸던 역사학자의 이런 최치원에 대한 평가는 현대 학계의 통념으로까지 받아들여져서 1980년대 이전까지는 최치원에 대한 연구는 거의 불가능했던 것이 사실이었다. 이런 학계의 분위기는 계속되어 오다가 앞에서 언급한 바와 같이 1981년에 류승국柳承國의 「최치원의 동인 의식東人意識에 관한 연구」 논문이 발표되자 학계의 주목을 받으면서 최치원은 '사대모화주의자'란 부정적인 비판의 굴레에서 서서히 벗어나기 시작했다.

그는 최치원의 의식을 연구하면서 그 속에 '동인 의식'이 깊이 자리잡고 있음을 발견하고 이를 학계에 제시함으로써 지금까지의 '사대주의'라는 편견된 인식을 변화시킬 수 있는 큰 계기를 마련해 주었다. 최치원 사상 연구에 새로운 불을 지핀 셈이다.

> 그가(최치원) 시문이나 글씨에 뛰어나 신이神異한 경지에 도달하였음은 주지周知의 사실이지만, 이보다도 사상가, 철학가로서 독보獨步의 경지를 개척하였다 할 것이다. '유·불·도교 등 당시의 사상 전반에 대하여 능통할 뿐 아니라, 각 종파의 이질적인 교리와 논리를 한 몸에 종합하여 종횡무진하게 융합하였다' …(중략)… 최치원은 제삼의 차원에서 모든 사상과 학술을 분석, 종합하고 있음을 알 수 있다.
> ─류승국 「최치원의 동인 의식東人意識에 관한 연구」 논문 일부

이 논문은 최치원의 철학 사상을 연구하는 데 길잡이가 되었다. 최영성 교수는 지금까지 최치원을 단순한 문호로서의 평가에서 벗어나 대단한 철학자, 사상가, 종교가로 평가한 류승국의 안목이 탁월하였다고 밝히고 있다.

중국 학자 당은평黨銀平 남경사범대 교수는 「최치원의 국제적 의의」란 논문에서 다음과 같이 밝히고 있다.

고대 동아시아를 근 3백 년간이나 이끌었던 국제적인 당나라에 최치원은 12살 어린 나이로 국자감에 유학하여 18세에 장원 급제하고 20세에 중국 관리에 등용되었으며 17여 년 동안의 중국 생활은 신라인이면서 유학 온 학생으로서 문인으로서 중국의 관리로서 국제 감각을 익혔던 통일신라 시기의 가장 걸출한 학자, 문학가이며, 고대의 가장 영향력 있는 문화 인사 중 한 사람으로 문학과 사상적 성취가 비범하여, 한·중 교류사, 문학사 및 학술사상에서 두루 높은 국제적 지위를 지니고 있다.

—당은평黨銀平「최치원의 국제적 의의」논문 중 일부

최치원은 중국과 신라에서 철저한 유교관에 입각하여 관직 생활을 하였다. 최치원의 《계원필경집》에 수록되어 있는 글들은 중국에서 일어났던 일들을 대상으로 한 것이긴 하나, 그는 신지식인으로 세계를 보고 있었기 때문에 그 글들은 진보적이고 국가를 초월한 것이라고 해야 할 것이다.

그는 '도道가 사람에게서 멀지 않고, 사람에게 서로 다른 나라가 없다'고 하면서 늘 공자의 '사해四海의 안은 모두가 형제이다'라는 인식을 체현하면서 각국의 인재들이 모여드는 중국을 세계의 중심지로 보았다.

그는 오로지 인백기천人百己千의 노력으로 국제 무대에서 당당하게 경쟁하였던 고대 한국의 인재였다. 신라는 당대唐代 3백 년간의 국제 관계사에서 유학생을 가장 많이 파견한 국가였으며 그중 가장 성공적이고 우수한 명사로 인정받았던 인물이 최치원이었다고 중국에서 최치원을 연구하는 학자들은 하나같이 말하고 있다.

최치원은 신라와 당을 연결하는 외교적 가교 역할에도 서슴없이 앞장섰다. 그 한 사례로 881~884년 '황소의 난'을 피해 당 희종이 청두에 머물고 있을 때, 신라 사신들이 입당하여 황실 가는 길이 막히는 등, 어려움을 겪을 때 최치원은 앞장서서 황제를 알현할 수 있도록 적극적으로 안내한 사실을 들 수 있다.

882년 신라 헌강왕의 입조사入朝使 김직량을 도와준 일은 또 다른 사례가 될 것이다. 김직량은 입당하였으나 황제도 알현하지도 못한 채 이리저리 헤매다가 최치원이 근무하는 양조우까지 왔다. 그러나 '황소의 난'으로 길이 막혀 황제가 있는 서천으로 갈 수 없게 되자, 회남절도사 고변이 장검을 차출해 사신을 엄호해 주어 간신히 황제가 있는 곳으로 갈 수 있었다. 이때 고변의 도움을 받을 수 있게 해 준 사람이 바로 최치원이었던 것이다.

또 다른 사례로는 다음과 같은 것이 있다. 883년 신라 왕실은 박인범을 '탐후사'로 지정하여 서천에 피신해 있는 희종에게 문안토록 하는 임무를 맡겼다. 박인범은 입당하였으나 난리 때라 길이 막히고 도둑들이 출범해 중도에 포기 상태에 이르게 되었다. 최치원이 이를 알고 방비해 주어 그는 안전하게 임무를 마치고 갈 수 있었던 것이다.

884년에 최치원 본인이 신라에 귀국하는 배편에 '신라국입회남사新羅國入淮南使'로 온 김인규와 '신라국입회남해사록사新羅國入淮南海使錄事'로 온 사촌 동생 최서원을 자기 귀국 배에 함께 타고 갈 수 있도록 고변에게 승인을 받아 나란히 같이 귀국한 사실도 외교적 가교 역할의 예로 빼놓을 수 없다.

이렇게 최치원은 중국에 있으면서 조국을 위하여 많은 외교적 역할을 했던 인물이며 한시도 신라인이라는 사실을 잊지 않았던 사람이다. 신채호 선생은 최치원이 '사륙문에 능할 뿐이었다'라고 혹평하고 있다. 그러나 당시 당은 세계적 중심 국가로서 신라, 일본, 발해, 베트남 등 주변국들은 한 문화권으로서 최치원이 체재하던 당唐나라 후기에 들어와서는 질박한 고문古文보다는 형식미를 중시하는 변려문(사륙문)체가 성행하던 시기였다. 이미 당唐과 주변 국가에서 보편적으로 쓰던 문체를 최치원이 시대에 맞추어 글로 표현했을 뿐이다. 귀국하여서는 국제 흐름에 맞추어 변려문과 함께 장르별로 문체를 구분하여 이를 우리나라에 최초로 소개하고 보급했다. 이러한 것은 최치원의 공적으로 기록되어야지 비난받아야 할 일이 아니다.

최치원은 당나라의 선진 문화와 우리 고유 문화를 접목하여 국제 문화로 나가려고 힘쓴 진보적 인물이었다. 그는 종교의 융합뿐 아니라 '나당羅唐 문화 융합'을 꾀했는지도 모른다.

885년 29세에 귀국한 최치원은 본래 우리의 것, 우리 뿌리의 본 바탕이 무엇인가에 대하여 관심을 가진 인물이었다. 그는 우리의 정체성을 찾는 데 노력한 결과, 우리나라 사람을 '동인東人'이라 하고 우리나라를 '동국東國' '해동海東' '동방東方'으로 호칭하는 한편 군자국으로 선택받은 민족으로 백성들은 성질이 유순하고 좋은 물건을 생산하며 군자국의 풍속은 예의가 바르고 작작하여 여유가 있다고 우리 민족에 대한 무한한 자부심을 드러내기도 했다.

최치원은 모든 것이 동東으로부터 시작되어 점점 퍼져 나간다고 생각하면서 우리나라를 기준점으로 삼았고 중국을 서국西國이라 불렀다. 귀국 후부터는 그의 철학 사상도 주체성을 바탕으로 이루어졌다. 〈진감선사비명〉에서 우리의 민족성을 '동인 의식東人意識'이라고 표현했으며 이것은 우리나라 사람으로서의 '주체 의식' 또는 '자주성'을 말하는 것으로 민족의 밑뿌리를 말하고 있다.

〈난랑비 서〉에서는 '우리나라에 현묘한 도道가 있는데 이를 풍류라고 한다'는 것도 우리가 문화 민족으로서 고유의 전통 사상이 있음을 강조하는 것이었다. 이런 사실에 대해 문화적 자부심과 민족의 정체성을 자각하는 동시에 종래의 중국에 대한 열등감으로부터 벗어날 수 있고 신라를 당과 대등한 상호 주체로 하는 민족의 자존심을 지켜주었다고 최영성 한국전통문화대학교 교수는 지적하였다.

단재가 천 년 전의 최치원에게 말하기를 '학식은 유서나 불전을 관통하였으나 본국의 고기 한 편도 보지 못하였다'고 비판하기도 했다. 그러나 최치원이 역사 탐문과 역사 기록에 힘을 기울였음이 곳곳에 나타나고 있다.

최치원이 지은 〈대숭복사비문〉에는 '삼가 생각건대 내가 중국에서 벼슬할 적에 유씨 자규가 동국의 일을 기록한 내용을 열람한 일이 있었는데 거기에 서술된 정사에 관한 조목이 왕도 아닌 것이 없었다. 그런데 지금 국사를 읽어 보니, 그것은 완전히 성조대왕(원성왕) 때 사적과 일치하는 것이었다'는 기록과 함께 〈난랑비 서〉에서는 '나라에 현묘한 도가 있어 '풍류'라 한다. 가르침의 근원이 선사仙史에 상세히 구비돼 있다'는 기록은 당시 중국에서도, 신라에 와서도 수시로 사서를 상세히 읽었다는 증거이다.

최치원은 또 우리나라 상고사上古史를 정리하여 기자조선, 삼한, 가야, 신라와 발해 등에 대한 역사 인식과 함께 마한은 고구려, 변한은 백제, 진한은 신라로 변천되어 신라가 삼국에서 시작되었음을 언급함으로써 우리나라의 고대 역사에 풍부한 지식을 겸비하고 있었음을 입증하고 있다.

최치원이 저술한 해인사의 창건주《이정과 순응의 전기》에는 가야국의 시조가 정견모주正見母主였으며 대가야 왕 뇌질주일惱窒朱日과 금관왕 뇌질청예惱窒靑裔는 수로왕과 형제였음을 기록하고 있어 가야 연구에 귀중한 사료를 제공하고 있기도 하다.

이러한 역사 인식은 고려 때《삼국사기》를 쓴 김부식과《삼국유사》를 지은 일연에게 영향을 미쳤으며 다시 조선시대와 오늘날 역사학계에도 영향을 주었다. 최치원이 우리 역사에 대한 인식을 새롭게 가다듬었던 것이야말로 우리의 고유한 역사와 주체 의식을 각인하는 것이었으며 자랑스러운 조상과 위대한 역사를 가졌다는 자부심이기도 했다. 우리 역사를 찾으려는 노력들은 '사대모화 화신'이란 편견을 불식시킬 수 있는 정확한 근거가 되기도 한다.

최치원이 17여 년간 체류한 중국은 신라, 일본, 페르시아, 안남(베트남), 타지크인 등 주변국들의 역사, 정치, 문화의 중심으로서 그 영향이 절대적이었다. 중국의 역사를 아는 것은 오늘날 세계사를 아는 것과 마찬가지로 최치원은 중국의 《좌전左傳》, 《한서漢書》, 《양서梁書》, 《진서晉書》, 《사기史記》, 《남제서南齊書》, 《후한서後漢書》, 《남사南史》, 《전국책戰國策》, 《삼국지三國志》 등 역사서는 물론 《사서삼경》과 《도덕경》, 《불경》 등에 통달하였으며 본인의 저술에도 두루 인용하고, 모든 문제를 역사 속에서 그 해결점을 찾으려고 노력하였던 사람이다.

최치원이 신라 역대 왕의 사적을 연대별로 정리한 〈제왕연대력〉에서 국왕을 거서간居西干, 차차웅次次雄, 이사금尼師今, 마립간麻立干이라 부르는 것은 '모두 야비해 족히 칭할 만한 것이 못 된다'고 하면서 왕王으로 변경한 것과, 《법장화상전》에서는 당나라 연호年號인 영미永微를 사용한 것에 대해서는 사대주의 근성에서 나온 발상이라는 비판이 있었고, 이것은 학자들 간에 분분한 의견을 불러일으키는 계기를 마련하는 일이 되기도 했다.

당시 당나라를 비롯한 주변국들은 국가의 주인을 국왕이라 부르고 있는 마당에 우리도 이에 맞추어 호칭함으로써 국제 사회의 대등 국가로 인정받으려는 최치원의 앞선 시대정신이야말로 높이 평가받아야 할 것이다.

그리고 중국 연호를 사용하였다 하여 '사대모화'라는 지적에 대하여도 김복순金福順 동국대학교 교수는 「《법장화상전》의 국제적 명성」이란 논문에서 다음과 같이 지적하고 있다.

> 최치원은 당나라를 세계 시장으로 간주하고 그 독자가 신라인을 포함한 중국인 등 동아시아 세계인을 대상으로 하여 서술한 점이 주목된다고 하면서 현재 우리가 '서기西紀'를 쓰는 것 정도로 생각한 것으로, 이는 그의 세계관 속에서 얻어진 현상으로 생각된다.
> ─김복순 「《법장화상전》의 국제적 명성」 논문 일부

이것은 그대로 적중하였다. 《법장화상전》은 후에 중국 송나라로 건너가 송의 화엄경에 수록되고 다시 일본으로 건너가서 현재 세계의 불교 화엄경을 연구하는 데 수준 높은 귀중한 자료로 활용되고 있다.

다른 나라 독자들이 《법장화상전》의 시대 상황을 알 수 있으려면 중국 연호를 쓰는 것이 유일한 해결 방법이었다. 만약 거기에 '신라 진성여왕 3년'이라 표기했다면 사대주의가 아니라고 해야 하는가? 참 지금 생각해 보면 아이러니하다.

다시 말하면, 당시 중국 연호를 국제적인 연력年歷으로 인식한 최치원은 우리의 역사와 문화를 세계사적 흐름에 맞추어 국제적 수준까지 끌어올린 것이었다. '사대모화주의자'라는 낙인은 최치원의 철저한 주체 사상인 '동인 의식'과 국제적 문명 세계를 지향하려 노력했던 각종 작품들을 탐독하지 않고 내린 이해 부족으로 단순히 당 문화를 일방적으로 추종하고 신라에 전파했다는 선입견에서 출발한 잘못된 인식이라고 할 수밖에 없다.

최영성 한국전통문화대학교 교수는 「최치원의 동인 의식과 세계 정신」이란 논문에서 다음과 같이 말하고 있다.

> 우리는 문화 민족이고 나아가 세계 문화의 밑바탕이 된다고 외침으로써, 민족의 자존심과 우월감을 한껏 드높이려 했던 것은, 후일 고려·조선시대로 내려오면서 민족 주체 의식의 계승, 발전에 큰 밑거름이 되었다고 본다. 이러한 의미에서, 최치원을 '사대모화의 표본적인 인물'로 규정했던 종래의 평가는 이제 버려야 할 줄로 안다.
>
> ─최영성 「최치원의 동인 의식과 세계 정신」 논문 일부

이처럼 최치원의 평가는 시대에 따라 천 년의 스승이기도 하고 때로는 비판의 대상이 되기도 하는, 영원히 죽지 않고 살아 있는 인물로 지금도 그에 대한 평가는 진행 중이다.

part 7

한·중·일을 아우르는 지성인

최치원이 체재하던 1,100여 년 전의 당나라는 인구가 5,300만 명에 육박하는 동아시아 중심의 대제국으로서 수많은 사람과 재화가 오가는 세계 문화의 큰 장마당이었다. 수도였던 장안은 인구 100만 명에 가까운 화려한 문화 도시로 세계의 인재들이 모여드는 국제 도시였다.

이러한 대제국의 서울 장안에 최치원은 12살 어린 나이로 국자감 유학생으로 선발되어 인백기천의 노력으로 과거에 급제하여 20세에 중국 관리에 임명된 입지전적인 인물이었다. 최치원이 회남절도사 고변 휘하에서 쓴 〈격황소서檄黃巢書〉는 중국 황실을 깜짝 놀라게 했을 뿐 아니라 중국인 전체를 감동시켰으며, 이로 인하여 본인은 물론 신라인의 우수성을 널리 알리는 계기가 되기도 하였다.

중국의 《신당서》「예문지」에는 최치원을 '신라인으로 과거에 급제하고 저술한 책으로는 《사륙집》1권과 《계원필경》20권이 있다'라고 기록했으며 그 외 《당문습유》 등에도 저서명이 수록되어 한반도에서는 최초로 중국 정사에 기록된 인물이 되기도 했다.

최치원은 17여 년간의 중국 생활을 통하여 선진 행정과 국제 정치 경험을 충분히 쌓으면서 그곳의 관료, 정치인, 종교인, 문인 등 다양한 명사들과도 폭넓게 교류하면서 학문을 닦았다. 중국 학자들은 최치원을, 당시 유학하여 진사에 급제하고 관리에 임명된 많은 신라인 중 가장 뛰어난 재능과 높은 수준의 학문을 겸비한 걸출한 국제적인 작가로 평가하고 있다.

일본에서는 당나라 때 활약하던 한·중·일을 망라한 칠언절구의 아름다운 시 583편을 모은 일본 국보 '천재가구'에 이백, 두보, 백거이 등과 함께 최치원의 시 9편(15번째로 많은 양)이 실려 있다.

최치원이 저술한 《법장화상전》은 고려에서 송나라로 가서 송나라 대장경에 포함되어 다시 일본으로 건너가 중국이 생각지 못한 전기라고 큰 찬사를 받은 것이다. 국제적으로 탁월한 거작으로 인정받아 현재 일본 화엄종의 본산인 고잔사에 보관 중인 《대일본속장경大日本續藏經》과 《대정신수대장경》에 수록되어 일반인에게는 공개되지 않을 정도로 귀중한 사료로 취급되고 있는 것이다.

한·중·일은 예로부터 동아시아를 대표하는 국가로서 정치, 문화, 경제에 깊은 관계를 맺으며 영향을 주고받았으며 그중 최치원은 9세기 후반 동아시아의 국제 교류를 대표하는 지식인의 한 사람이었다.

국내에 돌아와서는 조정에서 왕을 도와 중국에서 익힌 경험들을 나라를 위해 펴보려고 노력하였으나 진골들의 방해로 뜻을 이루지 못했다. 그리하여 지방 수령으로 전전하면서 지역 백성들에게 선정을 베풀었으며 마지막에는 신라를 일으켜 세우려는 충정으로 〈시무 10여조〉를 작성하여 왕에게 상소하여 사회 개혁을 꿈꾸었으나 좌절을 맛보기도 했다. 이로써 최치원은 모든 관직에서 은퇴하여 합천 가야산으로 은둔하여 여생을 마쳤던 것이다. 당시 최치원은 신라 멸망과 고려 개국이란 격변기를 살면서 불사이군不事二君으로 고결하게 절개를 지키면서 일생을 마친 신라 최고의 지성인으로 평가되고 있다.

천 년을 훌쩍 뛰어넘어 그동안 단절되었던 한·중 두 나라의 국교가 1992년 8월 24일 수립되었다. 인적, 물적 왕래가 활발해지면서 두 나라는 교류의 역사를 최치원에게서 그 원류를 찾고 있으며 교류의 상징으로 삼고 있다. 이리하여 한·중 국교가 수립된 지 26여 년이 지난 오늘날, 양국 학계에서는 최치원에 대한 연구가 더욱 활발하게 이루어지고 있다.

서로의 문화가 개방되면서부터 많은 학자들이 양국을 오가면서 최치원의 친작인 《계원필경집》에 기록되어 있는 370여 종의 작품과 《사산비명》, 《법장화상전》, 〈시문詩文〉 등 많은 저술 작품을 통하여 그에 대한 역사적 의미와 더불어 풍부했던 그의 지식과 사상, 문학에 감탄하게 되었던 것이다.

이와 함께 1903년에 RAS 'Transactions' 저널에 당시 서울의 개신교 선교사였던 미국인 G. H. Jones 신부가 서양인으로는 최초로 「최치원에 대한 삶과 저작품에 대한 연구」 논문을 발표한 바 있다.

역사 속 인물 가운데 최치원만큼이나 지속적인 연구와 다양한 평가를 받고 있는 인물도 없다. 천백여 년을 내려오는 동안 하루가 멀다 하고 최치원에 관련한 연구와 각종 행사가 국내외 곳곳에서 열리고 있다. 최치원에 관한 학술 연구 또한 활발하게 이루어지면서 성균관대학교 최영성의 박사학위 취득 논문인 「최치원의 철학 사상 연구」(2000년)에서 시작하여 현재 전국의 유수한 대학에서 최치원에 관한 연구로 36여 명의 박사가 배출되었으며, 100여 명이 석사 학위를 취득하였다.

이와 관련하여 3,000여 편의 연구 성과물과 1,500여 편의 단행본이 출판되었다. 중국에서도 중화민국이 건국된 1948년 이래 유명한 역사학자 전바이잔(翦伯贊)과 정톈팅(鄭天挺)이 1964년에 엮은 《중국통사 참고 자료》에서 《삼국사기》의 「최치원 전」의 전문을 인용하였고 그 외 중화서국中華書局이 1962년 발간한 《전당시외편全唐詩外編》에 최치원의 작품을 수록하였다.

이후, 1999년 당인핑(黨銀平)의 난징(南京)대학 박사학위 논문 「최치원 연구」를 시발로 현재 많은 중국 학자들이 연구에 동참하여 최치원의 삶과 사적, 사상, 문학, 외교, 역사, 문화 배경에 대한 고증을 통하여 석·박사 과정 69여 명이 연구한 80여 종의 학술 논문이 존재하고 있다. 일본에서도 11명의 학자가 최치원 연구에 참여하여 16여 편의 학술 논문을 발표한 바 있다.

한편 최치원이 4년 동안 중국 관리로 재직하였던 양조우시(揚州市) 회남절도사 관아가 있던 당성唐城은 오늘날까지 잘 보존되어 '전국중점문물보호단위'로 지정되어 있다. 2007년 양조우시에서는 한·중 수교 15주년을 맞아 '최치원기념관'을 성내에 건립하여 박물관과 함께 영정과 동상을 조성하였으며 그가 등청하던 길을 '최치원 경행처崔致遠經行處'라 명명하고 매년 10월 15일을 '최치원의 날'로 지정하여 추모하고 있다. 이처럼 외국인을 중국의 문화 보호 구역 내에 건축물을 세워 기념하는 것은 최치원이 유일하다고 한다.

정치적으로는 1995년 11월에 장쩌민 주석이 한국을 방문하는 자리에서 당시 김영삼 대통령에게 최치원 저술의 《계원필경집》을 선물하였으며 2007년 4월 방한한 원자바오 총리의 국회 연설에서는 최치원이 오랜 기간을 중국에 생활하면서 《계원필경집》을 저술하여 후세에 남겼다고 말해 한·중 양국의 우의를 다졌다.

이어서 2013년 6월에는 전 박근혜 대통령이 중국을 국빈 방문한 자리에서 시진핑 주석이 최치원의 시詩 〈범해泛海〉의 '푸른 바다에 배 띄우니 긴 바람 만 리를 통하네(掛席浮滄海, 長風萬里通)' 구절을 인용하여 한·중 간 친근감을 드높였으며 서울대학교 특강에서는 최치원을 '한韓·중中 교류의 상징이자 가장 모범적인 고대 한국인으로 기억하고 있다'고 말하기도 했다.

우리는 수천 년 동안 중국의 존재에 대하여 고민하기도 했으며 어떤 때는 약자의 위치에서 의지하기도 했다. 오늘날 국제 정세는 중국이 또다시 우리 민족의 삶을 좌지우지하려는 복잡한 현실에서 최치원의 '융합 사상'이 한·중·일韓中日은 물론 세계를 아우르는 화해와 협력의 새로운 지평을 여는 미래의 디딤돌이 되고 있다.

인용 및 참고 문헌

- 《한글번역 고운 최치원선생 문집》(최종인, 보문출판사, 2001)
- 《삼국사기三國史記》 I · II (김부식, 이강래 역, 한길사, 2013)
- 《삼국유사三國遺事》(일연, 김원중 역, 을유문화사, 2004)
- 《한국사 통론》(변태섭, 삼영사, 2008)
- 《계원필경집》 1~20권(최치원, 이상현 역, 한국고전번역원, 2009)
- 《계원필경 서문》(최치원, 이상현 역, 한국고전번역원, 2009)
- 《교인 계원필경집》 서문 1(홍석주, 이상현 역, 한국고전번역원, 2009)
- 《교인 계원필경집》 서문 2(서유구, 이상현 역, 한국고전번역원, 2009)
- 〈사산비명〉(최치원, 《한글번역 고운 최치원선생 문집》, 2001)
- 〈사산비명 서〉(유일 선사, 양상철 역, 《한글번역 고운 최치원선생 문집》, 2001)
- 〈고운최치원선생사적고〉(최준옥, 도서출판 보연각, 1982)
- 〈고운 최치원 시작품〉(최치원, 《한글번역 고운 최치원선생 문집》, 2001)
- 「고운 선생 사적일람표」(최병달 외, 《한글번역 고운 최치원선생 문집》, 2001)
- 「문창후 관련 천년연표」(경주최씨중앙종친회 자료, 2007)
- 《쌍계사진감선사대공영탑비명》(최치원, 쌍계사 역, 1982)
- 「지금 최치원을 생각한다」(최상용 전 주일대사, 제3회 고운 국제학술회의 자료집, 2013)
- 「최치원《법장화상전》의 국제적 명성」(김복순 동국대학교수, 제3회 고운 국제학술회의 자료집, 2013)
- 「고운 최치원의 사상연구」(김복순, '사총 24', 1980)
- 「동아시아 세계체제의 변동과 최치원의 삼교융합 사상」(김성환, 군산대학교, 제3회 고운 국제학술회의 자료집, 2013)
- 「최치원의 글에 나타난 만당과 신라의 교류관계」(당인평, 남경사범대학문학원, 제3회 고운 국제학술회의 자료집, 2013)
- 「중국의 최치원 연구」(팡샤오웨이, 양저우대학최치원연구소, 제3회 고운 국제학술회의 자료집, 2013)
- 「최치원 '풍류도'의 재해석 및 현대적 의의」(정상홍, 동양대, 제3회고운국제학술회의자료집, 2013)
- 「최치원과 양주의 재조명」(웨이밍화, 양저우문화연구소, 제3회 고운 국제학술회의 자료집, 2013)
- 「최치원의 국제적 의의」(당은평, 남경사범대, 제3회 고운 국제학술회의 자료집, 2013)
- 「최치원의 도교사상 연구」(최영성 상지대, 2006)
- 「최치원의 동인의식과 세계정신」(최영성, 한국전통문화대학교)
- 「고운 최치원의 사상연구」(이술행 석사학위 논문, 전주대학교, 2006)
- 「최치원의 중국사 탐구와 그의 사상 동향」(곽승훈, 충남대학교, 2005)
- 《경상남도지》(경상남도 도지편찬위원회, 한일종합인쇄(주), 1978)
- 「마산시사」(마산시 시사편찬위원회, 동양정판사, 1997)
- 《하동군지》 상·하(하동군 군지편찬위원회, 경남인쇄공업, 1996)

- 〈친필시첩〉(최치원, 양상철 역, 《한글번역 고운 최치원선생 문집》, 2001)
- 「고운선생 동상 비문」(이은상, 부산 해운대유적보존회, 1971)
- 「문창후 최치원선생 유적답사」(최재욱, 경주최씨중앙종친회, 2010)
- 「청학동비문」(정홍명/1592~1650, 《고운 최치원선생 사적고》)
- 《명현들의 하동 구경》(하동군문화원, 대보사, 2008)
- 《마을의 유래 및 사적 전설》(하동문화원, 경남인쇄소, 1986)
- 「제3회 고운 국제학술회의 자료」(고운국제교류사업회, 2013)
- 「최치원의 '봉암사지증대사비문'고」(이구의, 상주대학교, 2006)
- 「최치원의 사산비명 연구」(최은주 석사학위 논문, 2014)
- 「운암영당지」(운암영당 최재용, 한국족보연구소, 1996)
- 「문창후 최선생 신도비문」(최병식, 함양군 함양읍 상림, 1860)
- 「고운 최치원孤雲崔致遠」(최재용 편집, 2016)
- 《진감선사와 최치원》(김동곤, 도서출판동남, 2000)
- 《두곡세지斗谷世誌》(두곡세지편찬위원회, 진우인쇄사, 2007)
- 「최치원 선생의 일생」(홍사준 유고 논문(최재용 편집), 2008)
- 「함양 상림숲의 역사적 의의」(김정기, 동아대학교 명예교수)
- 《거창역사》(거창군문화공보실, 거창제일인쇄사, 1991)
- 《내서면지內西面誌》(내서면, 면지편집위원회, 디자인 펜, 1996)
- 《최치원이 남겨둔 발자취》(마산문화원, 임영주 외 2명, 도서출판경남, 2013)
- 《최치원이 남기고 간 이야기》(마산문화원 임영주 외 2명, 도서출판경남, 2012)
- 《남명집》(조식, 경상대학교남명연구소 김연호 역, (주)도서출판한길사, 2001)
- 「최치원 선생은 충남 홍성 가야산서 은거?」(부산일보, 2000. 6. 8. 기사)
- 「최치원은 신선으로 살고 있는가」(최화수, 국제신문 '지리산1994', 소문출판인쇄사, 1994)
- 「동아시아 세계질서의 변동과 최치원의 풍류」(김성환, 제6회 한중 고운 국제학술회의 자료집, 2018)
- 「고운 최치원을 바라보는 역사적 인식에 대한 검토」(김근호, 제6회 한중 고운 국제학술회의 자료집, 2018)
- 「가야산 유람록에 형상된 최치원문화경관 특성」(노성미, 최치원국제학술대회 자료집, 2018)
- 「최치원의 장안에서의 유학 생애」(변광춘樊光春, 최치원국제학술대회 자료집, 2018)
- 「최치원의 한시 속에 나타난 인물과 문화교류의 현산」(한정호, 최치원국제학술대회 자료집, 2018)
- 「향토교육자료」(진해시교육청 교육자료, 경남인쇄사, 1984)
- 「당나라 관리 생활을 한 고운 선생」(허유, 한국비림박물관, 2008)
- 「한국인의 성보」(한국성보편찬위원회, 1986)
- 「경주최씨세보」(영사제, 1999)
- Naver 어학사전 · 지식백과사전, 민족백과사전

이 도서의 국립중앙도서관 출판예정도서목록(CIP)은 서지정보유통지원시스템 홈페이지(http://seoji.nl.go.kr)와 국가자료종합목록시스템(http://www.nl.go.kr/kolisnet)에서 이용하실 수 있습니다.(CIP제어번호 : CIP2019017219)

경남의 르네상스, 최치원이 열다
최순용 편저

펴낸날 2019년 6월 10일

편저자 최 순 용
펴낸이 오 하 룡

펴낸곳 도서출판 경남
주 소 창원시 마산합포구 몽고정길 2-1
연락처 (055)245-8818~9
이메일 gnbook@empas.com
출판등록 제1985-100001호(1985. 5. 6.)
편집팀 오태민 심경애 구도희

ISBN 979-11-89731-12-0-93910

ⓒ최순용

＊잘못된 책은 바꿔 드립니다.
＊저자와 협의 인지 생략합니다.
＊본서의 내용을 무단 복제하는 것은 저작권법에 의해 금지되어 있습니다.
＊이 책은 경남문화예술진흥원으로부터 제작비의 일부를 지원받았습니다.

〔값 15,000원〕